Für Dich, liebe Gitta,
mit herzlichen Grüßen
vom Herausgeber!

Linzer Universitätsschriften

Festschriften
Monographien
Studientexte
Beiträge zum Zivilprozeßrecht

Festschriften
Band 3

Springer-Verlag
Wien · New York

Die Optimumhypothese

Neue Aspekte
der Angewandten Sozialpsychologie

Festschrift Theodor Scharmann
zum 75. Geburtstag am 12. Juli 1982

dargebracht von
Freunden, Kollegen und Schülern

herausgegeben von Josef Sageder

1982

Springer-Verlag
Wien · New York

Herausgeber:
Univ.-Ass. Mag. Dr. Josef Sageder
Abteilung für pädagogische Psychologie
und Bildungswissenschaft
Institut für Pädagogik und Psychologie
A-4040 Linz-Auhof
Johannes Kepler Universität Linz

Alle Rechte vorbehalten
Kein Teil dieses Buches darf ohne schriftliche Genehmigung
des Linzer Universitätsschriften-Vereins übersetzt oder in
irgendeiner Form vervielfältigt werden.
© 1982 by Linzer Universitätsschriften-Verein
Printed in Austria

Gedruckt mit Unterstützung von:
Fonds zur Förderung der wissenschaftlichen Forschung Wien
Linzer Hochschulfonds

ISSN 0720-8812

ISBN 3-211-81730-1 Springer-Verlag Wien – New York
ISBN 0-387-81730-1 Springer-Verlag New York – Wien

Inhaltsübersicht

Vorwort VII

Teil A: Theodor Scharmann zum 75. Geburtstag 1
    I. Zum Geleit 1
    II. Ausgewählte Veröffentlichungen von Theodor Scharmann 6

Teil B: Sozialpsychologische Aspekte des programmierten Gruppenunterrichts 11
    Einleitung 11
    Kapitel I: Zielsetzungen und Hypothesen *(Th. Scharmann)* 15
    Kapitel II: Methoden und Meßinstrumente *(S. Steininger)* . 41
    Kapitel III: Effizienzvergleich von programmiertem Einzel- und Gruppenunterricht *(J. Sageder)* 75
    Kapitel IV: Überprüfung der Optimumhypothese nach *Scharmann* im Rahmen des programmierten Gruppenunterrichts *(J. Sageder und Th. Scharmann)* 102

Überblick und Ausblick *(Th. Scharmann und J. Sageder)* 154

Literaturverzeichnis 168

Anhang 174

Vorwort

Am 12. Juli 1982 feierte Univ.-Prof. Theodor Scharmann seinen 75. Geburtstag. Zu diesem Anlaß widmen ihm seine Freunde, Kollegen und Schüler die vorliegende Festschrift. Für den wissenschaftlichen Teil bot sich dazu eine Untersuchung der „Optimumhypothese" an, deren theoretische Formulierung und empirische Überprüfung dem Jubilar seit Anfang der 60er Jahre ein besonderes Anliegen war. Die Publikation seiner jüngsten Arbeiten zur „Optimumhypothese" bildet damit auch einen Markstein im wissenschaftlichen Lebenswerk Professor Scharmanns.

Die Durchführung der dazu notwendigen Untersuchungsreihen war nur möglich, weil uns viele Persönlichkeiten und Institutionen ideell und materiell unterstützt haben. Ihnen möchten Autoren und Herausgeber an dieser Stelle danken. Hervorzuheben ist hier der Linzer Hochschulfonds, der seit 1966 mit namhaften finanziellen Beträgen die technische Einrichtung und den Ausbau des Gruppenforschungszentrums an der Universität Linz ermöglichte. Die personelle Ausstattung der Untersuchung wurde vom Österreichischen Fonds zur Förderung der wissenschaftlichen Forschung als „Projekt 3119" finanziert. Frau Karin Schütt und die Herren Paul Brandl sowie Werner Penn haben maßgeblich bei der Vorbereitung, Durchführung und Auswertung der Versuche mitgewirkt. Frau Margit Ehrenmüller und Herr Matthias Noldi haben wertvolle Arbeit bei der computergerechten Aufbereitung und statistischen Auswertung des Datenmaterials geleistet. Ihnen gebührt ebenso unser Dank wie den vielen Studenten der Universität, der Pädagogischen Akademie der Diözese, des Bundes-Oberstufenrealgymnasiums sowie des Gymnasiums der Jesuiten in Linz, die sich zur Teilnahme an unseren Unterrichtsversuchen bereitgefunden haben. Den Leitern und Lehrkräften der genannten Institutionen sind wir dabei zu besonderem Dank für ihre aufgeschlossene Kooperation und ihre tatkräftige schulorganisatorische Unterstützung bei der Auswahl unserer Versuchsteilnehmer verpflichtet.

Der Herausgeber möchte an dieser Stelle auch allen Persönlichkeiten danken, deren freundliches Entgegenkommen die vorliegende Veröffentlichung erst möglich gemacht hat. In Verbindung damit danken wir besonders den Vertretern des Linzer Hochschulfonds und des Fonds zur Förderung der wissenschaftlichen Forschung für die Bereitstellung namhafter Druckkostenbeiträge. Herr Univ.-Prof. Dr. Richard Holzhammer vom Linzer Universitätsschriften-Verein hat in erfreulich kooperativer Weise mit freundlichem Rat und tätiger Hilfe die bürokratisch-organisatorische Bürde der Herausgeberschaft wesentlich erleichtert. Frau Univ.-Prof. Dr. Ruth Klockhaus (Erlangen-Nürnberg) und Herrn Univ.-Prof. Dr. Erwin Roth (Salzburg) ist zu danken für ihre uneigennützige Bereitschaft, mit der sie die vorliegende Publikation durch die Abwicklung einer internationalen Spenden- und Subskriptionsaktion tatkräftig gefördert haben. Unser Dank gilt last, but not least auch den vielen Freunden, Kollegen und Schülern von Prof. Scharmann, die mit ihren großzügigen Spenden und ihrer Beteiligung an der Subskription wesentlich zum Zustandekommen dieser Festschrift beigetragen haben. Die mit dieser Festgabe seiner Freunde, Kollegen und Schüler gesetzten Zeichen der Verbundenheit und Dankbarkeit stellen für den Jubilar sicherlich ein Geschenk von höchstem ideellem Wert dar.

Linz, im Jänner 1982   Josef Sageder

Es gratulieren:

Betty Ach	Fürth
Peter Atteslander	Augsburg
Suzan Biäsch-Schaub	Basel
Heinz Blechen	Frankfurt
Hans Brandenburg	Buckenhof
Hermann Brandstätter	Linz
Reinhard Czycholl	Altenberg
Konrad Daumenlang	Landau/Pfalz
Deutscher Verband für Berufsberatung	Mainz
Brigitte Degen	Sulzbach/Taunus
Walter Dorsch	München
Ingeborg Esenwein-Rothe	Nürnberg
Joachim Franke	Erlangen-Nürnberg
Ernst Glaser	Wien
Rudolf Gönner	Salzburg
Alfred Großschädl	Salzburg
Johann Guttmann	Salzburg
Benedikt von Hebenstreit	München
Barbara Hille	Hamburg
Richard Holzhammer	Linz
Carl Graf Hoyos	Hohenschäftlarn
Walter Jaide	Hamburg
Manfred Kaiser	Nürnberg
Detlef Kantowski	Konstanz
Helmut Klages	Speyer
Ruth Klockhaus	Nürnberg
Jörg Koch	Düsseldorf
Ivo Kohler	Innsbruck
Hans-Joachim Kornadt	Saarbrücken
Werner Krafft	Menden
Franz Kral	Linz
Michael U. Krause	Paderborn
Martha Lambert	Ulm/Donau
Miloš Lánský	Paderborn

Ursula Lehr	Bonn
Christoph Leitl	Linz
Linzer Hochschulfonds	Linz
Heidi Merlet	Mainz
Gernot Möslinger	Salzburg
Doris Müller	München
Heinz A. Müller	Waldbrunn/Würzburg
Gerhard Munsch	München
Walter F. Neubauer	Meckenheim
Albert Neubert	Wiesbaden
Heinrich Nieder	Nürnberg
Wolf-Dieter Oswald	Nürnberg
Johanna Palme	Wien
Hermann Pape	Herford
Alice Peneder	Linz
Siegfried Peter	Nürnberg
Mohammed Rassem	Salzburg
Gerhard Reber	Linz
Erwin Roth	Salzburg
Roland Scharb	Linz
Thomas Scharmann	Linz
Dorothea-Luise Scharmann	Hallein
Brunhilde Scheuringer	Salzburg
Sepp Schindler	Salzburg
Klaus Schneewind	München
Herbert Scholz	Dortmund
Berta Schwarz	Bonn
Peter Seiberth	Reutlingen
Karl Heinz Seifert	Linz
Hans-Wolf Sievert	Osnabrück
Ernst Stauffer	Leubringen
Hans Stirn	Hochheim
François Stoll	Zürich
Michael J. Tauber	St. Veit
Helene Tenbruck	Linz
Hans Thomae	Bonn
Walter Toman	Erlangen
Brigitte Vatier-Schwarz	Linz
Franz Völkl	Klagenfurt
Reinhard Waldhäusl	Zwettl/Rodl

Siegrid Weikert	Linz
Heide Wille	Fürth
Wilhelm Witte	Regensburg
Gerhard Wurzbacher	Kalchreuth

Teil A

Theodor Scharmann zum 75. Geburtstag

I. Zum Geleit

Theodor Scharmanns deutsch-schweizerisch-österreichische Abstammung und die geografisch-kulturelle Situation seiner Heimat am Bodensee haben den am 12. Juli 1907 in Kreuzlingen bei Konstanz Geborenen schon früh als Grenzgänger aufwachsen lassen. Zu einem universal-schöpferischen Bestreben nach einer grenzübergreifenden Zusammenschau des Wissenschaftskosmos vergeistigt finden wir die Grenzgänger-Natur Theodor Scharmanns in seinen wissenschaftlichen Arbeiten wieder, die sich auf so vielfältige Gebiete wie Soziologie, Psychologie der Rehabilitation, psychologische Diagnostik, Entwicklungs-, Sozial- und Wirtschaftspsychologie erstrecken.

Seine wahrhaft kosmopolitische Weltsicht und sein spezielles Interesse für sozialpsychologische Fragen dürften wesentlich gefördert worden sein durch das Erlebnis der Odenwaldschule, die der junge Theodor Scharmann in den letzten Jahren vor seinem Abitur besuchte. An dieser von Paul und Edith Geheeb nach reformpädagogischen und huminatären Ideen geleiteten weltoffenen Bildungsstätte wirkten neben anderen auch so illustre Persönlichkeiten wie Martin Wagenschein, Martin Buber, Ernst Cassirer oder Georg Kerschensteiner. Paul Geheeb formulierte schließlich scharfsichtig in seinem „Abgangsbericht" als Haupttendenzen der beruflichen Motivation seines Zöglings Theodor

Scharmann eine „stark theoretische Veranlagung" und eine „praktisch-soziale Tüchtigkeit". Aus dem Spannungsfeld beider gegensätzlicher Orientierungen bezog Theodor Scharmann wohl auch die stärksten Impulse seines späteren unermüdlichen Schaffens, aber auch sein Bedürfnis nach Integration und Harmonisierung.

Bedingt durch die unruhig-unsicheren Zeitläufe um den Zweiten Weltkrieg sollte es ihm freilich erst relativ spät vergönnt sein, diese Integration in seinem interdisziplinären, im besten Sinne sozial-wissenschaftlichen Wirken in bleibender Form zu realisieren und im Rahmen einer kontinuierlichen Lehr- und Forschungstätigkeit an seine Schüler weiterzugeben.

Vor dieser Konsolidierung seiner äußeren Lebensumstände sollte Theodor Scharmann „Wanderjahre" erleben, die ihn in einer fruchtbaren Verknüpfung sozial-praktischer und wissenschaftlicher Tätigkeit in die großen Kultur- und Bildungszentren aller drei deutschsprachigen Nationen führten.

Ab 1926 studierte Theodor Scharmann an den Universitäten Heidelberg und Frankfurt/Main Germanistik, Geschichte, Philosophie, Soziologie und Psychologie. Unter seinen universitären Lehrern finden sich Persönlichkeiten wie W. Hellpach, H. Gruhle, K. Jaspers, M. Horkheimer, Th. Adorno und H. Naumann. Im Jahre 1932 promovierte Scharmann mit einer Dissertation über die höfische Dichtung im 12. und 13. Jahrhundert.

Bedingt durch die politisch und sozial unruhige Zeit im Deutschland der 30er Jahre sah sich Theodor Scharmann gezwungen, seine wissenschaftlichen „Wanderjahre" zu beginnen, die ihm freilich auch immer wieder Gelegenheit zur Bewährung seiner praktisch-sozialen Tüchtigkeit geben sollten. Die Jahre 1933 – 1935 sahen ihn, der sich damals vorwiegend der klinischen Psychologie und der psychologischen Diagnostik verschrieben hatte, in Forschungsinstituten und Universitäten Deutschlands (bei F. Giese und F. Dorsch in Stuttgart, W. Jaensch in Berlin) und der Schweiz (bei H. v. Halban und E. Bleuler in Zürich).

1936 – 1942 fand er trotz seiner politischen „Belastetheit" eine Anstellung als Wehrmachtspsychologe in Kassel und später in Wien, wo er seine umfangreichen diagnostischen Erfahrungen praktisch anwenden konnte. Seine Erfahrungen stellte er 1943 – 1946 in den Dienst der psychologischen Beratung und Rehabilitation von Schwerkriegsgeschädigten im Rahmen der Arbeitsverwaltung in Wien. Während dieser Wiener Zeit vertiefte Theodor Scharmann seine wissenschaftlichen Erfahrungen auf dem Gebiet der klinischen Psychologie und psychologischen Diagnostik im Kreis um H. Rohracher und auf dem Gebiet der Psychoanalyse und Sozialpädagogik im Kreise A. Aichhorns.

Die wirrnisreiche, politisch unsichere Situation im besetzten Österreich der Nachkriegsjahre veranlaßte Theodor Scharmann zur Rückkehr nach Deutschland. Dort konnte er ab 1947 in beruflich beratender und diagnostischer Tätigkeit im Rahmen der Arbeitsverwaltung relativ rasch Fuß fassen. Mit seiner Ernennung zum Oberregierungsrat und Leiter des arbeits- und sozialwissenschaftlichen Referates im neubegründeten Bundesministerium für Arbeit in Bonn 1951 schien für den außenstehenden Beobachter Theodor Scharmanns eine Karriere praktischsozialer Tüchtigkeit angelegt.

Aber seine starke Neigung zur wissenschaftlich fundierten Durchdringung und Lösung der von ihm mit Scharfblick erkannten sozialpsychologischen Probleme drängte ihn nun mit Macht, mit eigenen Publikationen vor das Forum der wissenschaftlichen Öffentlichkeit zu treten, woran er kriegsbedingt so lange gehindert worden war. Auch nahm er neben seiner ministeriellen Tätigkeit in Bonn und seiner Mitarbeit im Internationalen Arbeitsamt in Genf Lehraufträge an den Universitäten Wien, Marburg und Bonn wahr. Das Obsiegen der theoretisch-wissenschaftlichen Veranlagung Theodor Scharmanns markierte schließlich seine Habilitation über „Arbeit und Beruf" 1955 bei M. Graf Solms in Marburg für Soziologie sowie 1956 bei F. Sander in Bonn für Soziologie und Sozialpsychologie mit dem Thema „Tertius miserabilis". Die sozialpsychologische Durchdringung der Problematik von Arbeit und Beruf in all ihren Facetten und vielfältigen historisch-gesellschaftlichen, erzieherischen, pädagogisch-didaktischen und ökonomischen Bezügen sollte denn auch immer ein zentrales Anliegen im wissenschaftlichen Werk Theodor Scharmanns bleiben.

Das Jahr 1957 besiegelte für Theodor Scharmann das endgültige Einschwenken in die wissenschaftliche Laufbahn mit seiner Berufung auf den Lehrstuhl für Psychologie und Ernennung zum Vorstand des Instituts für Wirtschafts- und Sozialpsychologie an der Nürnberger Hochschule für Wirtschafts- und Sozialwissenschaften, die heute eine Fakultät der Universität Erlangen-Nürnberg ist. 1966 folgte er einem Ruf an die Hochschule für Sozial- und Wirtschaftswissenschaften (heute Fakultät der Johannes-Kepler-Universität) der österreichischen Donaustadt Linz, wo er nicht nur die in Nürnberg begonnenen Forschungsarbeiten fortsetzen konnte, sondern wo sich ihm auch die beglückende Möglichkeit bot, in schöpferisch-gestaltender Weise und mit sozial-praktischem wie wissenschaftlich-integrativem Elan wesentlich zum Aufbau der Linzer Hochschule beizutragen. Sein Wirken an den Hohen Schulen in Nürnberg, Erlangen und Linz kann wohl als Einheit betrachtet werden, besonders hinsichtlich der wissenschaftlichen Lehre und Forschung Theodor Scharmanns, entstand doch in diesen Jahren eine Fülle und Vielfalt an Arbeiten, wie sie dem Unermüdlichen vorher wegen fehlender personeller und materieller Basis zu gestalten verwehrt war.

In den wissenschaftlichen Veröffentlichungen dieser Jahre durchdringt Theodor Scharmann im wesentlichen die vielschichtige Problematik von Arbeit und Beruf. Zum Teil verknüpft er diese Fragen auch mit der Sozialpsychologie leistungsorientierter Kleingruppen, der Sozialisation sowie des ökonomischen Verhaltens, zum Teil unternimmt er auf diesen Problemgebieten auch selbständige empirische und theoretische Untersuchungen. Mit dem Blick für das Wesentliche, theoretischer Vorstellungskraft und verständlicher Sprache bringt der Autor in seinen Arbeiten dem Leser oft komplizierte Sachverhalte nahe. Sein starker wissenschaftlicher Gestaltungswille und sein umfassendes theoretisches Verständnis zeigt sich auch in Konzeptionen wie dem „Industriebürger" oder der hier vorgestellten „Optimumhypothese". Seine Schüler, zu denen sich auch der Herausgeber zählen darf, haben nicht zuletzt dank seiner Förderung zu teils mehr praktisch-sozialen und -wirtschaftlichen, teils aber auch zu wissenschaftlichen Berufen gefunden. Allen ist Theodor Scharmann noch in bester Erinnerung durch seine didaktisch lebensvoll, ja sogar experimentell gestalteten Lehrveranstaltungen, in denen er seine Schüler in die Geheimnisse der Psychologie eingeweiht hat. Vielen ist er darüberhinaus mit der liebevoll-gestrengen Zuwendung und dem wohlmeinenden Rat eines Vaters, aber auch durch die behutsame Anleitung des Pädagogen bei ihren ersten wissenschaftlichen Gehversuchen Begleiter und Hilfe gewesen. Im großen Kreise seiner Schüler hat Theodor Scharmann in weltmännisch-offener und väterlich-toleranter Weise immer viel Platz gelassen für die Vielfalt menschlicher Charaktere und Erkenntnisinteressen. Auch nach seiner Emeritierung an der Universität Linz im Jahre 1977 drängt es den im Herzen jung Gebliebenen zur akademischen Jugend: Seit 1978 nimmt er als Honorarprofessor am Institut für Psychologie der Universität Salzburg Lehrveranstaltungen aus Wirtschaftspsychologie wahr.

So kann Theodor Scharmann auch weiterhin tätig vorleben und mitteilen, was immer seine grundsätzliche Einstellung zur Wissenschaft und zur Psychologie gewesen ist: Bei allem Respekt vor Metrik und Psychophysik bedeutet eine ausschließlich quantitativ und reflexologisch ausgerichtete Psychologie vielfach den Verlust ihrer lebendigen Substanz und den Bezug zum Menschen als Individualpersönlichkeit im Schnittpunkt zahlreicher sozialer Beziehungen. Seine vielen Freunde schließlich haben in Theodor Scharmann eine Persönlichkeit schätzen gelernt, die sich bei aller kritischen Vernunft immer auch ihre Begeisterungsfähigkeit und ihren tatkräftig-dynamischen Esprit für die praktische Realisierung neuer Ideen bewahrt hat. Dafür wünschen wir dem Jubilar noch viele Jahre der Gesundheit und Schaffenskraft! Möge sich insbesondere sein langgehegter Wunsch erfüllen, noch eine weitgespannte Theorie des Berufes sowie eine sozio-psychologische Aspekte integrierende Theorie des Konsum- und Produktivverhaltens in geistiger und körperlicher Frische vollenden zu können!

Josef Sageder

II. Ausgewählte Veröffentlichungen von Theodor Scharmann
mit Ursprungsnachweis

1. **Allgemeine und experimentelle Psychologie**
   1.1 Die Lage der Psychologie in Österreich
       In: Kongreßbericht des Berufsverbandes Deutscher Psychologen 1947, Bd. III, Hamburg 1948, S. 129 – 132
   1.2 Die Zwischenraumdeutungen im Rorschachtest
       Versuch einer gestaltpsychologischer Erklärung
       In: Rorschachiana III, 1950, Beiheft zur Schweiz. Zeitschrift für Psychologie und ihre Anwendung, Heft 19, S. 64 – 72
   1.3 Aktualgenetisches zum Rorschachtest
       Festschrift für Fr. Sander
       In: Zeitschrift für experimentelle und angewandte Psychologie, VI (3), 1959, S. 519 – 533
2. **Entwicklungspsychologie**
   2.1 Das Kind im Schnittpunkt sozialer Beziehungen
       In: Kölner Zeitschrift für Soziologie, 6, 3/4, 1953/54, S. 464 – 476
   2.2 Die individuelle Entwicklung in der sozialen Wirklichkeit
       In: H. Thomae (Hrsg.), Entwicklungspsychologie, Handbuch der Psychologie, Bd. III, Hogrefe: Göttingen 1959, S. 535 – 582
3. **Psychologie und Soziologie der Rehabilitation**
   3.1 Der Arbeitseinsatz von Hirnverletzten
       In: Zeitschrift für industrielle Psychotechnik, 20/1 – 3, 1943/44, S. 21 – 27
   3.2 Die Berufsberatung und Arbeitsvermittlung der Hirnverletzten
       In: Zeitschrift „Arbeit, Beruf und Arbeitslosenhilfe", 3/3, 1952, S. 53 – 55
   3.3 Die Berufsberatung und Arbeitsvermittlung der Späterblindeten
       In: Zeitschrift „Arbeit, Beruf und Arbeitslosenhilfe", 3/4, 1952, S. 84 – 86
   3.4 Die Grundsätze der Rehabilitation physisch und psychisch behinderter Personen
       In: H. Muthesius (Hrsg.), Fürsorge und Sozialreform, Gesamtbericht über den Deutschen Fürsorgetag, Schriften des Deutschen Vereins für öffentliche und private Fürsorge, 1955, S. 359 – 368
   3.5 Die Berufsberatung und Arbeitsvermittlung der Hirnverletzten als grundsätzliche und organisatorische Aufgabe
       In: E. Rehwald (Hrsg.), Das Hirntrauma, Enke: Stuttgart 1956, S. 488 – 491
   3.6 Die Probleme der Rehabilitation Behinderter in internationaler Sicht
       In: Bundesarbeitsblatt 6/1956, S. 175 – 180
   3.7 Der Beitrag der Psychologie zur Rehabilitation körperlich oder psychisch behinderter Personen
       In: Psychologische Rundschau 7/2, 1956, S. 112 – 123
   3.8 Die Eingliederung und Wiedereingliederung der Behinderten – Eine vergleichende Betrachtung
       In: Bundesarbeitsblatt 19/1957, S. 627 – 638
   3.9 Die Mitwirkung der Behinderten bei der Durchführung von Rehabilitationsmaßnahmen
       In: H. Jantz u. a., Sozialreform und Sozialrecht (Festschrift für W. Bogs), Duncker und Humblot: Berlin 1959, S. 317 – 332

3.10 Die Psychologie der Ein- und Wiedereingliederung behinderter Personen in das Berufsleben
In: A. Mayer und B. Herwig (Hrsg.), Betriebspsychologie, Handbuch der Psychologie, Bd. IX, Hogrefe: Göttingen 1961, S. 404 - 429
3.11 Rehabilitation of Disabled Persons in the Federal Republic of Germany
In: International Labour Review, Vol. LXXXVIII, No. 5, Geneva 1963, S. 458 - 475
3.12 Zur arbeitswissenschaftlichen Problematik der Rehabilitation
In: Arbeit und Leistung 17/2 - 3, 1963, S. 13 - 16

4. **Soziologie**
4.1 Erziehung und Gesellschaft
In: M. Graf zu Solms (Hrsg.), Aus der Werkstatt des Sozialforschers, Schauer: Frankfurt/M. 1948, S. 17 - 44
4.2 Das nordamerikanische Beamtentum
In: Kölner Zeitschrift für Soziologie 3/1, 1950/51, S. 21 - 34
4.3 Struktur und Dynamik gegenläufiger sozialer Prozesse
In: Erziehung und Wirklichkeit, Festschrift zum 50jährigen Bestehen der Odenwaldschule, Westermann: Braunschweig 1960, S. 95 - 107

5. **Sozialpsychologie**
5.1 Untersuchungen über das intellektuelle Verhalten in der Gruppe
In: A. Wellek (Hrsg.), Bericht über den 17. und 18. Kongreß der Deutschen Gesellschaft für Psychologie, Hogrefe: Göttingen 1953, S. 148 - 149
5.2 Tertius miserabilis
Nürnberger Abhandlungen zu den Wirtschafts- und Sozialwissenschaften, Heft 12, Duncker und Humblot: Berlin 1959
5.3 Anpassung und Autonomie in der nordamerikanischen Gesellschaft von heute - „Human Relations" in den USA
Veröffentlichungen der Hochschule Nürnberg, Bd. XIII, Nürnberg 1959
5.4 Zur Systematik des „Gruppen"begriffes in der neueren deutschen Psychologie und Soziologie
In: Psychologische Rundschau 10/1, 1959, S. 16 - 48
5.5 Zur Methodik der experimentellen Gruppenforschung
In: H. Thomae (Hrsg.), Bericht über den 22. Kongreß der Deutschen Gesellschaft für Psychologie, Hogrefe: Göttingen 1960, S. 259 - 262
5.6 Experimentelle Interaktionsanalyse kleiner Gruppen
In: Kölner Zeitschrift für Soziologie und Sozialpsychologie 14/1, 1962, S. 139 - 154
5.7 Rolle, Person, Persönlichkeit
In: G. Lienert (Hrsg.), Bericht über den 23. Kongreß der Deutschen Gesellschaft für Psychologie, Hogrefe: Göttingen 1963, S. 15 - 32
5.8 Psychologische Beiträge zu einer Theorie der sozial-individuellen Integration
In: G. Wurzbacher (Hrsg.), Der Mensch als soziales und personales Wesen, Enke: Stuttgart 1963, S. 35 - 56
5.9 Schule und Beruf als Sozialisationsfaktoren - Der Mensch als soziales und personales Wesen, Bd. II (Hrsg.)
Darin: Beiträge zur Theorie und Empirie der sozial-individuellen Integration, Enke: Stuttgart 1966, 2., neubearbeitete Auflage 1974
5.10 Persönlichkeit und Gesellschaft - Ausgewählte Aufsätze hrsgg. von H. A. Müller und E. Roth, Hogrefe: Göttingen 1966
5.11 Lebensplanung und Lebensgestaltung junger Arbeiter - Studien zu einer Genealogie des Industriebürgers, Bd. I (Hrsg.)

Darin: Fragestellung, Methode und Problemlage, Huber: Bern – Stuttgart 1967
5.12 Das Motivationsproblem beim programmierten Gruppenunterricht
In: B. Rollett und K. Weltner (Hrsg.), Fortschritte und Ergebnisse der Unterrichtstechnologie, Ehrenwirth: München 1971, S. 239 – 245
5.13 Leistungsorientierte Gruppen
In: C. F. Graumann (Hrsg.), Sozialpsychologie, Handbuch der Psychologie, Bd. VII/2, Hogrefe: Göttingen 1972, S. 1790 – 1864
5.14 Die Vaterrolle im Sozialisations- und Entwicklungsprozeß des Kindes (mit D. L. Scharmann)
In: F. Neidhardt (Hrsg.), Familie und kindliche Sozialisation – Der Mensch als soziales und personales Wesen, Bd. V, Enke: Stuttgart 1975, S. 270 – 316
5.15 Vom Proletarier zum Industriebürger – Studien zu einer Genealogie des Industriebürgers Band II (Hrsg. mit E. Roth)
Darin: Vom Proletarier zum Industriebürger – Ideologie und Empirie, Huber: Bern – Stuttgart – Wien 1976
5.16 Der Industriebürger – Studien zu einer Genealogie des Industriebürgers Band III, Huber: Bern – Stuttgart – Wien 1976
5.17 Programmierter Gruppenunterricht (Hrsg. mit M. Lánský)
Darin: Fragestellung und Hypothesen, Verhaltensbeobachtung und Einstellungsmessung (gem. mit M. U. Krause), Schroedel – Schöningh: Hannover – Paderborn 1976

6. Sozialpsychologie der Arbeit und des Berufes
6.1 Schule und Berufsnachwuchslenkung
In: Erziehung und Unterricht, IV – VI, (Wien) 1946, S. 218 – 228
6.2 Berufsbilder aus Verwaltung und Wirtschaft (Hrsg. mit W. Dörrhöfer)
Darin: Wesen, Zweck und Systematik der Berufsbilder, Deutsche Gesellschaft für Personalwesen: Frankfurt/M. 1951
6.3 Diskussionsbeitrag zu den Vorträgen über „Die Berufswahl" von J. Johannesson und F. Bülow bei den Verhandlungen des XI. Deutschen Soziologentages in Weinheim a. d. Bergstraße 1952
In: Kölner Zeitschrift für Soziologie 5/2 – 3, 1952/53, S. 192 – 195
6.4 Die Gruppe im Betrieb
In: H. Paul und P. H. Steinmetz (Hrsg.), Die Gruppe im Betrieb, Ardey: Dortmund 1953, S. 53 – 76
6.5 Die Lage der jugendlichen Arbeitslosen und Flüchtlinge in Deutschland
In: Bundesarbeitsblatt 9/1953, S. 256 – 259
6.6 Arbeitslosigkeit und Berufsnot der Jugend
In: Bundesarbeitsblatt 22/1953, S. 693 – 699
6.7 Betriebsorganisation und Gruppenpflege
In: Soziale Welt 4/2, 1953, S. 7 – 18
6.8 „Human Relations in Industry" und Soziologie – Beobachtungen einer deutschen Studiengruppe in USA
In: RKW-Auslandsdienst, Heft 41, 1956, S. 80 – 85
6.9 Produktivitätssteigerung und Soziale Rationalisierung
In: Bundesarbeitsblatt 13/1956, S. 423 – 429
6.10 Arbeit und Beruf – eine soziologische und psychologische Untersuchung über die heutige Berufssituation, Mohr: Tübingen 1956
6.11 The Group in Industry
In: EPA, Human Relations in Industry, OEEC: Paris o. J. (1956)
6.12 Stichwort „Beruf"

In: K. Galling (Hrsg.), Die Religion in Geschichte und Gegenwart, Handwörterbuch für Theologie und Religionswissenschaft, Bd. 1, Mohr: Tübingen 1957, 3. Auflage, S. 1071 – 1074

6.13 Vollbeschäftigung und Berufswahl
In: K. Heymann (Hrsg.), Sozialpsychologie der Vollbeschäftigung, Huber: Basel – New York 1958, S. 21 – 61

6.14 Psychologische Aspekte der Team-Arbeit im Unternehmen
In: Industrielle Organisation 29/6, 1960, S. 261 – 270

6.15 Wesen, Entstehung und Wandlung der Berufe
In: A. Mayer und B. Herwig (Hrsg.), Betriebspsychologie, Handbuch der Psychologie, Bd. IX, Hogrefe: Göttingen 1961, S. 293 – 304

6.16 Die Bedeutung der „Gruppenarbeit" im modernen Industriebetrieb
In: Arbeitskundliche Mitteilungen für den chemischen Betrieb 13, 1961, S. 1 – 5

6.17 Begriff und Wesen des Berufs in der bürgerlich-industriellen Gesellschaft
In: H. Röhrs (Hrsg.), Die Bildungsfrage in der modernen Arbeitswelt, Akademische Verlagsges.: Frankfurt/M. 1963 (1. Auflage), 1967 (2. Auflage), S. 211 – 217

6.18 Jugend in Arbeit und Beruf – Überblick zu wissenschaftlichen Jugendkunde, Bd. 10, Juventa: München 1965 (1. Auflage), 1967 (2. Auflage)

6.19 Die Berufsneigung
In: H. Thomae (Hrsg.), Die Motivation menschlichen Handelns, Kiepenheuer und Witsch: Köln – Berlin 1965 (1. und 2. Auflage) – 1969 (6. Auflage), S. 282 – 285

6.20 Die individuelle Entwicklung in der sozialen Wirklichkeit von Arbeit, Beruf und Betrieb
In: L. von Friedeburg (Hrsg.), Jugend in der modernen Gesellschaft, Kiepenheuer und Witsch: Köln – Berlin 1965 (1. Auflage) – 1969 (6. Auflage), S. 459 – 485

6.21 Teamarbeit in der Unternehmung – Theorie und Praxis der Gruppenarbeit, UTB 154, Haupt: Bern – Stuttgart 1972

6.22 Gruppendynamik und Monotonieproblem
In: Betriebswirtschaftliche Mitteilungen Nr. 58, Haupt: Bern 1973

6.23 Die berufliche und gesellschaftliche Orientierung junger Angestellter (mit W. Neubauer), Verlag der Kammer für Arbeiter und Angestellte für Salzburg: Salzburg 1973

6.24 Wesen, Entstehung und Wandlung der Berufe
In: K. H. Seifert (Hrsg.), Handbuch der Berufspsychologie, Hogrefe: Göttingen 1977, S. 31 – 62

6.25 Gruppenberatung: Eine kritische Würdigung der Gruppenarbeit in der Berufs- und Arbeitsberatung
In: Der Berufsberater, Informationen der Deutschen Verbandes für Berufsberatung Heft 1, 1981, S. 5 – 13

7. Wirtschaftspsychologie

7.1 Wirtschaftspsychologie – Beiträge zu einer Theorie des psycho-ökonomischen Verhaltens
In: D. Blaschke u. a. (Hrsg.), Sozialwissenschaftliche Forschung – Entwicklungen und Praxisorientierungen (Festschrift für G. Wurzbacher), Verlag der Nürnberger Forschungsvereinigung: Nürnberg 1977, S. 165 – 188

7.2 Zur subjektiven Problematik der gleitenden Arbeitszeit
In: Zeitschrift für Arbeitswissenschaft 32/2, 1978, S. 119 – 123

8. Biografisches
8.1 W. Bernsdorf, Internationales Soziologen-Lexikon, Enke: Stuttgart 1959, S. 484
8.2 H. A. Müller und E. Roth (Hrsg.), Festschrift für Theodor Scharmann
In: Zeitschrift für experimentelle und angewandte Psychologie, XIV/2, 1967, vor S. 191
8.3 H. Scholz, Prof. Dr. Theodor Scharmann 70 Jahre
In: Zeitschrift für Arbeitswissenschaft 33/1, 1979, S. 62
8.4 L. Pongratz, W. Traxel und E. G. Wehner (Hrsg.), Psychologie in Selbstdarstellungen Bd. 2, Huber: Bern – Stuttgart – Wien 1979, S. 289 – 323

Teil B

Sozialpsychologische Aspekte des programmierten Gruppenunterrichts

Einleitung

Die hier vorgelegte Untersuchung über die „Optimumhypothese" verfolgt zwei theoretische Zielsetzungen: Zum einen soll die seit *Skinner, Frank, Correll* u. a. wiederholt vertretene Behauptung, der Programmierte Unterreicht – sei es als Einzel- (PEU) oder als Gruppenunterricht (PGU) – sei didaktisch allen anderen Unterrichtsformen überlegen, einer erneuten kritischen Prüfung unterzogen werden. Zum anderen soll eine sozialpsychologische Analyse der in den Lerngruppen des PGU auftretenden Interaktionsprozesse versucht werden. Dabei stützen wir uns theoretisch auf eine Integration und Erweiterung von Kommunikationsmodellen, wie sie *Lewin, Bales, Homans* u. a. entwickelt haben, um die Überlegenheit der Gruppenarbeit hinsichtlich Motivation und Leistung gegenüber anderen Arbeits- bzw. Lernformen zu postulieren. Der erste Ansatz stellt einen Effizienzvergleich zwischen PEU und PGU dar und bildet gleichzeitig eine methodologisch und inhaltlich verfeinerte Replikation einer früheren Untersuchung zum programmierten Gruppenunterricht (vgl. *Lánský* und *Scharmann* 1976). Die Vergleichsuntersuchung geht von der Grundannahme aus, daß das Lernen in Kleingruppen mit programmiertem Unterricht allgemein einen größeren und nachhaltigeren Lerngewinn erbringt als andere Lehr- und Lernformen, speziell programmiertes Einzellernen.

Der zweite Ansatz dient der eigentlichen empirisch fundierten Prüfung der sog. „Optimumhypothese". Diese theoretische Konzeption postuliert im wesentlichen, daß hohe Leistung, hohes gefühlsmäßiges Einverständnis (Empathie und Klima) sowie starker Zusammenhalt (Integration und Kohäsion) in leistungsorientierten Kleingruppen auf einem optimalen (nicht maximalen) Verhältnis zwischen den Ausprägungen aufgebenorientierter Strebungen und sozioemotionaler Tendenzen beruhen. Auf die Kleingruppen des PGU angewandt, bedeutet diese ursprünglich aufgrund von Beobachtungen an Arbeitsgruppen gewonnene Hypothese, daß Gruppen mit derartigen optimalen Interaktionsverhältnissen anderen Gruppen mit vergleichbarer Zusammen- und Zielsetzung, aber anderen Interaktionsverhältnissen hinsichtlich Lerngewinn, Arbeitsklima und Zusammenhalt überlegen sind. Bei der theoretischen Konzeption der Optimumhypothese, die in Kapitel I von Th. *Scharmann* vorgenommen wird, wird als „optimale Interaktionsstruktur" allgemein eine solche herausgearbeitet, in welcher die aufgabenorientierten zwar eindeutig gegenüber den sozioemotionalen Tendenzen dominieren. Jedoch sollen beide Tendenzen in einer Relation zueinander stehen, die auch die sozioemotionalen Verhaltensweisen in hohem Maße zur Geltung kommen läßt, wobei unter den letzteren die positiv gerichteten Tendenzen zwar deutlich überwiegen sollen, jedoch auch die negativ gerichteten Tendenzen (Distanz, Ablehnung, Kritik etc.) nicht fehlen dürfen. Wesentlich an dieser hier nur umrißhaft skizzierbaren Theoriebildung erscheint, daß sie die in anderen Konzepten angenommenen einfachen Beziehungen zwischen Leistung und Interaktion überwindet und auch bewußt in Kauf nimmt, daß ein gewisses Mindestmaß an Antagonismus und zwischenmenschlichem Konflikt für die Gruppenleistung notwendig ist.

In Kapitel II beschreibt S. *Steininger* die methodologisch bedeutsamen Aspekte unserer Untersuchungen. Der PGU wird in unserem Falle mit Hilfe des Lehrautomaten *LINDA II* (*L*inzer *D*idaktischer *A*utomat) realisiert, mit dem je 5 zu einer „Gruppe" zusammengefaßte Versuchsteilnehmer in gemeinsamer und offener Kommunikation bzw. Interaktion stehen. Zwei Lehrprogramme aus dem psychologischen Bereich („Gedächtnislehre nach *Ebbinghaus*" und „Soziale Wahrnehmung") bilden die inhaltliche, das kybernetische Lehr- und Lernmodell von *Lánský* (1976) die algorithmische Grundlage für den Unterrichtsverlauf und für die Auslösung von Gruppenprozessen. Das Lern- und Diskussionsverhalten der Unterrichtsteilnehmer wird gleichzeitig von mehreren life-Beobachtern und mittels Video-Aufzeichnungsanlage registriert, um möglichst verläßliche Beobachtungsdaten zu gewinnen. Zur Klassifizierung der beobachteten Gruppenprozesse wird ein vereinfachtes Kategorienschema von *Bales* (1950) verwendet.

Vor den Unterrichtsversuchen erhoben wir mit dem Merkfähigkeitstest des I-S-T 70 (*Amthauer* 1970), dem Leistungsmotivationstest nach *Heckhausen* (1963) und der Kurzform des Freiburger Persönlichkeits-Inventar (*Fahrenberg* et al. 1973) die von uns als relevant erachteten und organisatorisch erfaßbaren Teilnehmercharakteristika. Diese Merkmale werden dann bei der Zusammensetzung der Versuchsgruppen für den PGU berücksichtigt. Unmittelbar vor und nach einem Versuch mit PEU oder PGU werden mit Hilfe von Fragebogen sechs komplexe Einstellungs- und zwei Lernerfolgsvariablen erfaßt.

In Kapitel III erörtert J. *Sageder* den Effizienzvergleich zwischen PEU und PGU. Das experimentelle Design des Vergleiches entspricht einem „lateinischen 2x2-Quadrat" (Lehrprogramme x Unterrichtsformen). Jeder Versuchsteilnehmer absolviert zuerst ein Lehrprogramm im Einzelunterricht (PEU), dann das zweite Lehrprogramm in der Gruppe (PGU); es werden insgesamt 37 Gruppen- und 104 Einzelversuche durchgeführt.

Unsere Vergleichshypothesen thematisieren eine Überlegenheit der PGU gegenüber dem PEU hinsichtlich Einstellungs- und Lernwirkungen. Die Untersuchungsergebnisse hier vorwegnehmend kann diese Annahme nicht verifiziert werden. Die Befunde sprechen vielmehr dafür, daß die beobachteten Veränderungen in den Einstellungs- und Lernerfolgsvariablen nicht allein auf der Unterschiedlichkeit der beiden Unterrichtsformen, sondern auch auf der unterrichtsspezifisch motivierenden Wirkung beider Lehrprogramme beruhen. Alle Befunde weisen darauf hin, daß motivationale und wissensmäßige Effekte einer Unterrichtsform nicht nur von ihrer Sozialstruktur (Einzel- oder Gruppensituation), sondern auch von der didaktischen Aufbereitung des behandelten Lehrangebotes, d. h. seiner Problemträchtigkeit sowie deren Beziehung zu den Adressaten abhängen. Eine endgültige Klärung dieser Frage scheint allerdings erst möglich, wenn es gelingt, Effizienzvergleiche auf der Grundlage völlig konkordanter Lehrprogramme durchzuführen.

Mit der Überprüfung der sozial- und gruppenpsychologisch bedeutsamen Optimumhypothese befassen sich J. *Sageder* und Th. *Scharmann* in Kapitel IV. Die empirische Grundlage bilden die im Zuge der Gruppenversuche mit PGU erhobenen Daten über Voraussetzungen, Prozeß und Ergebnisse der Lerngruppen. Es gelingt im Rahmen dieser Untersuchung, die theoretischen Vorhersagen der Optimumhypothese zu verifizieren und ihre Gültigkeit im Vergleich zu Alternativerklärungen nachzuweisen. Eine unter dem Leistungsaspekt vorgenommene Clusteranalyse mit den Interaktionsstrukturwerten von 35 Gruppen ergibt, daß diejenigen Gruppen, welche den o. a. optimalen strukturellen Bedingungen am nächsten kommen, nicht nur durch hohe Leistungen, sondern zugleich auch durch ein freundliches „Gruppenklima" im Gegensatz zu anderen Gruppen auffallen, welche diese optimale Struktur nicht zeigen. Mit Hilfe von Partizipationsmaßen innerhalb der Lerngruppen kann auch das Verhältnis zwischen Leistungsstruktur und Emotionalität abgeschätzt werden. Eine Konfrontation der Ergebnisse aus der Leistungs- und der Emotionalitätsbetrachtung erbringt eine weitgehende Übereinstimmung der Rangfolge der Leistungs- und der Emotionalitätscluster.

Zusammenfassend zählen wir zu den wichtigsten Erkenntnissen unseres Theorems nicht nur die empirische Stützung der Optimumhypothese, sondern auch die Feststellung, daß leistungsorientierte Kleingruppen im Rahmen ihrer Interaktionsprozesse ein gewisses Maß an Aggression und Kritik entwickeln müssen, um ein hohes Maß an Leistung, Einverständnis und Kohäsion zu erzielen.

Kapitel I: Zielsetzungen und Hypothesen

(Theodor Scharmann)

1. Allgemeine Zielsetzungen – Sozialpsychologische und didaktische Aspekte leistungsorientierter Gruppen 16
2. Die LINDA-Experimente – Effizienzvergleich „Programmierter Gruppenunterricht" mit „Programmiertem Einzelunterricht" 17
   2.1 Bericht über das LINDA II/1-Experiment 17
   2.2 Die Ergebnisse des LINDA II/1-Experimentes 18
3. Die Optimumhypothese 18
   3.1 Entwicklung und Definition 18
      3.1.1 Optimierungsmodelle für leistungsorientierte Gruppen 19
      3.1.2 Der „Gruppenfertigungsversuch" 21
      3.1.3 Erste Ansätze zur Formulierung der Optimumhypothese 22
      3.1.4 Das *Stogdill*'sche Modell für leistungsorientierte Gruppen 25
      3.1.5 Die Optimumhypothese 28
   3.2 Exkurs: Ein Vergleich mit „anderen Kommunikationssystemen" ... 30
4. Die Operationalisierung der Optimumhypothese im LINDA II/2-Experiment 33
   4.1 Allgemeine Voraussetzungen für die Operationalisierung der Optimumhypothese 33
   4.2 Modelle von Interaktionsstrukturen im LINDA II/2-Experiment 34
5. Zusammenfassung 36

Anhang: Der Gruppenfertigungsversuch 39

1. Allgemeine Zielsetzungen – Sozialpsychologische und didaktische Aspekte leistungsorientierter Gruppen

Die experimentelle Kleingruppenforschung in Verbindung mit der Analyse kybernetischer Lehr- und Lernmodelle für computergesteuerten Gruppenunterricht, wie sie *Scharmann* und Mitarbeiter in den Jahren 1974 – 1978 an der Universität Linz durchgeführt haben, verfolgt zwei Ziele:
1. Effizienzvergleich zwischen programmiertem Einzel- und Gruppenunterricht,
2. Überprüfung der sog. „Optimumhypothese", die zwar implizit schon früheren Untersuchungen zugrunde gelegen hat, aus methodologischen Gründen jedoch noch nicht im gewünschten Maße berücksichtigt werden konnte.

Während die erste, 1969 – 1973 abgewickelte, Versuchsreihe in erster Linie dem systematischen Aufbau des Untersuchungsverfahrens, der technologischen Entwicklung des Gruppenlehrautomaten LINDA („LINzer Didaktischer Automat") und der ersten Evaluierung des programmierten Gruppenunterrichts gegolten hat (vgl. *Lánský* und *Scharmann* 1976), sollen die hier berichteten, unter verbesserten Bedingungen durchgeführten, Versuche vorwiegend der Prüfung der Optimumhypothese dienen.

Die hier vorgestellten Ergebnisse einer Versuchsreihe mit Hilfe von Lehrprogrammen für Einzel- und Gruppenunterricht („*Ebbinghaus*sche Gedächtnistheorie" und „Soziale Wahrnehmung") sowie Verhaltensbeobachtungen, Lernerfolgs- und Einstellungsmessungen ergänzen zwar die von *Lánský*, *Scharmann* und Mitarbeitern entwickelten früheren Versuchsreihen (LINDA I und LINDA II/1) stellen aber ein eigenständiges Anliegen der experimentellen Kleingruppenforschung wie auch der kybernetischen Lerntheorie dar. Diese Versuchsreihe wird kurz „LINDA II/2-Experimente" genannt.

In Akzentuierung der didaktischen Möglichkeiten zur Förderung von Lernmotivation und Lernverhalten beim programmierten Gruppenunterricht soll die Interaktionsdynamik leistungsorientierter Lerngruppen sowie die relative Effizienz verschiedener Unterrichtsformen analysiert werden.

2. Die LINDA-Experimente – Effizienzvergleich „Programmierter Gruppenunterricht" mit „Programmierter Einzelunterricht"

2.1 Bericht über das LINDA II/1-Experiment

Das Verständnis unseres Anliegens, ebenso wie die Berücksichtigung der historischen Entwicklung unserer Versuche erfordern, daß zunächst kurz der Effizienzvergleich zwischen programmiertem Gruppenunterricht (PGU) und programmiertem Einzelunterricht (PEU) referiert wird, wie er im LINDA II/1-Experiment vorgenommen worden ist (vgl. *Lánský* und *Scharmann* 1976).

Die wichtigste Hypothese dieses Experiments besagte, „daß der Lernprozeß einzelner Adressaten, die zu einer formalen Gruppe zusammengefaßt sind, und die sowohl untereinander, als auch in Kommunikation mit einem Lehrautomaten stehen, eine Verstärkung und Generalisierung erfährt, wenn es gelingt, die Interaktionsprozesse im Sinne eines aufgabenorientierten Verhältnisses zwischen leistungsorientierten und sozio-emotionalen Reaktionen zu optimieren" (*Scharmann* 1971, S. 239).

Neuartig an dieser Konzeption war vor allem, daß erstmalig Lehrprogramme für Gruppenunterricht entwickelt und versuchstechnische Vorkehrungen getroffen wurden, die eine Kontrolle der einzelnen Teilnehmerleistungen unabhängig von der gemeinsam reflektierten Gruppenlösung ermöglichten (vgl. *Lánský* und *Scharmann* 1976, S. 16).

Für eine Stützung obiger Hypothese sollten Lernmotivation und Lernerfolg in einer Gruppe, die im Dialog mit einem Lehrautomaten (LINDA II) und durch gemeinsame Problemlösungsdiskussion ein Lehrprogramm („*Ebbinghaus*sche Gedächtnisforschung") zu bewältigen hatte, signifikant besser sein als bei Einzellernern. Als Parameter für die Lernmotivation konnten Einstellungsvariablen gelten, die insbesondere eine Bevorzugung des Gruppen- oder des Einzel-Lernens anzeigten. Der Lernerfolg konnte anhand der Leistungsvariablen „Nachwissen" und „Lerngewinn" gemessen und verglichen werden. Um der

Überprüfung der Optimumhypothese valide, statistisch auswertbare Einstellungs- und Verhaltensvariablen zugrundelegen zu können, mußten die Verhaltensweisen der Gruppenangehörigen fortlaufend möglichst objektiv systematisch beobachtet und registriert werden (vgl. *Krause* und *Sageder* 1976, S. 55 ff. und S. 72 ff.).

2.2 Die Ergebnisse des LINDA II/1-Experimentes

Die Hypothese, die eine Überlegenheit des programmierten Gruppenunterrichts im Sinne des „Leistungsvorteils der Gruppe" und einer größeren Befriedigung der sozioemotionalen Bedürfnisse durch Gruppenzugehörigkeit postulierte, konnte nur teilweise verifiziert werden. Die Unterschiede des *Lerngewinns* bei Gruppen- und Einzellernen waren statistisch nicht eindeutig zu sichern, wenn auch eine deutliche Tendenz für das Gruppenlernen sprach. Hinsichtlich des *Nachwissens*niveaus konnte hingegen ein statistisch gesicherte Überlegenheit des Gruppenunterrichts festgestellt werden (vlg. *Krause* 1976, S. 302 f.).

Auch in den *Einstellungsmessungen* zeigte sich eine deutliche Bevorzugung des Gruppenlernens gegenüber dem isolierten Lernen.

Die *Optimumhypothese* konnte im LINDA II/1-Experiment weder verifiziert noch falsifiziert werden, weil trotz aller Bemühungen das Beobachtungssystem nicht zuverlässig genug gewesen war. Der Wunsch nach einer verbesserten Wiederholung des Experiments lag daher nahe.

3. Die Optimumhypothese

3.1 Entwicklung und Definition

Angesichts der o. g. Ergebnisse sollte eine Wiederholungsuntersuchung vor allem so angelegt sein, daß die Vergleichbarkeit der

Befunde gewährleistet sein würde. Es sollten auch Vorkehrungen getroffen werden, damit die Ergebnisse der Interaktions-Prozeß-Analyse eine Überprüfung der Optimumhypothese zulassen würden.

Diese Hypothese scheint implizit bereits in der „Effizienz"-Hypothese auf (s. o.). Denn auch diese geht davon aus, daß der Lernprozeß einzelner Adressaten, die in einer Gruppe miteinander und mit einem Lehrautomaten interagieren, eine Verstärkung und Generalisierung erfährt, wenn es gelingt, die Interaktionsprozesse so zu *optimieren*, daß ein aufgabengerechtes Verhältnis zwischen leistungs- und sozioemotional-orientierten Reaktionen entsteht. Bereits diese primär didaktisch-pädagogisch konzipierte Hypothese impliziert, daß die Leistungsüberlegenheit einer Gruppe nicht nur auf kognitiven Fähigkeiten, instrumentellen Fertigkeiten und rationalem Organisationsgeschick ihrer einzelnen Mitglieder beruht. Es wurde bereits von den Vorkämpfern des Gruppenunterrichts angenommen, daß die Angehörigen eines „Gruppen"-Aggregates auch an gemeinsamen Zielen ausgerichtete gefühlsmäßige Erwartungen und Bedürfnisse interagierend einbringen müssen, damit die Strukturierung und Funktionalisierung zu einer Gruppe überhaupt entsteht (vgl. *Lewin* 1948; *Homans* 1950; *Hofstätter* 1956; *Stogdill* 1959; *Scharmann* 1953, 1959, 1972; *Dietrich* 1969; *Schneider* 1975 u. a.).

3.1.1 Optimierungsmodelle für leistungsorientierte Gruppen

Im Zuge des Entwicklung der experimentellen Gruppenpsychologie wurden die Dynamik und Artung der Kommunikations- und Strukturierungsprozesse „leistungsorientierter Gruppen" zunehmend in der Theoriebildung beachtet. Bereits W. *Hellpach*, E. *Lorenz*, vor allem aber *Mayo, Lewin, Moreno, Homans, Bion* hatten die große Bedeutung positiver und negativer Gefühlstönungen für das „Gruppenklima" und damit für Konformität, Kooperationsbereitschaft und auch Produktivität erkannt; auch die unterschiedlichen Grade von Freundlichkeit und Unfreundlichkeit, Zustimmung und Kritik übten auf Qualität und Quantität des „outputs" einer Arbeitsgruppe entscheidenden Einfluß aus.

Um planmäßige Veränderungen von Gruppennormen (z. B. Leistungsrichtmaß) und Gruppenstrukturen (z. B. „demokratische" Interaktionsstruktur) herbeiführen oder prognostizieren zu können, wurden zahlreiche Theorien und Verhaltensanweisungen entwickelt, in denen auch das empathische Element des Gruppengeschehens seine besondere Berücksichtigung fand. Es genügt, wenn wir uns exemplarisch auf die Auseinandersetzung mit den Ansätzen von Homans (1950) und Stogdill (1959) beschränken.

Homans (1950) charakterisiert die Auswirkungen emotionaler Regungen auf das Interaktionsgeschehen in einer Gruppe im Sinne seines „Lizitations"- oder „Steigerungs"-Modells: „Interaction between persons leads to sentiments of liking, which express themselves in new activities, and these in turn mean further interaction. The circle ist closed, and by the very nature of the pair relations the whole system builds itself up" (zit. n. Scharmann 1972, S. 1836). Man könnte angesichts dieser Formulierung auch von einem „Spiralmodell" sprechen, denn Interaktion und Gefühlserlebnisse steigern sich gegenseitig.

Diese Hypothese erscheint zwar plausibel, gilt aber nur für einfache Interaktionsprozesse, die eine lineare Relation von Produktivität und „Klima" (morale) zulassen. Erfahrungsgemäß sind Gruppenprozesse jedoch komplex, und dies umso mehr, je mehr Aspekte des Interaktionsgeschehens eine leistungsorientierte Gruppe zu berücksichtigen und zu bewältigen hat. Wie aber steht es ferner mit dem Verhältnis von Gruppenklima und Selbsterhaltung der Gruppe als einer weiteren Voraussetzung ihrer Leistungsfähigkeit? Und wie verhalten sich im komplexen Funktionalisierungs- und Strukturierungssystem einer Gruppe die gegenseitige Emotionalität, die Integrationserfordernisse und das Leistungsverhalten zueinander? Das sind komplizierte Erfordernisse angesichts häufig wechselnder innerer und äußerer Probleme, die mit der Lizitation von Interaktion und Sympathie allein nur in seltenen Fällen zu bewältigen sein dürften. Es ist auch fraglich, ob die der aufsteigenden Lizitationsspirale entsprechende Vorstellung der Leistungs*maximierung* den Bedingungen „echter" Gruppenarbeit entspricht. Stogdill (1959, S. 223), auf dessen Modell wir später noch genauer eingehen werden

(Abschnitt 3.1.4), bemerkt dazu: „Leaders of all sorts of groups have been required to operate in terms of theory of organization which maintains that the executive should act to maximize productive effectiveness. This theory is shown to be in error in that it constitutes only a partial theory of organization. It ignores two important elements of organization: morale and integration."

3.1.2 Der „Gruppenfertigungsversuch"

Die Reduzierung der Interaktionsdynamik auf die Interdependenz von Aktivität und Sympathie, wie sie *Homans* in typisch behavioristischer Weise vorgenommen hat, mag für das Kommunikationssystem einer Dyade ausreichen, für ein Mehrpersonengebilde, wie es eine leistungsorientierte Gruppe im allgemeinen darstellt, ist sie aber unzulänglich.

Diese Erfahrung machten auch meine Mitarbeiter und ich im Rahmen der sog. „Gruppenfertigungsversuche" von 1959 – 1962 am Institut für Wirtschafts- und Sozialpsychologie der Universität Erlangen-Nürnberg. Beim damaligen Stand der Kleingruppenforschung hielten wir uns in erster Linie an die theoretischen und methodologischen Vorleistungen von *Mayo, Roethlisberger, Bales* und *Homans* („Cambridger Schule"), ohne freilich die „Gruppendynamiker" von Ann Arbor um *Lewin*, die Bedeutung des Tavistock Instituts in London sowie die ersten Publikationen über „Gruppendynamik" von *Hofstätter, Scherke* u. a. zu übersehen (vgl. Beschreibung im Anhang!). Die Vorversuche und eine Sichtung der ersten 25 Versuchseinheiten führten bereits zu der Erkenntnis, daß wir für die Analyse und Interpretation unserer Befunde mit der damals anerkannten Interaktionstheorie *Homans* und der durchweg dominierenden „Maximum"-Hypothese nicht unser theoretisches Auslangen finden würden. Bei der Beobachtung der unserer Versuchsanordnung gemäß agierenden 150 Fertigungsgruppen zeigte sich dann auch eindeutig, daß diejenigen Gruppen die erfolgreichsten waren, in denen neben Sympathie und Kooperationsbereitschaft auch ein beträchtliches Maß an Kritik, beruhend nicht nur auf *kognitiver Einsicht*, sondern auch auf *Aggression und Flexibilität* herrschte und in denen ferner das Interaktionsgefälle zwischen den Teilnehmern ziemlich gering war.

Andererseits gab es Gruppen, die effektiv mehr leisteten als die eben beschriebenen. Aber die Teilnehmer agierten unter Zwang, ihr gegenseitiges Verhältnis war konfliktgeladen, ihre Interaktionen beschränkten sich auf die notwendigsten Informationen und Anweisungen. Sie klagten über Streßerlebnisse und neigten bei aller Zielstrebigkeit eher zu einer Einstellung des gegenseitigen Wettbewerbs, des Mißtrauens oder der Gleichgültigkeit.

Neben den Gruppen mit hoher oder durchschnittlicher Produktionsleistung gab es auch solche mit unterdurchschnittlichem oder geringem Ausstoß. Die Ursachen dieser Minderleistung waren aber sehr verschieden: In manchen Gruppen mit lebhaftem, wohlwollendem Meinungsaustausch und fröhlicher Betriebsamkeit fehlte es, obwohl sonst alle Voraussetzungen des *Homans*'schen Lizitationsmodells gegeben waren, an der Leistungsmotivation. In anderen Gruppen hingegen herrschten Anstrengung, Zielorientierung und Organisationstalent, aber die sehr zahlreichen Interaktionen waren infolge von Führungs- und Cliquenkämpfen durch gegenseitige Aggression, Unduldsamkeit und Frustration gekennzeichnet, sodaß es zu ständigen „Reibungsverlusten" kam.

Weitere „Gruppen", in denen von vornherein Disharmonie und mangelnde Kooperationsbereitschaft, verbunden mit geringer Organisationsfähigkeit und niedriger Leistungsmotivation dominierten, leisteten am wenigsten. Diese Gruppen vermochten trotz des institutionell vorgegebenen Rahmens in Extremfällen nicht einmal ihre Selbsterhaltung zu gewährleisten (vgl. *Scharmann* 1961, 1962, 1966).

3.1.3 Erste Ansätze zur Formulierung der Optimumhypothese

Es leuchtet ein, daß die Interaktionsdynamik der sehr unterschiedlichen Leistungsstrukturen mit dem Lizitationsmodell von *Homans* nicht zufriedenstellend interpretiert werden konnten. Einige Mitglieder des Forschungsteams versuchten daher, für die im „Gruppenfertigungsversuch" beobachteten Kommunikations- und Arbeitsformen eigenständige theoretische Erklärungen zu formulieren.

So beobachtete H. A. *Müller* (1962), daß während des Fertigungsprozesses nicht nur eine Arbeitsteilung, sondern auch ein Arbeits- bzw. Arbeitsplatz-Wechsel gemeinsam geplant und durchgeführt werden mußte, wenn die Gruppe das vorgegebene Ziel erreichen wollte, da die Zahl der erforderlichen Arbeitsgänge nicht der Zahl der Gruppenmitglieder entsprach. Während des Versuches bildeten sich spontan zwei Typen des Arbeitsverhaltens heraus: Die beweglichen, flexiblen „Springer" und die während der ganzen Versuchszeit nach Möglichkeit an der gleichen Tätigkeit festhaltenden „Beharrlichen". „Bei Arbeitsgruppen mit nicht zwingend festgelegter Folge und Verteilung der Arbeitsverrichtungen, bei denen also für die Spontaneität des Arbeitsverhaltens ein gewisser Raum bleibt, ist es für die Gruppenleistung förderlich, wenn sich sehr bewegliche und anpassungsfähige und sehr beharrliche und ausdauernde Mitarbeiter die Waage halten" (*Müller* 1962, S. 23).

Hier wird zum erstenmal das *Prinzip der Balance*, eines hochempfindlichen labilen Gleichgewichts der Interaktionen bzw. der Arbeitsaktionen, angesprochen. Diese Interaktionen stellen soziale Beziehungen zwischen den Gruppenmitgliedern her, aber es spielt dabei nicht nur – wie bei *Homans* – die wachsende Summierung der positiven „Aufladungen", sondern auch die unterschiedliche Qualität der Interaktionen eine große Rolle für die Leistungsprozesse. *Müller* (1962) spricht dann auch nocheinmal ausdrücklich davon, daß die Erfassung und Analyse des Arbeitsvorganges die Bedeutung eines *optimalen* Zusammenwirkens von Vertretern bestimmter Typen des Arbeitsverhaltens zeige, welche sich nach der Häufigkeit des Tätigkeitswechsels unterscheiden (S. 27). Die Gruppe solle, sofern sie dieses Kriterium ihres Erfolges überhaupt erfasse, das Optimum des erforderlichen Tätigkeitswechsels ermitteln, um im Wettbewerb mit anderen Gruppen überdurchschnittlich abzuschneiden (vgl. *Müller* 1962, S. 23).

Dieses Phänomen hat *Hanhart* (1963) im Gruppenfertigungsversuch mit Hilfe des von *Bales* (1950) entwickelten Kategoriensystems genauer untersucht. Bei seiner statistischen Analyse der Interaktionsdaten hat *Hanhart* die beobachterbedingten Fehler keinesfalls übersehen, aber trotz dieses Reliabilitätsmangels korrelationsstatistisch zumindest tendenziell gesicherte typische Gruppenverhaltensweisen aufdecken können. Unter anderen fanden sich Gruppen mit überwiegend aufgabenorientierter Einstellung und betonter Sachlichkeit im gegenseitigen Verhalten sowie Gruppen mit einer besonderen Betonung der sozialen Gefühle. Es stellte sich die Frage, ob sich diese interaktionspsychologisch unterschiedlich ausgerichteten Gruppen auch in ihrem output unterscheiden ließen, und welcher Typ die besseren Leistungen erbringen würde.

Hierzu wurde folgende Hypothese aufgestellt: „Um eine gute bis überdurchschnittliche Leistung zu vollbringen, darf der Bereich der sozialen Gefühle anteilsmäßig den Bereich der Sachbezogenheit nicht übersteigen. Andererseits ist ein in seinem Umfang erst zu bestimmendes Minimum an Interaktionen im Bereich der sozialen Gefühle zur Erzielung einer guten Gruppenleistung notwendig. Dabei dürfen aber die negativen sozialen Gefühlsäußerungen die positiven nicht überwiegen" (*Hanhart* 1962, S. 33).

Für unsere Fragestellung sind folgende Ergebnisse *Hanharts* besonders wesentlich:

1. das Verhältnis zwischen aufgabenorientiert-sachbezogenen und den sozioemotional betonten Interaktionen ist etwa zwei Drittel zu einem Drittel; diese Aussage sollte später in den LINDA II/1-Experimenten bestätigt werden,
2. es besteht offenbar ein noch nicht näher präzisierbarer Zusammenhang zwischen einem in sich differenzierten Verhältnis sozioemotional positiver und negativer Interaktionen mit der unterschiedlichen Leistungshöhe verschiedener Gruppen (vgl. *Hanhart* 1963, S. 33 f.).

Neben den Zusammenhängen zwischen Arbeitsproduktivität, Arbeitsteilung und sozioemotionalen Klimata fällt im Gruppenfertigungsversuch eine weitere Tendenz des Interaktionsverhaltens auf, die ebenfalls die Leistung beeinflussen dürfte: Das *Interaktionsgefälle*. Darunter versteht man den relativen Anteil der Interaktionen des einzelnen Gruppenmitgliedes an der

Gesamtzahl der Interaktionen in der Gruppe, und zwar unabhängig von ihrer Qualität. Die individuellen Interaktionssummen, die sog. „Interaktionsfrequenz" oder „Partizipationsrate", unterscheiden sich im allgemeinen deutlich voneinander. Vergleicht man die individuellen Interaktionsanteile innerhalb einer Gruppe, ergibt sich somit eine Abstufung. Die Vermutung liegt nahe, daß dieses „Interaktionsgefälle" ein gruppenspezifisches Merkmal darstellt und damit einen Indikator für bestimmte Tendenzen des Interaktionsgeschehens, eventuell für das Gruppen-„Klima" abgibt. Die dazu formulierte Subhypothese der „Optimumhypothese" besagt, daß eine leistungsorientierte Kleingruppe umso erfolgreicher im Wettbewerb mit ihresgleichen abschneiden wird, je geringer das relative Interaktionsgefälle bei hoher Aufgabenorientiertheit ist. *Scharmann* (1962, S. 146) stellt nach der Durchführung von 70 Gruppenfertigungsversuchen hinsichtlich der eben genannten Hypothese fest, daß sich die Interaktionsaktivität bei Gruppen hoher und auch noch mittlerer Leistung gleichmäßiger auf die Mitglieder verteilt, das Ranggefälle also flacher verläuft, als bei Gruppen mit niedriger Leistung; in Gruppen mit hoher Leistung könne ein hoher Interaktionsgradient zwischen aktivstem und passivstem Teilnehmer ein unfreundliches „Betriebsklima" anzeigen. Der Quotient aus der Interaktionssumme des aktivsten und der des passivsten Teilnehmers ist umso kleiner, je kooperativer und solidarischer die Gruppe bei gleichzeitig gutem Leistungsergebnis ist.

3.1.4 Das *Stogdill*'sche Modell für leistungsorientierte Gruppen

Die Ergebnisse des Gruppenfertigungsversuches und auch der LINDA II/1-Experimente legen für die weiteren Untersuchungen insgesamt folgende Maxime nahe: Der Leistungsvorteil einer leistungsorientierten Gruppe hängt von Art und Umfang der kognitiven, motivationalen sowie sozioemotionalen Aktivitäten im Gruppenprozeß ab. Die verschiedenen Interaktionstendenzen dürften in einem bestimmten, noch zu eruierenden Verhältnis zueinander stehen. Jeder Effizienzvergleich zwischen Gruppen sowie zwischen Gruppen und Einzelpersonen muß daher Variablen aus allen drei psychologischen Erlebnsbereichen (Funktionen, Motive und Gefühle) im Gruppenprozeß zu erfassen versuchen. Es leuchtet ein, daß Lizitationstheorien bzw. -Hypothesen dem multivariaten Charakter derartiger Prozesse in leistungsorientierten Gruppen nicht genügen.

Wir fanden eine angemessene Modellvorstellung im Ansatz von *Stogdill* (1959, „Group Achievement"). Er unterscheidet zwischen individuellen „Member Inputs", dem Gruppenprozeß (Struktur und Kooperation) und der Gruppenleistung (Produktivität, Klima und Selbsterhaltung). Die Variablenzusammenhänge werden im einzelnen in Abbildung 1 schematisch dargestellt.

Abb. 1: Das Gruppenmodell von *Stogdill* (1959, S. 13)

Member Input	Intervenierende Variable		Group Outputs
– Verhaltensweisen	– Formaler und funktionaler Aufbau	– Rollendifferenzierung	– Gruppenleistung
– Leistungsbereitschaft und -voraussetzungen (z.B. Alter, Kenntnisse, usw.)	– Funktionalisierung	– Verantwortung	– Produktivität
– Interaktion	– Status (Hierarchie der Gruppe)	– Autorität und Kompetenz	– Gruppenklima (Befriedigung der sozioemotionalen Bedürfnisse)
– Sachliche und sozioemotionale Erwartungen der Gruppenmitglieder	– (Gruppenziele und Normen)	– (Koordinierung)	– Selbsterhaltung (Kohäsion, Integration)
	Gruppenstruktur und Kooperation		Ergebnisse der Gruppenarbeit

Für unsere speziellen Anliegen – Effizienzvergleich und Überprüfung der Optimumhypothese – besteht der Vorteil dieser Konzeption darin, daß ihre theoretische und empirische Reichweite ausdrücklich auf „leistungsorientierte Gruppen" zugeschnitten ist, und daß es sich um ein Gleichgewichtsmodell handelt, welches den Wechselwirkungen der verschiedenen Gruppendynamismen in zwar offener, aber ganzheitlicher Weise Rechnung trägt. In der Folge referiere ich über *Stogdills* Beitrag in Anlehnung an meinen Bericht über „Leistungsorientierte Gruppen" (*Scharmann* 1972). *Stogdill* (1959) stellt die Gruppe allgemein als eine dynamisch strukturierte Einheit independenter Verhaltensweisen mehrerer durch gemeinsame Einstellungen und Zielvorstellungen verbundener Individuen dar. Das Modell erfordert erstens die Operationalisierung der von den Mitgliedern der zukünftigen Gruppe eingebrachten Verhaltensweisen, Fähigkeiten und Arbeitsmotive, Zielvorstellungen und sozio-emotionalen Erwartungen sowie Interaktions- oder zumindest Anpassungsbereitschaft. Diese Verhaltensweisen werden zweitens in Gruppenprozessen durch Funktionalisierung und Rollendifferenzierung zu einem mehr oder minder dynamischen und fungiblen System integriert; Rollen, Funktionen, Integration und Kooperation sind als interdependente Kräfte des Gruppenprozesses als „intervenierende Variablen" der Messung zugänglich. ein derartiges System leistet drittens als „output" Produktivität, Selbsterhaltung der Gruppe und die Befriedigung der Mitgliederbedürfnisse; im Falle einer optimalen Abstimmung der wirkenden Kräfte und Strebungen ist ein solches System anderen sozialen Systemen oder minder integrierten Gruppen in allen *drei* Leistungen überlegen.

Stogdill (1959, S. 278 ff.) stellt dazu die Hypothese auf, daß sich in einer organisierten Gruppe sowohl die individuellen In- und Outputs – z.B. Tätigkeiten (performances), Erwartungs(einstellungen) (expactations), Erlebnisse der intellektuellen und gefühlsmäßigen Bestätigung gemeinsamer Normen und Einstellungen (morale), Teilhabe am Leistungserfolg der Gruppe (productivity) – als auch die gruppenspezifischen intermediären und effektiven Variablen – z. B. Gruppenaktivitäten (responsibilities), Anpassung und Selbsterhaltung der Gruppe (integration) – in einem offenen Gleichgewichtssystem die Waage halten sollen.

Stogdill beschreibt die komplementären Prozesse der „Verstärkung" der verschiedenen Variablen in den drei Subsystemen i. S. eines „operationalen Gleichgewichts", zeigt aber auch dessen mögliche Störfaktoren auf, wie etwa „unangemessene Verstärkungen" bestimmter Bestrebungen oder „inadäquate Erwartungen" von Gruppenmitgliedern. Das System „leistungsorientierte Gruppe" bleibt dann einigermaßen in sich stabil und nach außen widerstandsfähig sowie produktiv, wenn die Mitglieder die wirkenden Kräfte, Strebungen und Bewußtseinsinhalte als ein „Wir"- und ziel-orientiertes Aktionsgleichgewicht erleben. Eine „Gruppe", schon gar eine „leistungsorientierte", ist zwar für heuristische Zwecke als begrifflich abstraktes Modell faßbar. Als Phänomen ist sie aber zugleich ein hochdifferenziertes, lebensvolles Gefüge aus menschlichen Individuen mit zahlreichen Interessen und Strebungen, die sie nur mehr oder minder freiwillig einem gemeinsamen Ziel opfern. Dafür erwarten die Individuen allerdings von „ihrer" Gruppe im allgemeinen nicht nur das Erlebnis äußeren Erfolges, sondern auch das Gefühl sozialer Anerkennung.

3.1.5 Die Optimumhypothese

Auf der Grundlage des Modells von *Stogdill* (1959) sowie unserer eigenen Überlegungen und Befunde der Gruppenfertigungsversuche und früherer LINDA-Experimente können wir nun eine allgemeine Definition einer leistungsorientierten Gruppe geben, in welcher optimale Interaktionsbedingungen herrschen.

Für das Interaktionssystem einer leistungsorientierten Gruppe gilt der „Leistungsvorteil der Gruppe" im Vergleich mit anderen, vor dieselbe Aufgabe gestellten Kommunikationssystemen, wenn ihre Angehörigen

1. die erforderliche Leistungsfähigkeit (Kenntnisse, Fertigkeiten usw.) und Leistungsbereitschaft (Lern- und Arbeitsmotivation usw.) mitbringen,
2. in ihrem Verhalten kooperations- und anpassungsbereit zwecks Erreichung eines gemeinsamen Zieles sind (z. B. Bearbeitung eines Lehrprogramms oder eines Fertigungsauftrages),

3. während des Interaktionsprozesses in der Gruppe gemeinsam mehr aufgabenorientierte als sozioemotional betonte Einstellungen und Verhaltensweisen entwickeln.

„Interaktions"-System nennen wir dabei solche Kommunikationssysteme, die in einer *„realen Kommunikationssphäre"* funktionieren (vgl. *Hellpach* 1951, S. 92 ff.). Interaktionen sind dabei Wahrnehmungs-, Einstellungs- und Handlungsformen *unmittelbarer* gegenseitiger Beeinflussung von zwei oder mehr Personen.

Die Optimumhypothese besagt, daß eine spontane oder formale aufgabenorientierte Kleingruppe im Vergleich mit anderen leistungsorientierten Kommunikationssystemen zu einer optimalen Gesamtleistung kommt, wenn

1. das Interaktionsverhalten ihrer Angehörigen gleichzeitig durch hohe Aufgabenorientiertheit und hohe Sozioemotionalität gekennzeichnet ist; der Anteil aufgabenorientierter Interaktionen am Gesamtprozeß muß allerdings sehr viel größer sein als jener der sozioemotionalen; von diesen sollen die positiven in höherem Maße als die negativen Interaktionen beteiligt sein, ohne daß die letztgenannten jedoch fehlen dürfen,
2. die objektive Leistung (output) der Gruppe und die sozioemotionale Befriedigung der Mitglieder während des Gruppenprozesses insgesamt sehr hoch (nicht maximal) sind.

Unter diesen Voraussetzungen kommt es zu einer komplementär abgestimmten Wechselwirkung zwischen den sozioemotionalen, kognitiven und leistungsspezifischen Faktoren bzw. Verhaltensweisen. Ein nach den o. g. Bedingungen strukturiertes Interaktionssystem ist anderen leistungsorientierten Kommunikationssystemen dadurch überlegen, daß es durch sein objektives Ergebnis (output), durch sein „Gruppenklima" (Gemeinsamkeit der Normen, Befriedigung sozioemotionaler Bedürfnisse) wie auch durch seine Kohäsion (Selbsterhaltung) die Erwartungen seiner Angehörigen *gleichzeitig in mehrfacher* Hinsicht erfüllt.

3.2 Exkurs: Ein Vergleich mit „anderen Kommunikationssystemen"

Der von uns gebrauchte terminus technicus „andere Kommunikationssysteme" bedarf der Abgrenzung, da deren Leistungen, Einstellungstendenzen und Verhaltensformen mit denjenigen der von uns im Sinne der „Optimumhypothese" konzipierten „leistungsorientierten Gruppen" verglichen werden.

Der Begriff „Kommunikationssystem" umfaßt allgemein nicht nur gruppenspezifische Gebilde, sondern auch kollektive Großformen menschlicher Kommunikation. Letztgenannte „abstrakte Kollektiva" (L. v. Wiese) scheiden jedoch ebenso aus unserer Betrachtung aus wie kurzfristige Massensituationen „kollektiven Verhaltens" (Turner und Killian). Sie unterliegen nämlich anderen sozialen Bedingungen und entbehren wesentlicher Merkmale von Gruppen (v. a. geringe Zahl der Mitglieder, Überschaubarkeit, individuell geprägte Realkommunikation, Rollendifferenzierung und Leistungsaspekt). Diese auch experimentell erhärteten leistungsspezifischen und sozialintegrativen Merkmale von Gruppen begründen in ihren Wirkungen auch ihre besondere gesellschaftliche Funktion im Unterschied zu den Großformationen menschlicher Gesellung.

Es ist relativ leicht, die Kommunikationsformen in Großstrukturen des Interaktionsgeschehens kleiner Gruppen abzugrenzen und die daraus resultierenden unterschiedlichen sozialen und leistungsspezifischen Wirkungen aufzuzeigen. Schwieriger erscheint die systematische Abgrenzung leistungsorientierter Gruppen mit *optimaler* Ausgewogenheit der Interaktionsstruktur gegenüber anderen gruppenspezifischen Kommunikationssystemen, z. B. Zwangsgruppen, Arbeitsgruppen, Therapiegruppen, Freizeitgruppen, musische und kultische Gruppen. Dazu ist es erforderlich, einige der letztgenannten Kommunikationssysteme den von uns supponierten Kleingruppen mit „optimierter" Interaktionsstruktur gegenüberzustellen.

Betrachten wir zunächst die sog. „Arbeitsgruppen", die zwar wegen ihrer formalen Organisation im Rahmen der Gruppenpsychologie aufgeführt werden, in denen aber in den meisten Fällen keine „Gruppenarbeit" geleistet wird. Für das Zustandekommen echter Gruppenarbeit und damit einer leistungsorientierten Gruppe in unserem Sinne muß es vor allem möglich sein, die individuellen Fähigkeiten und gegenseitigen Einstellungen von Einzelpersonen leistungswirksam aufeinander abzustimmen (vgl. *Scharmann* 1972). Hingegen sind zahlreiche Betriebs- oder Arbeits-„Gruppen" beschrieben worden, deren triste innere Verfassung (schlechtes „Klima", niedrige „Arbeitsmoral") eine derartige, von allen Mitgliedern mitgetragene, Koordination unmöglich gemacht hat (vgl. z. B. *Arensberg & MacGregor* 1942; *Stirn* 1952, 1961).

In den eben erwähnten Arbeitsaggregatien bzw. Quasigruppen sind es sozioökonomische Zwangsbedingungen gewesen, die eine echte Gruppenarbeit nicht zugelassen haben. Es kann aber auch vom Führungsstil abhängen, ob sich in einer Arbeitsgruppe ein solidarisches Verhalten oder auch negative Einstellungen mit einem hohen Leistungsniveau verbinden. Am bekanntesten sind in diesem Zusammenhang die „autoritär" geführten Arbeitsgruppen geworden, wie sie *Lewin, Lippitt* und *White* (1939) in ihren Experimenten zur Abhängigkeit von Gruppenleistung und Betriebsklima vom Führungsstil analysiert haben.

Auch *Fiedler* (1958) hat anhand zahlreicher Experimente darauf hingewiesen, daß eine kritisch-distanzierte bis ablehnende Haltung von Vorgesetzten gegenüber Mitarbeitern nicht unter allen Bedingungen leistungsmindernd sein müsse, sondern sogar die Produktivität steigern könne, allerdings auf Kosten der mitmenschlichen Beziehungen im Betrieb (human relations). Zwangssituationen, autoritärer Führungsstil und/oder kritischablehnende Einstellung von Vorgesetzten in Arbeitsgruppen können also zur Erreichung hoher Leistung durchaus wirksam sein, die dabei auftretenden Interaktionsprozesse entbehren aber der Solidarität und des Ausmaßes sozioemotional positiver Tendenzen, wie sie für Gruppenarbeit kennzeichnend sind (vgl. z. B. *Argyris* 1957).

Die strukturellen Übergänge zwischen Gruppen mit optimalem „Klima" und hoher Produktivität und solchen mit ebenfalls hohem output, aber weniger freundlicher Arbeitsatmosphäre sind fließend. Erstens ist es nicht leicht, das optimale Verhältnis zwischen Effizienz, Solidarität und Syntalität in jeder Situation exakt zu bestimmen. Zweitens bilden sich in vielen trotz einer unpersönlich-sachzentrierten Gestaltung der Arbeitsbeziehungen „unterhalb" der formalen Organisation spontan sozioemotional betonte „informelle Arbeitsgruppen" (vgl. z. B. *Stirn* 1952), welche nachhaltig auf die Leistungs- und Verhaltensnormen wirken können.

Klarer gelingt dagegen der Vergleich von Arbeitsgruppen mit anderen, nicht primär zweckrational leistungsorientierten Interaktionssystemen, wie z. B. Freizeitgruppen, kultischen oder (quasi-) therapeutischen Gruppen. Klare Unterschiede sind dabei hinsichtlich der Dominanz aufgaben- bzw. leistungsorientierter Determinanten im Interaktionsgeschehen, der objektiven Zielsetzungen und Ergebnisse feststellbar. Gruppentherapeutische Verfahren, heute mißbräuchlich mit dem zum Modewort verallgemeinerten Begriff „Gruppendynamik" bezeichnet, dienen in erster Linie der „Sekundär-Sozialisation von Erwachsenen" (*Lorenzer*), aber bestenfalls indirekt der Erbringung objektivierbarer Sachleistungen. Zudem müssen die soziemotionalen Beziehungen in solchen Gruppen oft extrem akzentuiert und Situationen strukturellen Ungleichgewichts provoziert werden, um Wirkungen zu erzielen.

Es gibt allerdings auch quasi-therapeutische, „themenzentrierte" Interaktionsgruppen, wie sie erstmals von *Lewin* (1948) und neuerdings wieder von *Brocher* (1967), *Heintel* et al. (1975), *Cohn* (1975) oder *Sbandi* (1973) konkretisiert worden sind. Diese Gruppen verbinden die kathartische Selbstfindung ihrer Mitglieder mit dem Ziel von Verhaltensänderungen und der Vermittlung bestimmter Sozialtechniken (z. B. Gruppendiskussion, Konferenzmethode) und Kenntnisse (z. B. politische Bildung, ideologiekritische „Hinterfragung" etc.). Diese quasi-therapeutischen Gruppen kommen in ihrer Konzeption unseren gruppendidaktischen Versuchen zum Teil recht nahe. Es ist daher verständlich, wenn wir in den Beschreibungen vielfach eine große Ähnlichkeit mit unseren Erfahrungen über Gruppendynamik und auch direkte Hinweise auf gruppendynamische Prozesse i. S. der Optimumhypothese finden.

4. Die Operationalisierung der Optimumhypothese im LINDA II/2-Experiment

4.1 Allgemeine Voraussetzungen für die Operationalisierung

Das operationale Konzept der Auswertungsmethoden für die Überprüfung der Optimumhypothese wird im Kapitel II ausführlich dargestellt. Daher können wir uns hier auf die Grundsätze beschränken. Es wird zunächst die Funktion der verwendeten Lehrprogramme („Experimentelle Gedächtnisforschung nach *Ebbinghaus*" und „Soziale Wahrnehmung") für Information und Diskussion sowie für die Entstehung eines gruppenspezifischen Interaktionssystems erörtert. In einem weiteren Teil werden die wichtigsten Variablen zur Analyse der Interaktionssysteme beschrieben.

Wie bereits erwähnt, lag der Forschungsschwerpunkt der LINDA II/1-Experimente im Effizienzvergleich zwischen lehrautomaten-gesteuertem PGU und PEU. Dieser Vergleich war relativ problemlos auf den traditionellen Gruppen- und Einzel-Unterricht übertragbar (vgl. z. B. *Dietrich* 1972, 1974; *Walter* 1972). Da aber Anfang der 70er Jahre auch andere technologie-gestützte Präsentationsmodi von Lehrprogrammen zur Diskussion gestellt wurden (vgl. *Rollett* und *Weltner* 1971, 1973), war für Vergleiche mit diesen Unterrichtsverfahren eine systematische Abgrenzung zu den kybernetischen Lehr- und Lernmodellen von *Lánský* und *Scharmann* (1976) erforderlich. Unterschiede ließen sich dabei teilweise in der algorithmischen Aufbereitung der Lehrprogramme (vgl. Kapitel II), vor allem aber in dem sozialpsychologisch und lerntheoretisch höchst bedeutsamen Umstand finden, daß die Unterrichtsversuch mit dem Lehrautomaten LINDA II ausgesprochen gruppenspezifisch strukturiert (Interaktion innerhalb der Gruppe und mit dem Automaten als didaktische Einheit) mit *autonomer Bestimmung des Lerntempos* durchgeführt wurden. Bei den anderen Verfahren handelte es sich hingegen lediglich um die audiovisuelle Präsentation eines Lehrprogramms in der Art des Parallel- oder Frontal-Unterrichts mit *generell vorgegebenen Zeitnormen* für die einzelnen Lehrschritte (vgl. dazu z. B. *Corell* 1966; *Frank* 1963, 1968).

4.2 Modelle von Interaktionsstrukturen im LINDA II/2-Experiment

Dieses Experiment soll vorwiegend der Überprüfung unserer Annahmen über die Optimumhypothese dienen. Aufgrund dieser Akzentverschiebung gegenüber den früheren LINDA-Experimenten werden wir zwar die auch hier interessierenden Variablen übernehmen, bei ihrer operationalen und statistischen Aufbereitung jedoch mehr als bisher auf ihre Bedeutung für die optimale strukturelle und funktionelle Beschaffenheit einer leistungsorientierten Gruppe achten.

Das erste Modell beschreibt eine Gruppe, die sich gemäß unserer bereits dargelegten Auffassung in einem „optimalen Interaktionsgleichgewicht" der in ihr wirksamen Funktionen, Motive und soziemotionalen Tendenzen befindet; die Gruppenmitglieder erbringen gemeinsam ein hohes Maß an Leistung (output) und zeigen gleichzeitig ein hohes Maß syntaler Strebungen („Wir"-Bewußtsein, Anpassungsbereitschaft, Solidarität) und gegenseitiger Sympathie, aber auch ein unerläßliches Mindestmaß an Kritik, Distanz und Ablehnung[1].

Andere Modelle gruppenspezifischer Interaktionsstrukturen unterscheiden sich von diesem „optimalen" Typ leistungsorientierter Kleingruppen in jeweils typischer Art dadurch, daß entweder
die Leistungsorientierung im Verhältnis insbesondere zu den soziemotional positiven Interaktionstendenzen einseitig überwiegt, sodaß trotz hoher Leistung keine Syntalität und Sympathie in der Gruppe herrschen,
oder umgekehrt
die soziemotionalen (insbesondere die positiven) Interaktionstendenzen gegenüber den leistungsorientierten so sehr überwiegen, daß zwar eine Gruppe mit hoher innerer Zufriedenheit und großer Syntalität entsteht, die aber wegen zu niedriger Leistungsnormen nur relativ geringe Leistungen, vor allem in Wettbewerbssituationen, erbringt,
oder schließlich

---

[1] Niels *Bohr:* „Contraria sunt complementa".

von vornherein trotz möglicherweise vorhandener Leistungsmotivation die sozioemotional negativen Interaktionstendenzen gegenüber den erforderlichen positiven Strebungen (Syntalität und Kooperation) in so hohem Maße überwiegen, daß es nicht zur Strukturierung einer echten Gruppe kommt; nur äußerer Zwang könnte ein derartiges Aggregat im Dienste einer formalen Leistungsnorm organisieren.

Wir sind uns bewußt, daß die aufgezeigten Modelle idealtypische Vereinfachungen darstellen, welche der in der Wirklichkeit vorfindbaren großen Variation möglicher Misch- und Übergangsformen nicht voll gerecht zu werden vermögen. Jedoch sollte unsere abstrakte Vereinfachung die formalen Voraussetzungen für die Operationalisierung unserer Thesen schaffen. Dabei darf freilich nicht übersehen werden, daß sich in unseren früheren Experimenten zahlreich „Gruppen" gefunden haben, die unseren Modellvorstellungen sehr genau entsprochen haben. Ferner traten zwar Übergangsformen zwischen den idealtypischen Grundformen auf, jedoch waren die Grenzen zwischen den letztgenannten typischen Verlaufsgestalten meist deutlich genug, um die oben getroffene Einteilung gerechtfertigt erscheinen zu lassen.

Für die statistische Auswertung und die theoretische Interpretation unserer Beobachtungsdaten stützen wir uns im LINDA II/2-Experiment auf mehrere Variablen aus den Bereichen der Persönlichkeits- und Intelligenzdiagnostik sowie der Sozialpsychologie. Diese Variablen haben wir teils in Anlehnung an die früheren Experimente, teils aufgrund eigener Überlegungen ausgewählt. Sie wurden für die Versuchsanordnungen des programmierten Gruppenunterrichts (PGU) wie auch des programmierten Einzelunterrichts (PEU) definiert und in folgende Klassen eingeteilt:

1. Variablen der Leistung bzw. Lernleistung,
2. Variablen der Motivation,
3. Variablen der Kooperation,
4. Variablen der Sozioemotionalität.

Die genauere Operationalisierung der einzelnen kognitiv-virtuellen, motivationalen und sozioemotionalen Einstellungsdeterminanten und Verhaltensweisen wird im Laufe der folgenden Kapitel beschrieben. Die schematische Ordnung der verschiedenen Variablen sollten Vorbedingungen, Ablauf und Ergebnisse von Gruppenprozessen übersichtlicher machen und die Zuordnung zum Modell von *Stogdill* (1959) erleichtern (vgl. Abb. 1). Wahrscheinlich sind noch andere als in dem Variablenkatalog aufgeführte Faktoren im Rahmen der Interaktionsprozesse leistungsorientierter Gruppen von Bedeutung. Wir haben uns aber bemüht, diejenigen psychologischen, sozialpsychologischen und soziologischen Größen und Bedingungen zu berücksichtigen, mit deren Hilfe unsere theoretischen Annahmen überprüft werden können.

5. Zusammenfassung

Die hier berichtete Untersuchung[1] stellt eine thematisch erweiterte Fortsetzung des Projekts „Kybernetische Lehr- und Lernmodelle für Gruppen"[2] dar. Ihre Zielsetzungen sind:

1. sollten mittels verbesserter Untersuchungsverfahren die Ergebnisse des ersten Vorhabens (LINDA II/1) zum Effizienzvergleich zwischen programmiertem Gruppenunterricht (PGU) und programmiertem Einzelunterricht (PEU) differenzierter überprüft werden,
2. sollte die Untersuchung der sozialpsychologischen und didaktischen Problematik gruppenspezifischer Strukturprinzipien eine Überprüfung der sog. „Optimumhypothese" und ihrer Bedeutung für leistungsorientierte kleine Lerngruppen ermöglichen.

Wir gingen beim Zweitversuch (LINDA II/2) davon aus, daß sich beide Zielsetzungen ohne Beeinträchtigung des experimentellen Grundkonzepts und der Evaluierungskriterien des Erstversuches verfolgen lassen würden. Ferner glaubten wir, daß die

---

[1] Projekt Nr. 3119 des Österr. Fonds zur Förderung der Wissenschaftlichen Forschung.
[2] Projekt Nr. 900 des Österr. Fonds zur Förderung der Wissenschaftlichen Forschung.

Beibehaltung der objektivierten Lehr- und Lernbedingungen des Linzer PGU-Modells methodologisch besonders günstige Voraussetzungen für eine Überprüfung der Optimumhypothese abgeben würde. Die Verbesserung der Meßverfahren, insbesondere der Interaktions-Prozeß-Analyse, der Fragebögen und Wissenstests sollte eine exaktere Berücksichtigung der sozioemotionalen, motivationalen und kognitiv-aufgabenorientierten Faktoren des Gruppengeschehens ermöglichen.

Ohne Vernachlässigung des Effizienzvergleichs sollte das Versuchsprogramm des LINDA II/2-Experiments stärker auf die strukturellen Bedingungen interaktionsdynamischer Prozesse in Kleingruppen akzentuiert werden. Als theoretische Grundlage dienten dazu neben den bereits beschriebenen Konzepten vornehmlich das Gruppenmodell von *Stogdill* (1959) und die von *Scharmann* (1966) erstmals im Rahmen der „Gruppenfertigungsversuche" konzipierte Optimumhypothese. Darüberhinaus haben wir dem Effizienzvergleich in erhöhtem Maße Rechnung getragen, indem wir ein zweites Lehrprogramm („Soziale Wahrnehmung" neben dem bereits im Erstversuch eingesetzten Lehrprogramm („Gedächtnisforschung nach *Ebbinghaus*") eingeführt haben. Dadurch war ein verbesserter experimenteller Versuchsplan durchführbar und auch eine faktische Urteilsbildung über beide Unterrichtsformen (PGU und PEU) für die Versuchsteilnehmer möglich.

Die stärkere Einbeziehung der Optimumhypothese in unser Forschungsprogramm bedingte eine intensive sozialpsychologische Diskussion. Diese theoretische Analyse verschiedener Optimierungsmodelle für leistungsorientierte Gruppen (z. B. *Homans* 1950; *Lewin* 1948; *Hofstätter* 1957 u. a.) führte zu dem Ergebnis, daß wir der theoretischen Interpretation unserer Gruppenversuche das Modell von *Stogdill* (1959) zugrunde legten. Da dieses Modell zwischen individuellen Kenntnissen und Fertigkeiten als Leistungsvoraussetzungen (kognitiver Aspekt), Erfolgserwartungen sowie vor allem den sozioemotionalen Bedürfnissen (motivationaler Aspekt) deutlicher unterscheidet als andere Gruppentheorien, erwies es sich für unsere Problemstellung als besonders geeignet. Die ganzheitliche Konzeption der formalen und funktionalen Gruppenprozesse bzw. -strukturen im Modell von *Stogdill* betont den Aspekt, daß leistungsorientierte Kleingruppen nur dann erfolgreich agieren können, wenn sie die Dynamik der aufgabenorientierten Strebungen mit den gegenläufigen (v. a. sozioemotionalen) Tendenzen in einem ständigen, wenn auch labilen Gleichgewichtszustand zu halten versuchen.

Auf diesem theoretischen Hintergrund, den Erfahrungen aus den früheren Experimenten und mit Hilfe eigener Überlegungen ist es möglich gewesen, die von uns unterrichtstechnologisch eingeleiteten Gruppen- und Lernprozesse zu operationalisieren und einer systematischen Analyse zugänglich zu machen. Dafür haben wir einen möglichst umfassenden Katalog von Variablen erstellt und mit entsprechenden Meßverfahren zu erfassen versucht (s. o.). Wahrscheinlich gibt es aber noch weitere Bedingungen und Faktoren, die für leistungsorientierte Gruppen bedeutsam sein können und die uns entgangen sind. Zum Beispiel führt *Schneider* (1975, S. 207 ff.) in seiner Darstellung der „Einflußfaktoren der Gruppenleistung" eine Reihe von Bedingungen auf. Ihre Beachtung vermindere die Gefahr, scheinbare Leistungseffekte von Gruppen („Pseudo-Gruppeneffekte") mit tatsächlichen Gruppenleistungen zu verwechseln, die sich aus der Interaktionsdynamik mehr oder weniger integrierter Gruppenarbeit ergeben. „Pseudogruppenleistungen" liegen nach *Schneider* vor, wenn nur die Kombination individueller Leistungen zu einer höheren Gesamtleistung ohne jede zusätzliche Verbesserung des Endproduktes führe. Die scheinbar verbesserte Leistung lasse sich in solchen Fällen auf statistische Bedingungen (z. B. bei „Suchaufgaben") oder rein additive Prozesse (z. B. „Heben und Tragen") zurückführen.

Eine solche Möglichkeit verursacht vermutlich nur geringe Leistungsunterschiede zwischen Einzel- und Gruppenlernen beim Lehrprogramm „Gedächtnisforschung". Sollte der Effizienzvergleich hingegen beim zweiten Lehrprogramm „Soziale Wahrnehmung" für einen tatsächlichen Gruppeneffekt sprechen, könnte dies an der größeren Unbekanntheit und Komplexität dieses Problembereichs liegen.

Auch die Problematik der Homogenität unserer Gruppen hat uns beschäftigt. Wir suchten ihr durch Selektion von Versuchsteilnehmern mit relativ einheitlichem Bildungs- und Motivationsniveau gerecht zu werden; der Aussagewert unserer Befunde beschränkt sich dadurch freilich auf Schüler der Gymnasialoberstufe und Hochschulstudenten beiderlei Geschlechts. Trotz dieser Maßnahmen können wir „Pseudo-Gruppeneffekte" nicht völlig ausschließen. Jedoch haben wir die Untersuchungen nach Möglichkeit im Sinne eines Konzepts gestaltet, welches den Versuchsteilnehmern die Chance zu faktischer „Gruppenarbeit" eröffnete (vgl. z. B. *Scharmann* 1972) und den Beobachtern eine zuverlässige Erfassung der Gruppenprozesse und -effekte ermöglichte.

Anhang zu Kapitel I: Der Gruppenfertigungsversuch

„Das Problem der Überprüfung der „Optimumhypothese" beschäftigt auch Scharmann und seine Mitarbeiter seit längerer Zeit im Rahmen des sogenannten „Gruppenfertigungsversuches", der einen Beitrag zur experimentellen Interaktionsanalyse leistungsorientierter Kleingruppen mit Hilfe sozial- und arbeitspsychologischer Methoden der Verhaltensbeobachtung darstellt. Scharmann ist bei der Konzeption dieses Versuches, über den er erstmals 1951 (Wellek 1953), dann wieder 1959 (Thomae 1961) und 1966 (Lüschen 1966) berichtet hat, von ähnlichen Voraussetzungen ausgegangen wie Stogdill, indem er die input/output-Methode mit der „interaction process analysis" (Bales) sowie die Methoden des Arbeits-und Zeitstudiums (Refa) kombinierte.
Bei diesen Versuchen wird in einer Gruppe aus je 7 Teilnehmern der Auftrag erteilt, innerhalb von 2 Stunden z. B. die Anfertigung und Verpackung von Spielmarken verschiedener Werte und Farben gemeinsam zu planen, zu organisieren und auszuführen. Die Versuchsteilnehmer sollen in der gegebenen Zeit möglichst viele und einwandfreie Stücke bei sparsamster Verwendung des Materials herstellen und auf zweckmäßigste Weise verpacken. Die Zahl der abgelieferten Rollen Spielmarken (Bruttoleistung), vermindert um die Zahl der Rollen, die den Qualitätskriterien nicht genügen, gibt die quantitativ bestimmte Gruppenleistung (Nettoleistung). Bei jedem Versuch stehen jeweils zwei oder mehr Gruppen im Leistungswettbewerb miteinander, sodaß die Versuchssituation als „quasisportliche Ernstsituation" (Müller 1962), als „Annäherung an die Realität" (Hanhart 1963) im Sinne der von Hare (1962) beschriebenen „Streß"-Situation erlebt wird. Neben der Setzung einer durchaus als echt erlebten Leistungsaufforderung, macht die Art der Aufgabenstellung unabhängig von der verbalen oder schriftlichen Ausdrucksfähigkeit sowie von der beruflichen Erfahrung und Vorbildung.
... Die Gesamtzahl der Versuche betrug bei Abschluß der 3. Versuchsperiode (1963) 151 Gruppen; allerdings stützten sich die verschiedenen Autoren teils aus zeitbedingten, teils aus methodischen Gründen auf verschiedene Teilzahlen. Es handelt sich teilweise um faktische Gruppen (Schulen, Industriebetriebe, Tagungsgruppen u. a.) und teilweise um ad hoc gebildete Laboratoriumsgruppen,

die möglichst homogene Einzelgruppen hinsichtlich Alter, Geschlecht, Vorbildung und Bekanntheitsgrad bildeten: 14–18jährige Volks-, Berufs- und Oberschüler, Studenten, angelernte Arbeiter, Facharbeiter, mittleres Management, Sozialarbeiter, u. a. beiderlei Geschlechts. Als untere Altersgrenze für die Anwendbarkeit des Versuchs wurde das 13. Lebensjahr festgestellt.
Die Beobachtungstechniken setzten sich aus folgenden Methoden zusammen: 1. sogen. „Interaktionsprotokoll" nach Bales (1950); 2. sogen. „Arbeitsprotokoll" (2. Protokoll); 3. sogen. „Qualitatives Protokoll" (3. Protokoll), freie Beschreibung; 4. sogen. „Leistungsprotokoll" (Brutto-, Nettoleistung usw.); 5. Fragebogen über Einstellung der Versuchspersonen zum Versuch etc. nach Beendigung des Versuchs. Die Durchführung der Versuche setzte die Mitwirkung von jeweils 4 „Beobachtern" (2 Bales-Protokollanten, 1 „Arbeitsprotokollant" und 1 „freier Beobachter") und einem Versuchsleiter voraus.... Eine langwierige und umständliche Schulung und Kontrolle (z. B. Varianzanalysen der beiden Bales-Beobachter) der Beobachter und Versuchleiter sind erforderlich. Sie erwies sich bei den Bales-Protokollanten nachträglich vielfach als unzureichend, worauf zuerst Hanhart (1963) aufmerksam machte, so daß gerade auf diese Datengruppe bei der Auswertung vorläufig noch nicht zurückgegriffen werden kann."

(Scharmann Th.: Leistungsorientierte Gruppen, In: Graumann C. F. (Hrsg.) Sozialpsychologie, Hb. Psychol. Bd. 7, 2. Hb., Hogrefe: Göttingen 1972, S. 1846 ff.).

Kapitel II: Methoden und Meßinstrumente

(S. Steininger)

1. Rahmenbedingungen des LINDA II/2-Versuchs	42
1.1 Zeitlicher Ablauf	42
1.2 Stichprobe	43
1.2.1 Schulische Herkunft der Versuchspersonen	43
1.2.2 Alter und Geschlecht	45
1.2.3 Psychologische Stichprobenmerkmale	47
1.3 Versuchsräume des Gruppenforschungszentrums	49
2. Methodischer Aufbau	50
2.1 Effizienzvergleich Einzellernen / Gruppenlernen	50
2.1.1 Fragestellung	50
2.1.2 Pädagogisch-didaktische und unterrichtstechnologische Voraussetzungen für den LINDA II/2-Versuch	51
2.1.3 Modifikationen des Versuchsplans gegenüber LINDA II/1	53
2.1.4 Versuchsanordnung bei LINDA II/2	54
2.1.5 Variablenplan	57
2.2 Auswertungsschema zur Überprüfung der Optimum-Hypothese von Th. *Scharmann*	58
2.2.1 Programmierter Gruppenunterricht und Überprüfung der Optimum-Hypothese	58
2.2.2 Modellvorstellungen der Optimum-Hypothese	59
2.2.3 Auswertungsschema	60
3. Meßinstrumente und Lehrprogramme	61
3.1 Merkfähigkeitstest	61
3.2 Leistungsmotivationstest	61
3.3 Persönlichkeitstest	63
3.4 Wissenstests	64
3.5 Fragebögen	65
3.6 Standardisierte Beobachtung	66
3.7 Lehrprogramme und Lehrprogrammalgorithmus	69
4. Zusammenfassung	73

1. Rahmenbedingungen des LINDA II/2-Versuchs

1.1 Zeitlicher Ablauf

Für die Durchführung des LINDA II/2-Versuchs wurde ein Zeitraum von ungefähr 2½ Jahren benötigt. Nach Tätigkeitsschwerpunkten läßt sich der zeitliche Ablauf in vier Phasen gliedern:

(1) Projektierung. Sie erfolgte in den Monaten Dezember 1975 bis Mai 1976 und umfaßte a) Überarbeitung des Forschungsberichtes „Kybernetische Lehr- und Lernmodelle für Gruppen" (verkürzt veröffentlicht in *Lánský* und *Scharmann* 1976) und Formulierung der Forschungsziele, b) Formulierung der Arbeitshypothesen (vgl. Abschnitt 2) sowie c) Erstellung eines Versuchsplans.

(2) Erstellung des Lehrprogramms „Soziale Wahrnehmung" und der Meßinstrumente. Von Mai bis Dezember 1976 wurden anhand des von *Waldhäusl* (1975) ausgearbeiteten Basaltextes von *Sageder* das Textbuch und die audio-visuellen Hilfsmittel für das Lehrprogramm „Soziale Wahrnehmung" erstellt und produziert. Dabei nahm man besonders Bedacht auf die größtmögliche formale Übereinstimmung mit dem bereits vorhandenen und bei LINDA II/1 verwendeten Lehrprogramm „Experimentelle Gedächtnisforschung von Ebbinghaus". Zur gleichen Zeit wurden auch die Einstellungsfragebögen und Wissenstests erstellt, erprobt und modifiziert.

(3) Durchführung der Experimente und der Auswertung. Diese Arbeiten zogen sich über das gesamte Jahr 1977 hin. Es liegen nunmehr die Daten aus 37 Gruppenversuchen und 104 Einzelversuchen vor. Da die Erstellung der Computerprogramme, die Auswertung und die Durchführung der Versuche z. T. simultan erfolgen konnten, war bereits kurz nach Beendigung der Experimente die Auswertung abgeschlossen (Frühjahr 1978). Da wir nur in wenigen Fällen auf standardisierte Verfahren zurückgreifen konnten, benötigten wir für die Auswertung der Vielzahl von Meßinstrumenten (vgl. Abschnitt 3) einen relativ großen Zeitraum. Das Hauptproblem bestand darin, die Fülle der Daten zu

komprimieren, sodaß die Überprüfung der Hypothesen anhand weniger aussagekräftiger Indikatoren erfolgen konnte.

Die Versuchspersonen durchliefen folgende Stadien:
1. Vortests (Intelligenztest, Leistungsmotivationstest, Persönlichkeitstest)
2. Erster Fragebogen und Vorwissenstest
3. Programmierter Einzelunterricht (PEU) mit Lehrprogramm „Experimentelle Gedächtnisforschung von Ebbinghaus· (LP 1), oder alternativ Programmierter Gruppenunterricht (PGU) mit Lehrprogramm „Soziale Wahrnehmung" (LP 2) und umgekehrt.
4. Zweiter Fragebogen und Nachwissenstest

Jede Versuchsperson, die das gesamte Pensum absolvierte, lernte alternierend beide Lehrprogramme im Einzelunterricht oder im Gruppenunterricht kennen.

(4) Berichterstattung. Die Fertigstellung des Berichts für den Fonds zur Förderung wissenschaftlicher Forschung begann Anfang 1978 und war im Herbst 1978 abgeschlossen.

1.2 Stichprobe

1.2.1 Schulische Herkunft der Versuchspersonen

Die Rekrutierung von Versuchspersonen für psychologische Experimente gestaltet sich bekannterweise schwierig; umso mehr, wenn jede Versuchsperson mehrmals zu verschiedenen Zeitpunkten zur Verfügung stehen muß.

Unter diesen Voraussetzungen war es naheliegend, nur Versuchspersonen zu werben, die mit dem Institut für Psychologie in engerem Kontakt standen. Darunter fallen Studenten der Universität Linz, die im Rahmen ihres Studiums (sozial- und wirtschaftswissenschaftliche Studienrichtungen sowie Lehramt Mathematik/Physik) Psychologie oder Sozialpsychologie studieren. Da sich aber die Zahl potentieller Versuchspersonen aus diesem Kreis schon bei LINDA II/1 (vgl. *Krause* und *Sageder* 1976, S. 63) als zu gering erwies, mußten wir auch an anderen

Institutionen werben. Besonders geeignet erschienen uns Schüler der beiden letzten Klassen Allgemeinbildender Höherer Schulen (AHS), da ihnen der Schwierigkeitsgrad der zu lösenden Aufgaben angemessen sein dürfte und organisatorisch die einfache Erreichbarkeit vorteilhaft ist. Darüber hinaus bemühten wir uns auch um Studenten der Pädagogischen Akademie der Diözese Linz.

An den Vortests (vgl. Abschnitt 1.1), die in Form von „Gruppen"-erhebungen durchgeführt wurden, nahmen insgesamt 359 Versuchspersonen teil. Von vornherein war anzunehmen, daß sich ein beträchtlicher Teil dieser vorgetesteten Personen der Mühe entziehen würde, zweimal an die Universität zum eigentlichen Experiment zu kommen. Trotzdem haben an den Versuchen 192 Personen teilgenommen (vgl. Tabelle 1).

Tabelle 1: Schulische Herkunft der Versuchsteilnehmer (n = 192)

Schultyp	f	f %
Allgemeinbildende Höhere Schulen (AHS)	103	53,6
Pädagogische Akademie der Diözese Linz (Päd. Ak.)	19	9,9
Universität Linz (Univ.)	70	36,5
Insgesamt	192	100,0

Es ist uns allerdings nicht gelungen, alle 192 Personen für *beide* Unterrichtsformen (PEU, PGU) zu gewinnen. An 37 Gruppenversuchen mit dem PGU (34 Gruppen zu n = 5 Personen; 3 Gruppen zu n = 4 Personen) nahmen 182 Versuchspersonen teil. Demgegenüber nahmen am PEU nur 104 Versuchspersonen teil. 91 Versuchspersonen haben beide Unterrichtsformen kennengelernt.

Die Verteilung der Versuchspersonen auf die beiden Lehrprogramme war annähernd gleich, was dadurch erreicht wurde, daß jeweils die Teilnehmer einer Klasse bzw. eines Seminars vorerst entweder das LP 1 oder das LP 2 durcharbeiteten (vgl. Tabelle 2).

Tabelle 2: Anzahl der Versuchspersonen nach Unterrichtsformen und Lehrprogrammen

		Unterrichtsformen		
		PGU	PEU	
Lehr- programme	LP 1	84	58	142
	LP 2	98	46	114
		182	104	286

Welche der genannten Versuchskombinationen zwischen PGU/PEU und LP 1 / LP 2 jeweils zur Auswertung gelangen, hängt von der jeweiligen Fragestellung und von den verwendeten Meßverfahren ab. Beispielsweise konnten beim Effizienzvergleich zwischen Einzel- und Gruppenlernen nur die Ergebnisse derjenigen Versuchspersonen herangezogen werden, die beide Unterrichtsformen kennengelernt hatten (n = 91; vgl. Kapitel III, Abschnitt 3.3).

1.2.2 Alter und Geschlecht

Die Altersverteilung der Versuchspersonen unserer Stichprobe korrespondiert mit den von uns gewählten Schultypen (vgl. Tabelle 3).

Tabelle 3: Alter und Schultyp (n = 192)

Alter in Jahren	Schultyp			f	f_{cum} %
	AHS	Päd. Ak.	Univ.		
16	50	0	0	50	26,0
17	40	0	0	40	46,9
18	12	3	3	18	56,3
19	1	10	13	24	68,8
20	0	3	10	13	75,5
21	0	3	10	13	82,3
22	0	0	9	9	87,0
23	0	0	5	5	89,6
24	0	0	3	3	91,1
25	0	0	5	5	93,8
26	0	0	5	5	96,4
27	0	0	7	7	100,0
Mittelwert $\bar{x}$	16,65	19,31	21,44		
Standardabw. s	0,74	1,08	6,19		

Wie aus Spalte „f_{cum} %" der Tabelle 3 ersichtlich, sind 75 % der Versuchspersonen unter 21 Jahre und an die 90 % unter 24 Jahre alt. Lediglich 3,6 % der Stichprobe sind 27 und mehr Jahre alt. Da diese f = 7 Versuchspersonen eine Altersspannweite von 28 Jahren aufweisen, haben wir sie bei der Mittelwertberechnung ausgenommen.

Da sich die Versuchsgruppen klassen- bzw. seminarweise zusammensetzten, weisen sie aufgrund der geringen Streuung innerhalb des Schultyps mit Ausnahme einiger Studenten-Gruppen der Universität Linz eine relativ homogene Altersstruktur auf.

Die Stichprobe besteht überwiegend aus männlichen Teilnehmern (f % = 62,5). Der Grund dafür ist in der Teilnahme zweier Schulklassen einer Knabeninternatsschule (f % = 25,0) zu finden sowie darin, daß an den ausgewählten Seminaren der Universität Linz mehr männliche als weibliche Studenten teilnahmen.

An dieser Stelle erhebt sich die Frage nach der Verallgemeinerbarkeit der Untersuchungsergebnisse. Offensichtlich liegt gegenüber der Gesamtpopulation eine eingeschränkte studentische Stichprobe vor, was insbesondere für die Verwendung interferenzstatistischer Methoden und die Verallgemeinerung der Ergebnisse auf mögliche Zielpopulationen von Bedeutung ist (vgl. *Bredenkamp* 1972, S. 26 ff.). Da die geprüften Hypothesen allgemeine sozialpsychologische Zusammenhänge zu erklären versuchen, d. h. für beliebige leistungsorientierte Gruppen bzw. Individuen zutreffen sollen, ist eine zufällige Stichprobe prinzipiell nicht notwendig. Inferenzstatistische Methoden sind bei universellen Hypothesen auch dann verwendbar, wenn man bei nicht zufälligen Stichproben (1) „die statistischen Hypothesentests als approximative randomization tests interpretieren kann" oder (2) „die Untersuchungsgruppe als Zufallsstichprobe aus einer hypothetischen Population auffaßt" (*Bredenkamp* 1972, S. 38 ff.). Unter diesen Gesichtspunkten ist dann das Ergebnis der empirischen Prüfung als „e i n e Prüfungsinstanz" (*Bredenkamp* 1972, S. 38) der universellen Hypothese anzusehen. Insofern können die an einer studentischen Stichprobe gewonnen empirischen Ergebnisse von LINDA II/2 u. E. als gültige Prüfung gelten.

1.2.3 Psychologische Stichprobenmerkmale

Neben Schultyp, Alter und Geschlecht sollen hier auch psychologische Merkmale zur weiteren Charakterisierung unserer Stichprobe herangezogen werden, da sie als „Input-Variable" im Modell von *Stogdill* (1959) (vgl. Abbildung 1 in Kapitel I) fungieren.

(1) Merkfähigkeit (vgl. Abschnitt 3.1). Der „Merkfähigkeitstest" ist der Untertest ME des Intelligenz-Struktur-Tests (I-S-T) von *Amthauer* (1970).

Der Test mißt Kurzzeitgedächtnis. Die Testwerte werden auf die Eichstichprobe von *Amthauer* nach Alter bezogen ($\bar{x}$ = 100; s = 10). Der Vergleich zeigt, daß unsere Stichprobe mit einem Mittelwert von $\bar{x}$ = 108,27 (s = 8,03) eine deutlich höhere Merkfähigkeit als die Eichstichprobe aufweist (vgl. Tabelle 4).

Tabelle 4: Standardwerte der Merkfähigkeit (n = 192)

Standardwerte	f	f_{cum} %
80 – 90	2	1,04
90 – 100	23	13,01
100 – 110	79	54,17
110 – 120	76	93,75
120 – 130	12	100,00

(2) Leistungsmotivation (vgl. Abschnitt 3.2). Der Leistungsmotivationstest nach *Heckhausen* (1963) ist ein projektiver Test für Dimensionen Erfolgs- und Mißerfolgsmotivation.

Die Versuchspersonen haben zu verschiedenen Bildern Phantasiegeschichten zu schreiben, die mit einem inhaltsanalytischen Schlüssel ausgewertet werden (vgl. *Heckhausen* 1963, S. 67). Die Test-Rohwerte wurden auf der Basis von 4 der von *Heckhausen* dargestellten Testbildern errechnet (B, C, E, F); vgl. *Heckhausen* 1963, S. 51 ff.).

Tabelle 5: Mittelwerte und Standardabweichungen der Test-Rohwerte des Leistungsmotivationstests nach *Heckhausen* (n = 192)

Leistungsmotivation	x̄	s
„Hoffnung auf Erfolg"	2,70	2,22
„Furcht vor Mißerfolg"	4,47	2,34

Der Mittelwertvergleich der beiden entgegengerichteten Leistungsmotivationstendenzen „Hoffung auf Erfolg" und „Furcht vor Mißerfolg" zeigt, daß unsere Versuchspersonen zum überwiegenden Teil aufgrund von „Furcht vor Mißerfolg" motiviert sind, d. h. sie erwarten, daß ihre eigene Leistung einem „bestimmten" Gütemaßstab nicht entsprechen wird.

(3) Persönlichkeit (vgl. Abschnitt 3.3). Als Persönlichkeitstest fand das Freiburger-Persönlichkeits-Inventar in seiner Kurzform Verwendung (FPI-K nach *Fahrenberg* et al. 1973). Für die 359 Versuchspersonen, die bei den Vortests teilnahmen, hat sich gezeigt, daß die von *Fahrenberg* et al. vorgeschlagene Neun-Faktoren-Lösung bei unserer Stichprobe nicht zutrifft. Wir nehmen vielmehr an, daß sich aus den 63 Items des FPI-K bei unserer Stichprobe nur 3 signifikante Faktoren extrahieren lassen (Signifikanztest: Scree-Test nach *Cattell* 1966, S. 200 ff.).

Dieses Ergebnis wird auch in der Untersuchung von *Schenk* et al. (1977) an Stichproben mit ähnlicher Altersstruktur (Bundesheerrekruten, Berufschüler) erhärtet.

Tabelle 6: Mittelwerte, Standardabweichungen und Maxima unserer 3 Faktoren des FPI-K (n = 192)

Faktor	x̄	s	Maxima
„Extraversion"	7,40	2,10	16
„Aggressivität"	7,10	3,74	18
„Emotionale Labilität"	8,27	2,23	14

Die Maxima sind mögliche Höchstwerte, die jemand bei den Faktoren erhalten kann. Verwendet man als erwarteten Mittelwert das halbierte Maximum, sind die Personen unserer Stichprobe (n = 192) überdurchschnittlich „emotional labil" und unterdurchschnittlich „aggressiv" und „extravertiert".

1.3 Versuchsräume des Gruppenforschungszentrums

Die LINDA-Versuche fanden in den Räumen des Gruppenforschungszentrums der Johannes-Kepler-Universität Linz statt. Die Anordnung der Räume und die verwendeten technischen Einrichtungen werden in Abbildung 1 dargestellt.

Abbildung 1: Schematischer Plan des Gruppenforschungszentrums (VL: Versuchsleiter, B1 – B3: Beobachter, TV: Fernseh-Aufzeichnungsanlage, LS: Lautsprecher)

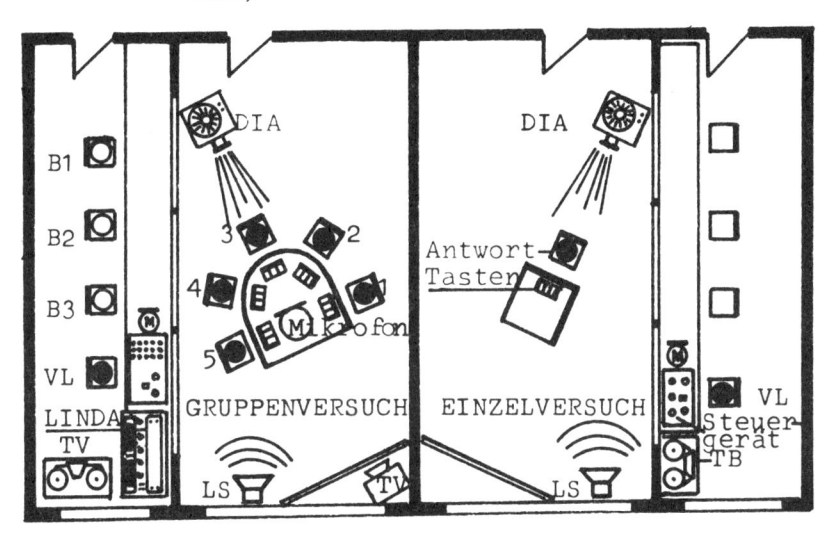

Für die Abwicklung der Gruppen- und Einzelversuche wurde je ein Versuchsraum mit den notwendigen Geräten versehen. Die beiden Versuchsräume können von jeweils einem Beobachterraum aus eingesehen werden. Da zwischen Beobachter- und Versuchsraum eine sogenannte *Heckhausen*-Scheibe eingebaut ist, welche nur von einer Seite Durchsicht gewährt, ist eine einflußfrei Beobachtung möglich. Die audio-visuellen Hilfsgeräte in den Versuchsräumen werden ausschließlich vom Beobachterraum aus gesteuert. Die Steuerung erfolgt für Einzelversuche manuell mit dem Didaktorsteuergerät, für die Gruppenversuche automatisch mit dem Lehrautomaten LINDA II.

Vor jeder Versuchsperson befinden sich drei Drucktasten, die dem Ablaufalgorithmus gemäß (vgl. Abschnitt 3.7) der Abgabe von Antworten dienen. Gegenüber der technischen Ausstattung beim LINDA II/1-Versuch ist die wichtigste Erweiterung der Einbau einer Fernsehaufzeichnungs-Anlage im Versuchs- und Beobachtungsraum für Gruppenversuche.

2. Methodischer Aufbau

2.1 Effizienzvergleich Einzellernen / Gruppenlernen

2.1.1 Fragestellung

Grundlage des Vergleichs zwischen Einzel- und Gruppenlernen ist die Annahme, daß Gruppenlernen sowohl hinsichtlich der Lernleistung als auch der Befriedigung sozio-emotionaler Bedürfnisse dem Einzellernen überlegen sei. Dies stellt eine Verallgemeinerung der den vorangegangenen Versuchen LINDA I und LINDA II/1 zugrundegelegten Annahme dar, daß Programmierter Gruppenunterricht (PGU) anderen Unterrichtsformen (wie z. B. Frontalunterricht, programmierter Einzelunterricht, Computergesteuerter Parallelunterricht u. a.; vgl. *Scharmann* 1976, S. 13 ff.) überlegen sei. Der nach gruppenpsychologischen Kriterien gestaltete programmierte Gruppenunterricht sollte gemäßt der Standardannahme des „Leistungsvorteil(s) der Gruppe" (*Hofstätter* 1957, S. 37) sich auch didaktisch als vorteilhaft erweisen; den anderen, konventionellen Unterrichtsformen wurde dabei unterstellt, daß sie verschieden ausgeprägte Formen des Einzelunterrichts sind, zumindest aber nicht auf „Gruppenunterricht" (*Dietrich* 1969) bzw. „Gruppenarbeit" (*Scharmann* 1972 a) beruhen.

Während bei LINDA I und LINDA II/1 neben sozialpsychologischen auch unterrichtstechnologische und pädagogisch-didaktische Forschungsschwerpunkte vorlagen, beschränken wir uns hier auf didaktisch relevante sozialpsychologische Fragestellungen. Mit den hier besprochenen LINDA II/2-Versuchen sollte vor allem die Unterscheidung von Einzel- und Gruppenlernen abgesichert werden.

2.1.2 Pädagogisch-didaktische und unterrichtstechnologische Voraussetzungen für LINDA II/2

Zunächst mußte die interdisziplinäre Forschungsgruppe um *Lánský/Scharmann* ein geeignetes kybernetisches Modell des Gruppenlernens entwickeln und zur Überprüfung der Hypothese der Überlegenheit des Programmierten Gruppenunterrichts andere Unterrichtsformen objektivieren.

(1) Dem programmierten Gruppenunterricht wurde ein Algorithmus zugrundegelegt, der ermöglicht, „daß im Verlauf von face-to-face Interaktionsprozessen im Rahmen einer leistungsorientierten Kleingruppe ein Kooperationsgefüge Lehrautomat/ Adressatengemeinschaft aufgebaut wird." (*Scharmann* 1976, S. 27). Insofern unterscheidet sich diese Art des Gruppenunterrichts von allen bislang bekannten Formen programmierter Unterweisung, bei denen genau genommen nur im Parallel-(Frontal-)unterricht oder Einzellernen Lernstoff verarbeitet wird.

Psychologisch erwies sich der programmierte Einzelunterricht (PEU) zur Konfrontation mit dem programmierten Gruppenunterricht (PGU) als besonders geeignet, denn die Lernvoraussetzungen unterscheiden sich bei beiden tatsächlich nur hinsichtlich des Gruppenlernens bzw. Einzellernens. Es können also keine experimentellen Störvariablen durch die Lernvoraussetzungen in die Ergebnisse der Überprüfung eingehen. Zudem erwies sich der PEU forschungsökonomisch als sehr brauchbar, da die gleichen Meßinstrumente bis auf kleine Änderungen bei beiden Unterrichtsformen anwendbar sind.

Für die Überprüfung der Hypothese „PGU ist besser als andere Unterrichtsformen" hatte der Verzicht auf die Objektivierung weiterer Lehr- und Lernsysteme zur Folge, daß nur die Hypothese „PGU ist besser als PEU" überprüft werden konnte. Da wir uns bei LINDA II/2 auf diese Unterrichtsformen beschränken, lautet die überprüfbare Hypothese exakt: „Gruppenlernen mit PGU ist besser als Einzellernen mit PEU".

(2) Das unterrichtstechnologische Ziel lag bei LINDA I und LINDA II/1 in der Konstruktion eines Lehrautomaten, der den Prozeß des Gruppenlernens selbständig steuert und auch für die PEU einsetzbar ist. Produkt (hardware) waren die beiden Lehrautomaten LINDA I und LINDA II, wobei LINDA I noch nach einem *Skinner*-ähnlichen Algorithmus den Lehrprozeß steuert, der Lehrautomat LINDA II hingegen nach einem Umweg-Algorithmus (vgl. Abbildung 2).

Abbildung 2: „Umweg-Algorithmus" (vgl. *Gensch* 1976, S. 88 ff.)

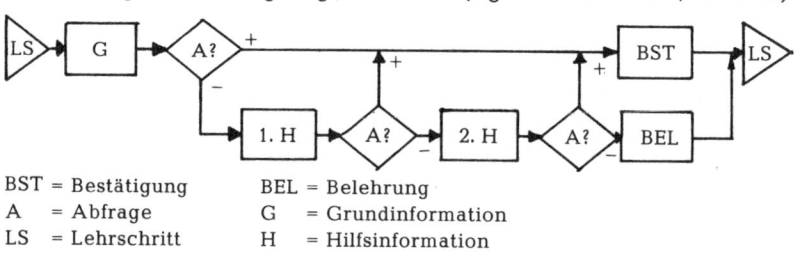

BST = Bestätigung BEL = Belehrung
A   = Abfrage   G   = Grundinformation
LS = Lehrschritt H   = Hilfsinformation

Der Grundgedanke des Umweg-Algorithmus ist folgender: Sollten den Einzelpersonen oder Gruppenmitgliedern die Grundinformationen zur Lösung des Problems nicht auslangen, dann präsentiert der Lehrautomat Hilfsinformationen. Hat die Versuchsperson bzw. auch nur ein Gruppenmitglied bei der Abfrage nach dem Hauptlehrschritt falsch geantwortet, so präsentiert der Lehrautomat den ersten Hilfslehrschritt und fordert zur nochmaligen Überlegung bzw. 1. Gruppendiskussion auf. Nach wiederholter Abfrage wird dann, wenn die Versuchsperson bzw. alle Gruppenmitglieder richtig geantwortet hat (haben), zur Bestätigung und auf den nächsten Hauptlehrschritt übergegangen, andernfalls auf den zweiten Hilfslehrschritt mit Einzelüberlegung bzw. 2. Gruppendiskussion (vgl. Abbildung 2).

(3) Den sozialpsychologischen Schwerpunkt der LINDA-Versuche bildet die Anwendung von Ergebnissen der experimentellen Kleingruppenforschung; namentlich steuerte das Modell leistungsorientierter Gruppen von R. M. *Stogdill* (1959, S. 13) wesentliche Gestaltungsmomente des PGU bei. Da der Effizienzvergleich von PGU und PEU beim LINDA II/1-Versuch keine klare Stützung der Hypothese „PGU ist besser als PEU" erbrachte, war es naheliegend, den Effizienzvergleich erneut durchzuführen, zumal davon auch die fundamentale Annahme des „Leistungsvorteils der Gruppe" berührt wird.

2.1.3 Modifikationen des Versuchsplans gegenüber LINDA II/1

Die Replikation des Effizienzvergleichs von Einzel- und Gruppenlernen ermöglicht, einige methodische Schwächen und Bedenken an der Validität einiger Ergebnisse von LINDA II/1 aufzuheben:

(1) Bei LINDA II/1 wurden die individuellen Parameter Merkfähigkeit, Leistungsmotivation und Persönlichkeit unzulänglich kontrolliert. In der Literatur wurde bereits mehrmals darauf hingewiesen, daß auch individuelle Parameter als unabhängige Vaiable für die Erklärung des Verhaltens und der Effizienz von Kleingruppen heranzuziehen sind (vgl. *Stogdill* 1959, S. 13 sowie *Krech* u. a., 1962, S. 456 ff.). Wird das Gruppenverhalten als intervenierende Variable für die Erklärung der Leistungseffizienz betrachtet (wie *Stogdill* 1959, S. 13), dann folgt daraus, daß individuelle Parameter (Member Inputs), die das Verhalten in Gruppen beeinflussen, zumindest indirekt einen nicht unbeträchtlichen Teil der Leistungsvariation von Gruppen erklären. *Cattell* u. a. (1953) konnten z. B. tatsächlich einen relativ hohen Varianzanteil von Verhalten in neu gebildeten Gruppen empirisch auf Persönlichkeitsmerkmale zurückführen. Da für die Effizienz leistungsorientierter Gruppen gewisse Konfigurationen aufgabenorientierter und sozio-emotionaler Interaktionstendenzen ausschlaggebend sind (vgl. Abschnitt 2.2), ist der Zusammenhang Persönlichkeit/Effizienz von Gruppen im Rahmen des Input-Process-Output-Modells evident. Ähnlich ließe sich bei den beiden anderen Variablen argumentieren. Es ist damit zwar

logisch festgestellt, daß die individuellen Parameter zu kontrollieren sind, der tatsächliche Zusammenhang mit der Effizienz ist hingegen noch zu diskutieren (vgl. Kapitel III).

(2) Jede Versuchsperson nahm bei LINDA II/1 jeweils nur an einer Unterrichtsform teil. Probleme wirft diese Versuchsanordnung z. B. bei der Messung der Einstellung zu den Unterrichtsformen auf, da sich der einzelne Teilnehmer an PGU bzw. PEU jeweils die andere Unterrichtsform nur vorstellen kann. Beim LINDA II/2-Versuch wurde der Versuchsplan so erweitert, daß jede Versuchsperson beide Unterrichtsformen kennenlernt. Der neue Versuchsplan erlaubt somit den Vergleich gleicher Personen bei unterschiedlicher Unterrichtsformen und sichert die Beurteilung der beiden Unterrichtsformen durch die Versuchspersonen.

2.1.4 Versuchsanordnung bei LINDA II/2

Es ist eine bekannte Erfahrung, daß die Gewinnung von Teilnehmern an psychologischen Versuchen Schwierigkeiten bereitet. Darum sollte sich die grundsätzliche Zweiteilung des Versuchsablaufs in „Erhebung individueller Merkmale" und „eigentliches Experiment" besonders bewähren. Als Teilnahmeanreiz boten wir den Versuchspersonen die Interpretation der Einzelergebnisse aus den standardisierten Tests an (Merkfähigkeit, Leistungsmotivation, Persönlichkeit). Da sich der Großteil der Versuchsteilnehmer tatsächlich für seine Testergebnisse interessierte, scheint dieser Anreiz zumindest nicht unwirksam gewesen zu sein. Die örtliche Aufteilung des Versuchsablaufs erwies sich ebenso günstig (vgl. Abbildung 3). Da der „Versuchsunterricht" den Schulen als praktische Ergänzung zum Psychologie-Unterricht angeboten wurde, ließ sich wenigstens die einzeldiagnostische Vor-Erhebung organisch in den normalen Unterricht einbauen. Im Gruppenforschungszentrum der Universität Linz wurde zu vereinbarten Zeiten dann das eigentliche Experiment abgewickelt.

In der „Vorphase" des eigentlichen Experiments wurde den Versuchspersonen der 1. Fragebogen (vgl. Abschnitt 3.5) und der Vorwissenstest (vgl. Abschnitt 3.4) vorgelegt. In der „Haupt-

Abbildung 3: Versuchsablauf bei LINDA II/2

Phasen des Versuchs	Ort	Variable	Meßinstrument
Vorerhebung	Schule Univ.	Merkfähigkeit Leistungsmotivation Persönlichkeit	I-S-T (Amthauer) nach Heckhausen FPI-K (Fahrenberg u. a.)
Experiment	GFZ	*Vorphase:* Einstellung zu PU Vorwissen	Fragebogen 1 Vorwissenstest
		Hauptphase: PGU bzw. PEU Nur PGU: Verhalten	Interaction Process Analysis (nach Bales)
		Nachphase: Einstellung zu PU Nachwissen	Fragebogen 2 Nachwissenstest

phase" erfolgte der Lernprozeß mit PGU und PEU. Nach dem Lernprozeß, der „Nachphase" des Experiments, wurden 2. Fragebogen und Nachwissenstest vorgelegt. Der Verhaltensvorgang selbst bleibt für den Effizienzvergleich von Einzellernen/Gruppenlernen als Variable unkontrolliert. Es besteht dabei die Annahme, daß der experimentell manipulierte Lernprozeß (PGU/PEU) mehr oder minder alleine die abhängige Variable beeinflußt (black-box-Modell). Zur Überprüfung der Hypothese „Gruppenlernen ist besser als Einzellernen" ist eine Vorher-Nachher-Messung der abhängigen Variablen notwendig, da nicht angenommen werden kann, daß die Versuchspersonen mit dem gleichen anfänglichen Wissensniveau das Lehrprogramm absolvieren; das gleiche gilt für die Einstellungen zu den Unterrichtsformen (vgl. Kapitel III).

Wie bereits erwähnt, nimmt jede Versuchsperson beim LINDA II/2-Versuch sowohl am Einzelversuch (PEU) als auch am Gruppenversuch (PGU) teil. Zur Vermeidung von Wiederholungseffekten mußte daher ein weiteres Lehrprogramm erstellt werden. Die Kombinationsmöglichkeiten zwischen den Unterrichtsformen (PGU/PEU), Lehrprogrammen (LP 1/LP 2) und Teilstichproben (X 1/X 2) zeigt die folgende Tabelle:

Tabelle 7: Kombinationsmöglichkeiten zwischen Unterrichtsformen (PGU, PEU), Lehrprogrammen (LP 1, LP 2) und Versuchsteilnehmern (X 1, X 2)

	PGU	PEU
LP 1	X 1	X 2
LP 2	X 2	X 1

Diese Versuchsanordnung wird in der Fachliteratur „2X2 lateinisches Quadrat" (vgl. z. B. *Edwards* 1971, S. 221 ff., sowie *Winer* 1962, S. 514 ff.) genannt.

Es wird als forschungsökonomisch vorteilhaft ausgewiesen, da sich gegenüber dem allgemeinen „full factorial" Design trotz Einsparung einiger Kombinationen dieselbe Hypothese überprüfen läßt. In einem „full factorial" Design hätten wir z. B auch das Feld der Kombination LP 2/PGU/X 1 besetzen müssen (vgl. Tabelle 7). Unter unseren konstanten Randbedingungen (begrenzte Verfügbarkeit von Versuchspersonen, 2 Lehrprogramme) wäre dies nicht durchführbar gewesen.

Die Versuchsanordnung erforderte auch die Konstruktion mehrerer Fragebögen, mit denen die Einstellungen und deren Änderungen zu unterschiedlichen Zeitpunkten des Versuchsablaufs erfaßt werden sollten (vgl. Abschnitt 2.1.4).

Das Vortest-Prozeß-Nachtest-Schema und die Variation der Unterrichtsformen (PGU/PEU) legten nahe, die entsprechenden Einstellungsvariablen vor und nach dem Gruppen- und/oder Einzelversuch zu erheben:

    Vorphase Einzelversuch bzw. Gruppenversuch:
      1. Fragebogen Einzelversuch (1. Fb. EV)
      1. Fragebogen Gruppenversuch (1. Fb. GV)
    Nachphase Einzelversuch bzw. Gruppenversuch:
      2. Fragebogen Einzelversuch (2. Fb. EV)
      2. Fragebogen Gruppenversuch (2. Fb. GV)

In Abbildung 5 (Abschnitt 3.5) wird dargestellt, wo die Indikatoren zur Einstellungsmessung in den Fragebögen auffindbar sind; die Fragebögen sind im Anhang enthalten.

Der Vergleich der Fragebögen veranschaulicht zunächst, daß die Fragen 2 – 7 (Globale Vermutungen bzw. Erfahrungen mit programmiertem Unterricht) in allen Fragebögen identisch sind. Die mehrmalige Verwendung dieser Fragen gründet sich auf der Annahme, daß mit mehrmaligem programmiertem Unterricht (PGU/PEU) eine Einstellungsänderung erfolgen würde, deren Effekte auf die Leistung der Versuchspersonen zu kontrollieren sind. Ebenfalls sollte sich zeigen, ob die Versuchspersonen die Lernwirksamkeit des programmierten Unterrichts nach Erfahrungen mit dem Einzelunterricht und dem Gruppenunterricht unterschiedlich einschätzen würden (2. Fb. EV-Frage 1 und 2. Fb. GV-Frage 1). Die Antwortmöglichkeiten aller dieser Fragen waren standardisiert vorgegeben.

2.1.5 Variablenplan

Zuletzt sei der Variablenplan für den Effizienzvergleich Einzellernen/Gruppenlernen abgebildet:

Abbildung 4: Variable des Versuchsplans

Unabhängige Variable	Abhängige Variable
Experimentelle Variable Aufgabenart (LP 1, LP 2) Situation (PEU, PGU)	Leistungsverhalten „TASTE", erfaßt als Betätigung einer (von drei) Antworttaste im PEU, PGU
Individuelle Merkmale Merkfähigkeit Leistungsmotiv Persönlichkeit Soziabilität Vorwissen	Leistungsverhalten „Nachwissen" im Nachwissenstest Einstellungen zu Unterrichtsform (EV, GV), erfaßt mit Fragebogen

Wie bereits angeführt und in Abbildung 4 ersichtlich, haben auch die individuellen Merkmale der Versuchspersonen neben den experimentellen Variablen Bedeutung erlangt. Da wir die Gruppenzusammensetzung aus organisatorischen Gründen nicht nach individuellen Merkmalen „matchen" konnten, wird ex post die Relevanz der individuellen Merkmale für die Ergebnisse der Versuche überprüft. Abhängige Variable sind, dem oben besprochenen Input-Process-Output Modell (*Stogdill* 1957, S. 13) gemäß, Lernleistung und Einstellungsänderung der Versuchspersonen.

2.2 Auswertungsschema zur Überprüfung der Optimum-Hypothese von Th. Scharmann

2.2.1 Programmierter Gruppenunterricht und Überprüfung der Optimum-Hypothese

Die Versuchsanordnung des Programmierten Gruppenunterrichts (PGU) erweist sich aufgrund ihrer gruppenpsychologischen Modellvorstellungen (vgl. *Scharmann* 1976, S. 8 ff.) für eine ex-post-facto Auswertung zur Überprüfung der Optimum-Hypothese geeignet. Dem Versuchsplan zum Effizienzvergleich Einzellernen/Gruppenlernen mußte zu diesem Zweck die Variable „Interaktion" beigefügt werden; als Meßinstrument verwendeten wir die „Interaction-Process-Analysis" (IPA) nach *Bales* (in: *König* 1966, S. 148 ff.).

Freilich erhält der PGU für die Überprüfung der Optimum-Hypothese rein instrumentellen Charakter: Während es bei LINDA II/1 vor allem darum ging, die pädagogisch-didaktischen Vorteile einer neuen Unterrichtsform zu prüfen, verwenden wir den PGU hier als „eine" Realisation gruppenpsychologischer Vorgänge in leistungsorientierten Kleingruppen. Da die Optimum-Hypothese nach Th. *Scharmann* Annahmen über Verhalten und Leistung (Output) in Kleingruppen trifft, scheint uns diese Versuchsanordnung für die Überprüfung geeignet. Zur logischen Validierung unseres Verfahrens würde eine Variation von Versuchsanordnungen leistungsorientierter Kleingruppen (z. B. Fertigungsgruppen, Seminargruppen u. a.) sowie soziologischer Merkmale der Versuchspersonen (z. B. Beruf, Bildung u. a.) erheblich beitragen, da wir von der begrenzten Stichprobe (Schüler und Studenten) und der speziellen Versuchsanordnung (PGU) nur unter Berücksichtigung weiterer theoretischer Annahmen (Randbedingungen) den Gültigkeitsbereich der Optimum-Hypothese ableiten können.

Darüber hinaus erhoffen wir uns bei aller Skepsis gegenüber der experimentellen Methode Anregungen aus der Feldforschung, da der Allgemeinheitsgrad der Optimum-Hypothese prinzipiell auch eine Überprüfung im sozialen Feld zuläßt (z. B. Industriegruppen, Jugendgruppen u. a.).

2.2.2 Modellvorstellungen der Optimum-Hypothese

Bevor wir das Auswertungsschema darstellen, seien die folgenden zur Überprüfung der Optimum-Hypothese notwendigen Minimalvoraussetzungen hinsichtlich der zugrundeliegenden Modellvorstellungen beschrieben:

(1) Die Optimum-Hypothese ist eine Gesetzeshypothese, deren logische Stringenz im Modell der leistungsorientierten Gruppe von *Stogdill* (1957, S. 13) zu suchen ist. Insofern erhält dieses Modell den Rang einer „latenten, möglichen, potentiellen Theorie" (*Anger* 1962, S. 6). Dies trifft vor allem in Hinblick auf die Formulierung der unabhängigen (Member Inputs), der intervenierenden (Formal Structure, Role Structure) und der abhängigen Variablen (Group Outputs) zu, die sich eng an das theoretische System von *Stogdill* anlehnen.

(2) *Stogdill's* Modell ist trotz seiner formalen Kausalstruktur (unabhängige – intervenierende – abhängige Variable) kybernetisch konzipiert; dieser Tatsache kann die Optimum-Hypothese in ihrer derzeitigen Form nicht Rechnung tragen, da sie keine Annahme über Veränderungen der individuellen Parameter sowie der intervenierenden und abhängigen Variablen enthält. Deshalb kann sie nur als statische Interpretation eines Gruppenprozesses aufgefaßt werden.

(3) Th. *Scharmann*s Optimum-Hypothese ist einer Klasse von Hypothesen subsumierbar, deren inhaltlicher Umfang dem multivariaten Charakter psychosozialer Erscheinungsformen gerecht werden möchte. Hier setzt auch Th. *Scharmann's* Kritik am *Homans'*schen Lizitationsmodell an (vgl. Kapitel I, Abschnitt 3.1). Die Optimum-Hypothese wird danach zu prüfen sein, ob die angenommenen Variablen eine hinreichende Erklärung für den Output der Gruppen liefern (vgl. Kapitel IV, Abschnitt 2.2.1).

2.2.3 Auswertungsschema

Die Optimum-Hypothese war in ihrer verbalen Form kaum operationalisierbar, da ihre Aussagen nicht zuließen, empirische Relationen herzustellen. Darum mußten wir sie in eine operationellen Bedingungen angepaßte Hypothese transformieren:

Eine leistungsorientierte Gruppe befindet sich nach *Scharmann* dann in einem optimalen Zustand, wenn hohe Leistung (L) und hohe sozio-emotionalle Befriedigung (B) unter den Interaktionsbedingungen

    a) hoher positiver Aufgabenorientiertheit (A+)
    b) niedrigem Anteil an Fragen (F)
    c) hoher positiver Sozio-Emotionalität (S+)
    d) niedriger negativer Sozio-Emotionalität (S−)

gegeben sind.

In logischer Konsequenz dieses Ansatzes müßte sich eine Funktion finden lassen, die die obigen verbalen Formulierungen zu beschreiben vermag:

Leistung: $L = f(A+, F, S+, S-)$
Befriedigung: $B = f(A+, F, S+, S-)$

Das tatsächliche Optimum könnte man dann finden, wenn in einer Versuchsanordnung alle möglichen mehrdimensionalen Interaktionskonstellationen zur Verfügung stünden; in dieser Situation wäre auch ein höheres Meßniveau als das hier verwendete (hoch/niedrig) für die Interpretation gegeben, da die „Interaktionstendenzen" eine Ratio-Skala bilden.

Tatsächlich nahmen wir wegen der restriktiven Bedingungen unseres empirischen Materials (37 Versuchsgruppen) eine pragmatische Lösung vor. Die Häufigkeitsverteilungen der vorliegenden „Interaktionstendenzen" wurden einer Clusteranalyse unterzogen (vgl. Kapitel IV, Abschnitt 1.3.2). Diese Analyse strukturierte die 37 Versuchsgruppen in fünf inhaltlich interpretierbare Cluster; von einem dieser Cluster können wir annehmen, daß es die von Th. *Scharmann* beschriebenen Kriterien erfüllt. Auf der Basis dieser Informationen kann man ein ex-postfacto Experiment durchführen, bei dem die Cluster unabhängige Stichproben darstellen und Leistung bzw. sozio-emotionale

Befriedigung als abhängige Variable zu sehen sind (vgl. Kapitel IV, Abschnitt 1.3.2).

3. Meßinstrumente und Lehrprogramme

3.1 Merkfähigkeitstest

Die „Merkfähigkeit" wurde in den Variablenplan als „Input-Variable" aufgenommen. Damit interpretieren wir sie als relativ überdauerndes individuelles Merkmal der Versuchspersonen. Die Merkfähigkeit wird zur Leistungsvariablen „Lernerfolg" in Relation gesetzt; nahe liegt dabei die Hypothese „je höher die Merkfähigkeit einer Person ist, desto höher ist ihr Lernerfolg".

Da wir aus organisatorischen Gründen den Lernerfolg nur unmittelbar nach dem Lehrprogramm messen konnten, benötigten wir einen Test, der Auskunft über die kurzfristige Merkfähigkeit gibt, wie der Untertest ME („Merkaufgaben") des I-S-T-70 von *Amthauer* (1970). Er schien uns weiters wegen der Möglichkeit zum klassenweisen Einsatz und der raschen Durchführbarkeit (ca. 10 Minuten) besonders vorteilhaft.

Der I-S-T-70 wurde mit Ergebnissen von über 15.000 Personen aus unterschiedlicher sozialer Schicht, Berufs-, Alters- und Schulbildung nach Alter standardisiert (*Amthauer* 1970). Die Test-Rohwerte unserer Versuchspersonen wurden auf die Alters-Standardwerte der Eichstichprobe bezogen (vgl. Abschnitt 1.2.3), womit den Altersunterschieden in unserer Stichprobe Rechnung getragen wurde.

3.2 Leistungsmotivationstest

Die „Leistungsmotivation" wurde unter der Annahme erhoben, daß auch Leistungs*bereitschaft* das Leistungsergebnis bei den Gruppen- und Einzelversuchen beeinflussen kann. Da wir die Leistungsmotivation als relativ überdauerndes individuelles

Merkmal interpretierten, haben wir sie als „Input-Variable" in den Variablenplan aufgenommen.

Erhoben haben wir die Leistungsmotivation mit dem Leistungsmotivationstest nach *Heckhausen* (1963). Mit diesem Verfahren lassen sich Aussagen über die Dimensionen „Hoffnung auf Erfolg" und „Furcht vor Mißerfolg" machen. Der Test beruht auf der theoretischen Annahme, daß die beiden entgegengerichteten Tendenzen „aufsuchenden" und „meidenden" Verhaltens den „Grundformen motivierender Emotionen" (*Heckhausen* 1963, S. 11) entsprechen: „Dem Aufsuchen liegen Erwartungszustände positiver Gefühlstönung vom Typ der Hoffnung, dem Meiden dagegen Erwartungszustände negativer Gefühlstönung vom Typ der Furcht zugrunde" (*Heckhausen* 1963, S. 11).

Der Leistungsmotivationstest ist ein projektives Verfahren. Jede Versuchsperson hat zu einer Reihe von Bildern auf gezielte Fragen Phantasiegeschichten zu erfinden. Diese Phantasiegeschichten werden mit einem von *Heckhausen* in Anlehnung an das „b-Leistungsmaß" von *McClelland* u. a. entwickelten Inhaltsschlüssel ausgewertet.

Auf der Basis dieses Inhaltsschlüssels lassen sich für jede Person drei Punktwerte errechnen:

(1) Das Erfolgsmotiv als Anzahl der unter „Hoffnung auf Erfolg" in den Phantasiegeschichten vorgefundenen Inhalte.
(2) Das Mißerfolgsmotiv als Anzahl der unter „Furcht vor Mißerfolg" vorgefundenen Inhalte.
(3) Die Gesamtmotivation als Summe der Punktwerte aus Erfolgsmotiv und Mißerfolgsmotiv.

Die Test-Rohwerte unserer Versuchsteilnehmer wurden für inter-individuelle Vergleichbarkeit auf den Mittelwert $\bar{x} = 50{,}0$ und die Standardabweichung $s = 10{,}0$ transformiert. Die Mittelwerte und Standardabweichungen der Test-Rohwerte wurden bereit in Tabelle 5, Abschnitt 1.2.3 dargestellt.

Heckhausen verwendet sechs Bilder von Arbeits- und Berufssituationen für die Erfassung von Erfolgs- und Mißerfolgsmotivation, wobei die Durchführungsdauer ca. 40 Minuten beträgt. Aus schul-organisatorischen Gründen standen uns allerdings für die Erhebung aller individueller Parameter (Leistungsmotivation, Merkfähigkeit, Persönlichkeit) insgesamt nur 50 Minuten zur Verfügung, so daß wir den Test kürzen mußten. Methodisch ist die Kürzung relativ einfach, da die Geschichten zu den Bildern einzeln und voneinander unabhängig ausgewertet werden. Allerdings wird die Zuverlässigkeit der Testergebnisse etwas verringert. Als Selektionskriterium diente uns der Anregungsgehalt der Bilder. Ein instabiler Anregungsgehalt kann zu Meßfehlern führen, sobald die Testergebnisse für den interindividuellen Vergleich der Versuchspersonen herangezogen wird. *Heckhausen* (1963, S. 75 f.) fand, daß Bild D (Schüler und Studium) den instabilsten Anregungsgehalt aufweist; darum haben wir dieses und das komplementäre Bild A eliminiert.

3.3 Persönlichkeitstest

Die Variable „Persönlichkeit" erhält ebenfalls für die Überprüfung beider Hypothesen (Effizienzvergleich Einzellernen/Gruppenlernen und Optimum-Hypothese nach Th. *Scharmann*) als „Input-Variable" Bedeutung. Als Test zur Messung der Persönlichkeit bietet sich im deutschsprachigen Raum besonders das Freiburger-Persönlichkeits-Inventar (FPI) an, ein auf Fragebogentechnik aufbauendes mehrdimensionales Meßinstrument, das sich durch ökonomische Anwendbarkeit vor allem in der Kurzform FPI-K empfiehlt (Abschnitt 3.1 und 3.2).

Das FPI-K läßt die Messung einer Reihe, für unsere Fragestellungen brauchbarer Eigenschaftsdimensionen zu. Die Testautoren schlagen neun faktorenanlytisch gewonnen Eigenschaftsdimensionen vor:

FPI 1 . . . . Nervosität
FPI 2 . . . . Aggressivität
FPI 3 . . . . Depressivität
FPI 4 . . . . Erregbarkeit
FPI 5 . . . . Geselligkeit
FPI 6 . . . . Gelassenheit
FPI 7 . . . . Dominanzstreben
FPI 8 . . . . Gehemmtheit
FPI 9 . . . . Offenheit

Das FPI enthält drei weitere itemanalytisch konstruierte Skalen, die hier aber unberücksichtigt bleiben. Die Kurzform FPI-K wurde durch Auswahl der jeweils „besten" Items (63) zusammengestellt.

An verschiedenen Stellen wurde Kritik an der Dimensionalität des FPI-K laut. *Schenk/Rausche/Steege* (1977) schlagen z. B. eine Drei-Faktoren-Lösung des FPI-K vor, da ihre Untersuchung von Bundesheer-Rekruten und Berufschülern die Neun-Faktoren-Lösung nicht hinlänglich reproduziert. Dasselbe haben auch wir bei unserer Stichprobe festgestellt. In Anlehnung an *Schenk* et al. (1977) haben wir die drei Faktoren „Emotionale Labilität", „Extraversion" und „Aggressivität" benannt. Diese Faktorenlösung bildete die Grundlage unserer persönlichkeitsdiagnostischen Analyse für LINDA II/2.

3.4 Wissenstest

Für die empirische Überprüfung der beiden Haupthypothesen (vgl. Abschnitt 2) mußte die Variable „Leistung", die gemäß dem *Stogdill*'schen Gruppenschema als „Output-Variable" fungiert, im Rahmen der vorliegenden Unterrichtsformen (PGU, PEU) als „Lernerfolg" verstanden werden. Wie in Kapitel III näher beschrieben wird, war es naheliegend, den individuellen Lernerfolg mittels „Nachwissen" und „Lerngewinn" zu operationalisieren. Zu diesem Zweck mußten Wissenstests entwickelt werden.

Aus dem Versuchsplan geht hervor (vgl. Abschnitt 2.1.4), daß jede Person sowohl einen Vor- als auch einen Nachwissenstest zu beantworten hatte. Dies war aufgrund der Annahme erforderlich, daß die Teilnehmer unterschiedliche Vorkenntnisse haben könnten, die den Lernerfolg beeinflussen.

Für die Erstellung der Wissenstests wurden folgende Erfahrungen aus LINDA I und LINDA II/1 verwertet: (1) Aufgrund organisatorischer Schwierigkeiten war es nur möglich, Nachwissen unmittelbar nach dem Lehrprogramm zu messen. Damit waren keine Aussagen über langfristiges Behalten des Lernstoffes möglich. (2) Es zeigte sich, daß zur Sicherung einer hinreichend großen Validität und Reliabilität der Meßergebnisse die Wissenstests nicht zu kurz sein dürfen (vgl. z. B. *Klauer* et al. 1972). Daher wurden die bei LINDA II/1 eingesetzten Wissenstests zum Lehrprogramm „Experimentelle Gedächtnisforschung von Ebbinghaus" von 8 auf 23 Aufgaben erweitert und inhaltlich revidiert. Die Wissenstests für das Lehrprogramm „Soziale Wahrnehmung" bestanden aus 17 Aufgaben (vgl. Anhang). Bei einigen Aufgaben waren Antwortalternativen vorgegeben (multiple choice), bei anderen frei. Inhaltlich lehnen sich die Fragen sehr eng an die im jeweiligen Lehrprogramm erarbeiteten Lehrziele und Beispiele an, so daß es nach sauberem Durcharbeiten durchaus möglich war, die Aufgaben zu lösen, wie Vorversuche zeigten.

3.5 Fragebögen

Die Fragebögen enthalten Indikatoren zur Messung der Einstellung zum Programmierten Unterricht, der soziometrischen Ein-

Abbildung 5: Indikatoren der Befragung und Fragebögen (vgl. Anhang!)

INDIKATOREN	PEU		PGU	
	1. Fb. EV	2. Fb. EV	1. Fb. GB	2. Fb. GV
Einstellung zu PU				
(1) Bekanntheitsgrad d. PU	Fr. 1		Fr. 1	
(2) Lernwirksamkeit d. PU		Fr. 1		Fr. 1
(3) Globale Vermutungen (Erfahrungen) über (mit) PU	Fr. 2–7	Fr. 2–7	Fr. 2–7	Fr. 2–7
(4) Soziabilität des Lernverhaltens	Fr. 8		Fr. 8	
Emotionalität der Partnerwahl	Fr. 11–18		Fr. 11–18	
Soziometrische Einschätzungen				
(1) Bekannheitsgrad der Gruppenmitglieder			Fr. 19	
(2) Erhaltene Sympathie				Fr. 11
(3) Ideenproduzent				Fr. 12
(4) Vermittler				Fr. 13
(5) Freizeitpartner				Fr. 14

schätzung der Gruppenmitglieder und der Emotionalität der Partnerwahl. Die Fragen wurden mit der Technik der Likert-Skalierung gestaltet.

Der 1. Fb. GV wurde gegenüber dem 1. Fb. EV nur um den Indikator des „Bekanntheitsgrades der Gruppenmitglieder" (Frage 19) erweitert. Jedes Gruppenmitglied sollte die übrigen Anwesenden in eine Reihenfolge „am meisten – am wenigsten bekannt" einordnen. Beim Indikator für die „erhaltene Sympathie" (Frage 11, 2. Fb. GV) wird jedes Gruppenmitglied nach dem Grad der Sympathie in einer Prozentskala eingeordnet; die anderen soziometrischen Fragen sind Rang-Skalen.

3.6 Standardisierte Beobachtung

Wie bereits erwähnt (vgl. Abschnitt 2.2) postuliert die Optimum-Hypothese von Th. *Scharmann* einen Zusammenhang zwischen optimalem Verhalten von Gruppenmitgliedern und Erfüllung des Gruppenziels (Output; vgl. *Stogdill* 1957, S. 13). Zur Überprüfung der Optimum-Hypothese mußte darum die Variable „Verhalten" operationalisiert und ein geeignetes Erhebungsverfahren gefunden werden. Da diese Variable im Rahmen der vorliegenden Hypothese bereits beim Gruppenfertigungsversuch (vgl. *Scharmann* 1966, S. 88 ff.) sowie bei LINDA I und LINDA II/1 Berücksichtigung fand, können wir uns hier auf entsprechende Erfahrungen stützen.

„Verhalten" wurde in allen genannten Fällen als „soziale Interaktion" operationalisiert, entsprechend der Tradition experimenteller Kleingruppenforschung, vor allem dem in der amerikanischen Sozialpsychologie stark vertretenen interaktionstheoretischen Forschungsansatz. Interaktion als grundlegende Beobachtungseinheit des Interaktionsprozesses bedeutet dabei „die kleinste erkennbare Einheit des Verhaltens" (*Bales* 1966, S. 158). *Bales*, der mit dieser Abgrenzung von Interaktion brauchbare empirische Ergebnisse erzielte, hat mit seiner „Interaktions-Prozeß-Analyse" (IPA) ein Verfahren entwickelt, das ermöglicht, Interaktionen in Kleingruppen erschöpfend zu erfassen. Es zeichnet sich gegenüber anderen Beobachtungsverfahren durch einen relativ hohen Allgemeinheitsgrad (breite Verwendung) sowie durch eine relativ geringe Zahl von Kategorien (einfache Protokollierbarkeit) aus. Wenn sich die IPA zur Lösung soziologischer Probleme als zu eng erwies, dürfte sie für sozialpsychologische Probleme durchaus brauchbar sein, wenn die psychologischen Voraussetzungen des Einzelnen im Handlungszusammenhang einer „Gruppe" Gegenstand der Untersuchung sind. Die IPA wurde darum auch zur Überprüfung der Optimum-Hypothese herangezogen. Wir wollen hier auf eine ausführliche Darstellung der IPA verzichten, da sie in vielen Lehrbüchern beschrieben wird (vgl. z. B. *Krech* et al. 1962, S. 385 f.; *Sjølund* 1974, S. 95 ff.). Bei der Anwendung der IPA nach *Bales* fallen jedoch zwei Momente besonders auf:

(1) *Das Kategorienschema* (vgl. Abbildung 6): Die Kategorien (z. B. „Gibt Zustimmung", „Macht Vorschlag") erfassen rein formale Aspekte des Interaktionsprozesses. Das Kategorienschema ist anwendbar, da die Optimum-Hypothese ebenfalls nur Aussagen über formale Aspekte des Verhaltens trifft. Wie aus Abbildung 6 ersichtlich, decken sich die Aussagen der Optimum-Hypothese über das Verhalten in der Gruppe mit den Problembereichen in *Bales'* Kategorienschema. Daher erscheint die Vereinfachung des Schemas auf vier Kategorien gerechtfertigt. Diese Vereinfachung erschien auch notwendig, nachdem zahlreiche Erfahrungen gezeigt haben, daß die korrekte Aufzeichnung der einzelnen Interaktionen nicht nur bei lebhafter Diskussion die Beobachter überforderten (vgl. nächster Absatz).

(2) *Die Erhebungssituation:* Obwohl das Gruppenforschungszentrum der Universität Linz (vgl. Abschnitt 1.3) so ausgestattet ist, daß die Beobachtung nach den von *Bales* geschilderten Bedingungen möglich ist, haben wir bei LINDA II/2 der „live-Beobachtung" eher geringen Wert beigemessen. Es hat sich nämlich bei LINDA I und LINDA II/1 gezeigt, daß trotz des reduzierten Kategorienschemas und trotz intensiver Schulung der Beobachter die Beobachterreliabilität relativ gering gewesen ist (vgl. *Krause* und *Sageder* 1976, S. 72). Probevergleiche der „life"-Protokolle mit Protokollen, die anhand der Video-Band-Aufzeichnung bei LINDA II/2 erstellt wurden, zeigten deutlich, daß der Beobachter bei der „life"-Beobachtung nach *Bales* nicht selten überfordert

wird. Darum haben wir alle Gruppenprozesse auch auf Video-Band aufgezeichnet und nachträglich protokolliert. Dieses Verfahren läßt eine beträchtlich höhere Beobachterreliablität erwarten, da damit auch komplexe Interaktionssituationen durch mehrmaliges Abspielen der Aufzeichnungen exakt analysiert werden können.

Eine weitere Gewähr für eine exaktere Erfassung des Interaktionsgeschehens bot, wie bereits berichtet wurde, die unten abgebildete, von *Krause* und *Scharmann* in Anlehnung an *Bales* (1950) entwickelte „vereinfachte Kategorientafel", wie sie bereits für die LINDA II/1-Experimente benützt worden war:

Abbildung 6: Beobachtungsschema nach *Bales* (1950) und vereinfachtes Beobachtungsschema nach *Scharmann* (1971, S. 244)

Bales-Kategorien	Vereinfachte Kategorientafel		
	sachdienlich		nicht sachdienlich
1. Zeigt Solidarität 2. Zeigt Entspannung 3. Gibt Zustimmung	1	(sozio-) emotional positiv	1 X
4. Macht Vorschlag 5. Äußert Meinung 6. Gibt Auskunft	2	Beantwortungsversuche	2 X
7. Wünscht Auskunft 8. Wünscht Meinung 9. Wünscht Vorschlag	3	Fragen	3 X
10. Verweigert Zustimmung 11. Zeigt Spannung 12. Zeigt Antagonismus	4	(sozio-) emotional negativ	4 X

Die Beobachtungsergebnisse wurden (1) als Häufigkeitsverteilungen der Interaktionstendenzen jeder Gruppe zur Erfassung optimaler und nicht-optimaler Interaktionsstrukturen (nach Th. *Scharmann* für die Leistung einer Gruppe ausschlaggebend) und (2) zur Bestimmung des Ausmaßes der Befriedigung sozio-emotionaler Bedürfnisse als individuelle Interaktionsaktivität verwendet (vgl. Abschnitt 2.2 und Kapitel IV).

3.7 Lehrprogramm und Lehrprogrammalgorithmus

Die Pädagogik hat sich zur Verbesserung der Lernmotivation und des Lernniveaus in zunehmendem Maße bei der Aufbereitung des Lernstoffes des kybernetischen Prinzips bedient und in Verbindung mit der behavioristischen Lerntheorie (*Skinner* u. a.) Methoden des programmierten Unterrichts entwickelt. Im Zuge dieser Bemühungen haben zu Beginn der 70er Jahre *Lánský*, *Scharmann* u. a. die Kombination eines kybernetischen Lehr- und Lernmodells auf algorithmischer Grundlage mit den Lehrautomaten LINDA I und LINDA II für Gruppenarbeit entwickelt (vgl. Abschnitt 2.1.2).

Sageder und *Tauber* (1976, S. 134 und 166) weisen darauf hin, daß man sich von dieser Kombination eine Erhöhung der Lernmotivation der Gruppenmitglieder versprochen hat, und daß infolge des größeren Engagements in den Lerngruppen die stoffliche Vertiefung und Durchdringung, damit aber auch das längerfristige Behalten größer sei als bei einer vergleichbaren Einzelunterweisung. Zur Erreichung dieses Effektes mußte das Lehrprogramm allerdings inhaltlich und sequentiell derart gestaltet werden, daß sich sowohl für die Gruppe als auch für das einzelne Mitglied Probleme stellten, die gemeinsam im Wege einer Diskussion zu lösen waren, wobei auch der Lehrautomat in diese Gruppenprozesse als „Didaktor" und „Adressat" einbezogen wurde.

Das beim LINDA I-Versuch verwendete Lehrprogramm „Durchschnitt-Vereinigung" (Mengenlehre nach *Cantor*), erwies sich dazu als nicht sonderlich geeignet, denn die Adressaten zeigten weniger als erwartet das Bestreben zu diskutieren. Man hatte zwar erwartet, daß die Versuchspersonen aus Mangel an Erfahrung Schwierigkeiten mit Gruppenarbeit haben würden, aber insgesamt erwiesen sich Thematik und Algorithmus doch als zu wenig komplex und problemträchtig, um trotzdem zur Bildung von Lerngruppen im sozialpsychologischen Sinn beitragen zu können. Aus diesem Grunde wurde für den LIŃDA II/1-Versuch ein neues Lehrprogramm, „Die Experimentelle Gedächtnisforschung von *Ebbinghaus*", erstellt. Sein Einsatz zeigte, daß Aufforderungscharakter und Problematik der Gedächtnisforschung ausreichend waren, um ein lebhaftes Interaktionsgeschehen im Sinne leistungsorientierter Gruppen auszulösen (vgl. *Sageder* und *Tauber* 1976, S. 167).

An diese Erfahrungen konnte *Sageder* bei der Erstellung eines versuchstechnisch notwendigen zweiten Lehrprogramms für LINDA II/2 anknüpfen (vgl. Abschnitt 2.1.3). Als Thematik wurde die „Soziale Wahrnehmung" in Anlehnung an die Forschung von *Bruner, Postman* u. a. zur „Social Perception" (vgl. *Graumann* 1955, 1956, S. 605 ff.) gewählt. Die Annahmen von *Bruner* und *Postman* haben inzwischen im Rahmen einer erweiterten Diskussion um das „Wahrnehmungslernen" und um die „nichtsinnlichen Bedingungen der Wahrnehmung" erhebliche Kritik und Einschränkungen erfahren, zumindest wurde der anfängliche Absolutheitsanspruch dieser Theorie deutlich reduziert (vgl. u. a. *Graumann* in *Metzger* (Hrsg.) 1966, S. 1031 ff.; *Thomae* 1977, S. 191 f.). Für die Erstellung eines Lehrprogrammes boten ihre Theoreme jedoch mehrere Vorteile: Erstens wirken sich die zahlreichen „Beispiele aus dem täglichen Leben" ebenso wie die „verblüffenden Ergebnisse" der einschlägigen wissenschaftlichen Experimente – unbeschadet ihrer Stichhaltigkeit – anschaulich und lebensnah, d. h. in unserem Fall hochgradig motivierend aus. Zweitens erwies sich ihr quasi-geschlossenes „theoretisches System" vom Standpunkt der Algorithmik hinsichtlich der Lehrquantenproportionierung als genügend differenziert. Schließlich bietet der Umstand, daß es den von *Bruner* und *Postman* postulierten sozialen Einstellungsfaktoren der Wahrnehmung an begrifflich-semantischer Trennschärfe mangelt, Anlaß zu lebhaften Diskussionen. Das Lehrprogramm erwies sich dann auch bei der Erprobung als problematisch genug, um bei einiger Anstrengung die gewünschten Lerneffekte zu bewirken.

Der Ablauf eines Lehrschritts ist für beide bei LINDA II/2 verwendeten Lehrprogramme gleich und hat die in Abbildung 7 dargestellte Struktur. Unterschiede ergeben sich allerdings hinsichtlich der Unterrichtsformen PGU/PEU: An die Stelle der „Gruppendiskussion" beim programmierten Gruppenunterricht tritt die „Überlegung des Einzellerners" beim programmierten Einzelunterricht. Zunächst erfolgt bei jedem Lehrschritt eine grundlegende, mit Bildinformation (Dia 1) gekoppelte Präsentation der relevanten Informationen. Nach der Darbietung der Informationen werden die Adressaten aufgefordert, eine gleichzeitig als Bildinformation (Dia 2) dargebotene Fragestellung zu beantworten. Die Beantwortung mit vorgegebenen Lösungsmöglichkeiten erfolgt vorerst aufgrund individueller Entscheidungen mittels Tastendruck. Der Lehrautomat prüft die abgegebenen Antworten auf ihre Richtigkeit. Beim Gruppenunterricht gilt die Frage dann als richtig gelöst, wenn die Antworten *aller* Teilnehmer (AR) richtig sind. In diesem Falle geht der Lehrautomat nach einer Bestätigung (BST) zum nächsten Lehrschritt über. Andernfalls wird der Lehrschritt nach dem „Umweg-Algorithmus" (vgl. Abschnitt 2. 1. 3) weiter abgewickelt: Die Einzellerner werden zu nochmaliger Überlegung der Frage (ÜB), die Gruppenlerner zur 1. Gruppendiskussion (GR) und anschließend zur erneuten Beantwortung der Frage aufgefordert. Ist die Antwort nunmehr richtig, dann geht der Lehrautomat nach einer Bestätigung (BST) zum nächsten Lehrschritt über. Wurde wiederum falsch geantwortet, so ist anzunehmen, daß dem (den) Lernenden die Basisinformation für die richtige Beantwortung der Frage nicht auslangt. Sie erhalten vom Lehrautomaten Zusatzinformationen, die auf einem weiteren Dia (Dia 3) gekürzt dargestellt sind. Wiederum wird zur Überlegung bzw. zur 2. Gruppendiskussion aufgefordert. Bei richtiger Beantwortung der Frage wird das Ergebnis bestätigt und auf den nächsten Lehrschritt übergegangen, im anderen Falle erfolgt eine zusätzliche Belehrung (BEL) durch den Lehrautomaten und die endgültige Bekanntgabe der richtigen Lösung.

Der Ablaufalgorithmus wurde so gestaltet, daß auch nach der richtigen Beantwortung der Frage zum nächsten Lehrschritt erst dann übergegangen wird, wenn dies die Versuchspersonen ausdrücklich wünschen und per Tastendruck bekanntgeben. Damit wird die Möglichkeit geboten, noch über die Problematik nachzudenken bzw. zu diskutieren (Unterbrechung in Abbildung 7).

Mit diesem Algorithmus sollten die Vorzüge der Gruppenunterrichts, wie sie seit langem von den Vertretern der pädagogischen Gruppenarbeit von *Kerschensteiner* bis *Lewin* propagiert worden waren, mit den didaktischen Vorteilen des programmierten

Unterrichts kombiniert werden. Die Gruppe sollte häufig zu den einzelnen Lehrquanten diskutieren, wobei in unserer Versuchsanordnung die Länge der Diskussionszeit nicht beschränkt war. Die Lehrquanten und -inhalte waren komplex, informationsträchtig und schwierig genug, um die erwünschten Diskussionen auszulösen.

Abbildung 7: Ablaufalgorithmus der Lehrprogramme (modifiziert nach *Gensch* 1976, S. 90)

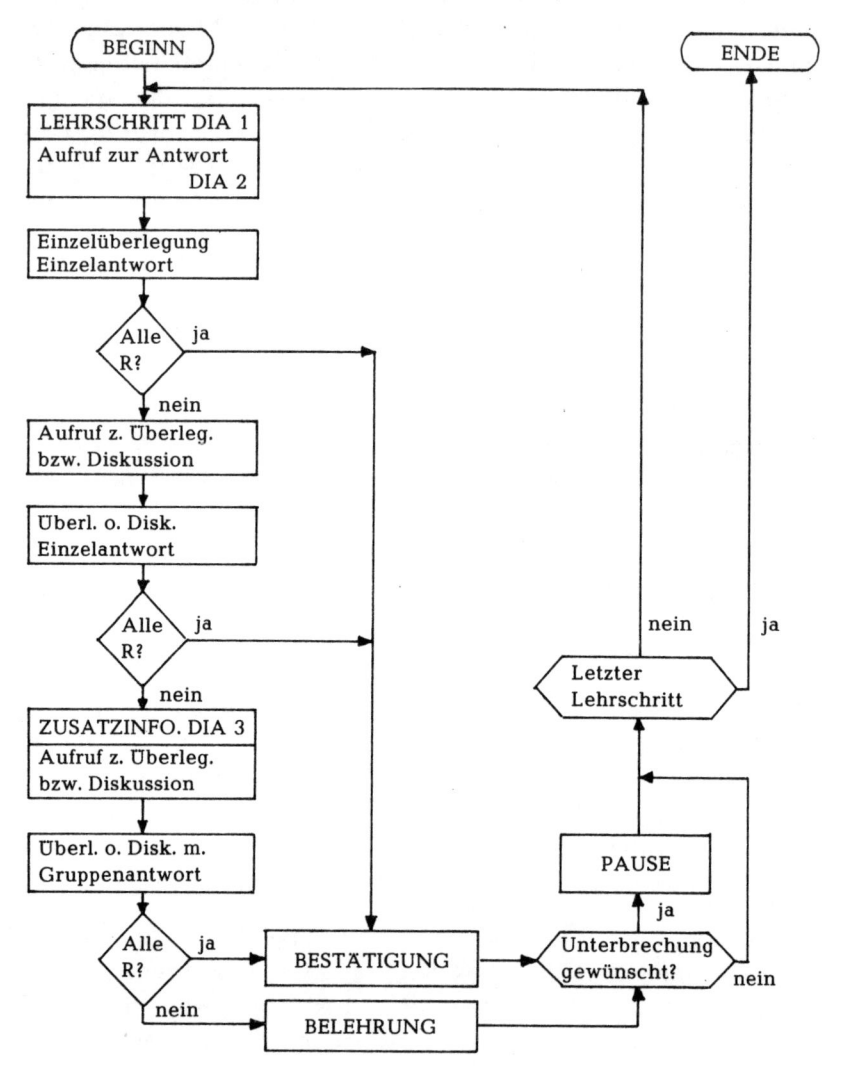

4. Zusammenfassung

In Kapitel II werden (1) der zeitliche Ablauf des LINDA II/2-Versuchs, (2) die Stichprobe sowie (3) die verwendeten Methoden und Meßinstrumente behandelt. Da wir uns bei der Durchführung des LINDA II/2-Versuchs der wesentlichen Erkenntnisse der beiden vorangegangenen Versuchsabschnitte LINDA I und LINDA II/1 bedienen, über die bereits ausführlich berichtet worden ist (vgl. *Lánský* und *Scharmann* 1976), seien hier nur die neuen und erweiterten Untersuchungsmethoden angeführt.

Zunächst ergaben sich bei den vorangegangenen Versuchsabschnitten Meßprobleme aufgrund des Umstands, daß die beiden Unterrichtsformen PGU und PEU auf der Basis zweier unabhängiger Stichproben verglichen wurden. Da dieser Versuchsplan lediglich zuließ, daß jede Versuchsperson nur jeweils eine Unterrichtsform kennenlernen konnte, war vor allem die Einschätzung der jeweils anderen Unterrichtsform durch die Versuchspersonen unsicher. Dieses Problem versuchten wir nun durch die Erstellung eines zweiten Lehrprogamms („Soziale Wahrnehmung") zu lösen, so daß jede Versuchsperson an beiden Utnerrichtsformen teilnehmen konnte.

Theoretisches Konzept und Versuchsplan wurden darüber hinaus um zwei „Input-Variable" erweitert; es sollten damit weitere individuelle Merkmale auf ihre Relevanz für die Erklärung der Leistung der Teilnehmer geprüft werden. Es erschienen uns vor allem die Variablen „Persönlichkeit" und Leistungsmotivation" besonders bedeutsam. Gemessen wurden die beiden Variablen mit der Kurzform des Freiburger-Persönlichkeitsinventar (FPI-K) von *Fahrenberg* et al. (1973) und dem Leistungsmotivationstest nach *Heckhausen* (1963).

Der Zuverlässigkeit der standardisierten Verhaltensbeobachtung nach *Bales* war bei LINDA II/1 nicht voll befriedigend. Zur Hebung der Beobachterzuverlässigkeit stützten wir uns daher bei LINDA II/2 auf Video-Band-Aufzeichnungen.

Wie sich bei LINDA I und LINDA II/1 bereits zeigte, setzt eine theoretisch wie praktisch zufriedenstellende Messung des Lernerfolgs eine größere Anzahl von Testaufgaben voraus. Darum erweiterten wir den Wissenstest zum Lehrprogramm „Experimentelle Gedächtnisforschung von *Ebbinghaus*" von ursprünglich 8 (LINDA II/1) auf 23 Aufgaben (LINDA II/2). Bei der Erstellung der Wissenstest zum Lehrprogramm „Soziale Wahrnehmung" (LINDA II/2) wurde von vornherein auf eine hinreichende Anzahl von Testaufgaben Bedacht genommen; dieser Wissenstest besteht in seiner endgültigen Fassung aus 19 Aufgaben.

Kapitel III: Effizienzvergleich von programmiertem Einzel- und Gruppenunterricht

(J. Sageder)

1. Zur Effizienz von Unterricht 76
   1.1 Die Kriterien des Effizienzvergleichs 76
   1.2 Formulierung des allgemeinen Vergleichsproblems 77
2. Vergleich der Einstellungen zu Einzel- und Gruppenunterricht 78
   2.1 Theoretische Vorüberlegungen 78
      2.1.1 Zum Begriff der Einstellung 79
      2.1.2 Problemstellung 79
   2.2 Beschreibung der Indikatoren für die Einstellungen 81
      2.2.1 Begriffe und Abkürzungen 81
      2.2.2 Definition der Einstellungsvariablen 82
   2.3 Gegenüberstellung der Einstellungen zu Einzel- und Gruppenlernen .. 83
      2.3.1 Unterschiede vor dem Unterricht 83
      2.3.2 Unterschiede nach dem Unterricht 85
      2.3.3 Unterschiede in der Einstellungsänderung 87
   2.4 Vorläufige Zusammenfassung 89
3. Vergleich des Lernerfolgs bei Einzel- und Gruppenunterricht 89
   3.1 Theoretische Vorüberlegungen 89
      3.1.1 Zum Begriff des Lernerfolges 89
      3.1.2 Problemstellung 90
   3.2 Beschreibung der Indikatoren für den Lernerfolg 91
      3.2.1 Begriffe und Abkürzungen 91
      3.2.2 Definition der Lernerfolgsvariablen 92
      3.2.3 Analyse der verwendeten Aufgabensammlungen 93
   3.3 Gegenüberstellung von Einzel- und Gruppenlernen 95
      3.3.1 Unterschiede im Nachwissen 95
      3.3.2 Unterschiede im Lerngewinn 96
   3.4 Vorläufige Zusammenfassung 97
4. Diskussion der Ergebnisse des Effizienzvergleichs 98

1. Zur Effizienz von Unterricht

1.1 Die Kriterien des Effizienzvergleichs

Unsere Vergleichsabsicht deutet an, daß Effizienz zu relativieren ist, d. h. die Effizienz der einen Unterrichtsform muß auf die der anderen bezogen werden. Diese formale Relativierung begleitet eine inhaltliche, da jede Unterrichtsform nur in bestimmter Hinsicht effizient ist. Die Liste theoretisch möglicher und/oder wünschenwerter Eigenschaften von Unterricht ist im allgemeinen beliebig verlängerbar. Es kann somit keine absolute Effizienz geben, sondern nur eine auf Kriterien bezogene. Anhand derartiger Kriterien reduziert man die Wirkungsvielfalt von Unterricht auf bestimmte, empirisch prüfbare Merkmale und erhält auch die Maßstäbe zur Effizienzbeurteilung. Beispielsweise kann (relative) Effizienz einer Unterrichtsform bedeuten, daß diese ein bestimmtes theoretisch abgeleitetes Ausmaß an Behalten (Wissen, Verstehen usw.) bei den Schülern zeitigt und darin eine andere (vergleichbare) Unterrichtsform übertrifft.

Auf der Suche nach Effizienzkriterien begegnet man einer Reihe theoretisch-methodologischer und praktischer Schwierigkeiten, weil viele Merkmale von Unterricht wie auch dessen Bedingungen nicht unabhängig voneinander sind, wie z. B. Motivation und Wissen der Schüler, individuelle Persönlichkeitsmerkmale. Zudem weiß man über die verschiedenen Wechselwirkungen zwischen diesen Merkmalen bzw. Bedingungen wenig, weswegen bei empirischen Untersuchungen möglichst viele Variablen kontrolliert werden müssen, um zumindest im nachhinein einigermaßen gesicherte Aussagen machen zu können. Dabei läuft man infolge theoretischer Mängel immer Gefahr, irrelevante Kriterien zu beachten, tatsächlich relevante aber nicht zu berücksichtigen.

Für den Effizienzvergleich von Einzel- und Gruppenunterricht haben wir zwei schwerpunktmäßige Kriterien gewählt (vgl. Kapitel I): (1) den erzielten Lernerfolg und (2) die Lernmotivation der Teilnehmer an beiden Unterrichtsformen.

Sicherlich sind diese Kriterien nicht unabhängig voneinander zu sehen. Jedoch reicht es zur Begründung einer relativen Überlegenheit einer Unterrichtsform aus, wenn man deutliche (nicht nur statistisch signifikante) Unterschiede nur bei einem Kriterium nachweisen kann und beim anderen keine Unterschiede auftreten.

1.2 Formulierung des allgemeinen Vergleichsproblems

Es geht uns hier nicht um den Nachweis einer Berechtigung von programmiertem Unterricht gegenüber konventionellen Formen. Dazu ist eine Reihe von Arbeiten veröffentlicht worden, z. B. von *Frank* 1969, *Mayerhöfer* 1969, *Rauner* und *Trotier* 1971, *Weltner* 1973. Anders als diesen bildungspolitisch, bildungsökonomisch und pädagogisch-didaktisch geleiteten Untersuchungen geht es uns hauptsächlich um den Nachweis der Überlegenheit einer Sozialform des Unterrichts gegenüber einer anderen, wobei wir die Tatsache der programmierten Lehrstoffaufbereitung als methodologische Gegebenheit hinnehmen.

Weil keine Rückschlüsse auf konventionellen (nichtprogrammierte) Unterrichtsformen beabsichtigt sind, kann man für bestimmte Aspekte unseres Vergleichs von der Tatsache der Programmierung des Lehrstoffes gänzlich absehen.

Aus den theoretischen Ausführungen in Kapitel I kann man für den Effizienzvergleich die allgemeine These ableiten:
Eine leistungsorientierte soziale Lernsituation, wie sie beim programmierten Gruppenunterricht zu erwarten ist, ermöglicht eine größere Summe von Lernleistungen der Teilnehmer als eine Einzellernsituation, wie sie beim programmierten Einzelunterricht vorliegt. Die übrigen Bedingungen beider Lernsituationen werden als miteinander vergleichbar angenommen (vgl. *Hofstätter* 1957; *Krause* 1970; *Scharmann* 1972; *Krause* und *Sageder* 1976).

Aus dieser These geht hervor, daß unterschiedliche Lernleistungen durch die unterschiedliche Sozialsituation, in der der Lernprozeß stattgefunden hat, erklärbar sind. Dabei erhebt sich die Frage nach den Faktoren, die das Lernen in der Gruppen- bzw.

Einzelsituation beeinflussen. Ebenso stellt sich die Frage nach Faktoren, die mit dem Lernprozeß in einer Gruppen- bzw. Einzelsituation in Wechselwirkung stehen.

Die Anzahl derartiger Faktoren dürfte sehr groß sein. Für den Effizienzvergleich haben wir als besonders wichtig die allgemeine Einstellung und spezielle Einstellungserwartungen gegenüber programmiertem Unterricht, Lehrinhalt und Unterrichtssituation sowie deren Änderungen erachtet. Wir haben daher die Einstellungen zur Definition unseres Effizienzkriteriums „Lernmotivation" herangezogen, wie es auch bei anderen Untersuchungen getan worden ist (z. B. *Maxeiner* 1967; *Holzkamp* et al. 1972; *Lánský* und *Scharmann* 1976; *Krause* und *Sageder* 1975).

Unter Berücksichtigung der Vergleichskriterien „Lernerfolg" und „Lernmotivation" können wir unser Konzept auf folgende Fragen stützen:

(1) Welchen Lernerfolg und welche Lernmotivation zeigen (zufällig ausgewählte) Personen, wenn man sie mit programmiertem Gruppenunterricht (PGU) unterweist?
(2) Welchen Lernerfolg und welche Lernmotivation zeigen vergleichbare (oder zufällig ausgewählte) Personen, wenn man sie mit programmiertem Einzelunterricht (PEU) unterweist?
(3) Welche Unterschiede in Lernerfolg und Lernmotivation zeigen sich bei den Teilnehmern zwischen PGU und PEU?

2. Vergleich der Einstellungen zu Einzel- und Gruppenunterricht

2.1 Theoretische Vorüberlegungen

Nach der Erläuterung des Einstellungsbegriffes werden (in Abschnitt 2.1.2) die Modellvorstellungen dargelegt, die für den Einstellungsvergleich maßgeblich sind.

2.1.1 Zum Begriff der Einstellung

Der Ausdruck „Einstellung" (soziale Einstellung, engl. attitude) wird in der sozialwissenschaftlichen Literatur nicht einheitlich verwendet (vgl. z. B. *Thomae* 1965; *Roth* 1967; *Irle* 1969; *Eyferth* und *Kreppner* 1972). Einerseits werden unter „Einstellung" synonym verschiedene Sachverhalte verstanden, andererseits werden diese manchmal auch mit eigenen Begriffen belegt, z. B. „Meinung", „Haltung". Ohne auf die verwickelte Problematik hier näher eingehen zu können, definieren wir Einstellung in Anlehnung an *Roth* (1967) folgendermaßen:
(1) Einstellungen sind theoretische Konstrukte, die zur Erklärung individuellen Erlebens und Verhaltens dienen können.
(2) Einstellungen sind indirekt über bestimmte Verhaltensweisen empirisch erfaßbar und stellen im Sinne des Gruppenmodells von *Stogdill* (1959) Input- bzw. unabhängige Variablen dar (vgl. Kapitel I, 3.1.4).
(3) Jede Einstellung bezieht sich auf bestimmte Objekte oder Ereignisse, denen gegenüber sich eine Person (kognitiv und gefühlsmäßig-wertend) in ihrem Erleben und Verhalten orientiert.
(4) Nach *Roth* (1967, S. 102) bilden Einstellungen ein erfahrungsabhängiges, veränderbares System der in (3) genannten Orientierungen bzw. psychischen Organisationsformen. Einstellungsstrukturen können wegen ihrer Erfahrungsabhängigkeit als Bedingungen für die „Einheit und Gerichtetheit" sowie für die „Variabilität" von Verhalten angenommen werden (vgl. Punkt (1)).

2.1.2 Problemstellung

Wie bereits erwähnt (Abschnitt 1.2), beachten wir die möglichen Wirkungen von Einstellungen der Teilnehmer vor dem Versuch auf den folgenden Lernprozeß, aber auch die Möglichkeit von Einstellungsänderungen durch die Lernerfahrungen. Wir können somit zwischen Einstellungen *vor* und *nach* einem Gruppen- oder Einzelunterricht unterscheiden.

Der „typische" Versuchsteilnehmer kam zuerst in den Gruppenunterricht (zufällig entweder mit Lehrprogramm 1 oder 2). Da praktisch kein Teilnehmer über Vorerfahrungen mit programmiertem Gruppenunterricht verfügte, basieren die im 1. Fragebogen *vor* dem Versuch zum Ausdruck gebrachten Einstellungen lediglich auf *Vermutungen*. Die im 2. Fragebogen (weitestgehend identisch mit dem 1. Fragebogen) *nach* dem Versuch erfaßten Einstellungen haben hingegen den Charakter von *Erfahrungen* über den unmittelbar vorausgegangenen Unterricht (vgl. Kapitel II und Abbildung 1).

Abbildung 1: Einstellungen zu Einzel- (PEU) und Gruppenunterricht (PGU) nach Meßzeitpunkten (1 – 4)

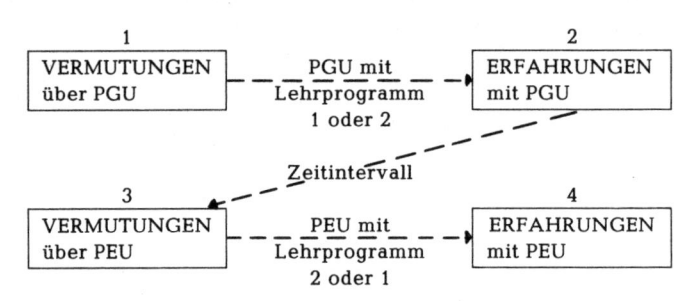

```
         1                                           2
  ┌─────────────┐      PGU mit        ┌─────────────┐
  │ VERMUTUNGEN │ ─ ─ Lehrprogramm ─ ─│ ERFAHRUNGEN │
  │  über PGU   │      1 oder 2       │  mit PGU    │
  └─────────────┘                     └─────────────┘
                      Zeitintervall
         3                                           4
  ┌─────────────┐      PEU mit        ┌─────────────┐
  │ VERMUTUNGEN │ ─ ─ Lehrprogramm ─ ─│ ERFAHRUNGEN │
  │  über PEU   │      2 oder 1       │  mit PEU    │
  └─────────────┘                     └─────────────┘
```

Wichtig für den Einstellungsvergleich erscheinen nicht nur die Einstellungen zu den Meßzeiten (1 – 4 in Abbildung 1) und ihre Veränderungen bei PGU und PEU, sondern auch die Unterschiede zwischen diesen unterrichtsspezifischen Änderungen.

Beim Einstellungsvergleich muß aufgrund unseres experimentellen Planes mit folgenden Einflußeffekten gerechnet werden:
(1) „Lehrprogrammeffekte":
    a) Unterscheiden sich die Vermutungen bzw. Erwartungen der Teilnehmer hinsichtlich der Lehrprogramme?
    b) Unterscheiden sich die Vermutungen hinsichtlich des Lehrprogramms 2 (oder 1) aufgrund der vorausgegangenen Erfahrungen mit Lehrprogramm 1 (bzw. 2)?
    c) Treten infolge der Konfrontation mit Lehrprogramm 1 oder 2 unterschiedliche Veränderungen der Einstellungen auf?

(2) „Unterrichtsformeffekte":
   a) Unterscheiden sich die Teilnehmervermutungen bzw. -erwartungen über den Gruppenunterricht (PGU) von denen zum Einzelunterricht (PEU)?
   b) Unterscheiden sich die Vermutungen der Teilnehmer am PEU aufgrund der vorausgegangenen Erfahrungen mit PGU?
   c) Ergaben sich aufgrund der Erfahrungen mit PGU oder PEU unterschiedliche Veränderungen in den Einstellungen?
(3) „Wechselwirkungseffekte" (zwischen (1) und (2)):
   a) Unterscheiden sich die Erwartungen über PGU mit Lehrprogramm 1 bzw. 2 von den Vermutungen über PEU mit Lehrprogramm 1 bzw. 2?
   b) Unterscheiden sich die Erfahrungen zwischen den Unterrichtsformen PGU und PEU lehrprogrammspezifisch?
   c) Ergeben sich aus den unterschiedlichen Erfahrungen mit PGU bzw. PEU und beiden Lehrprogrammen unterschiedliche Einstellungsänderungen?

Zu beachten ist, daß sich Einstellungen der Richtung (positiv/negativ zum Objekt) und auch der Intensität nach (stark/schwach) ändern können. Was wir im einzelnen unter „Einstellungen" verstehen, wird im folgenden Abschnitt genauer operationalisiert.

2.2 Beschreibung der Indikatoren für die Einstellungen

Vor der ausführlichen Definition der verwendeten Einstellungsvariablen (in Abschnitt 2.2.2) erläutern wir die verwendeten Begriffe und Abkürzungen.

2.2.1 Begriffe und Abkürzungen

Im Interesse einer möglichst übersichtlichen Beschreibung haben wir für die häufig verwendeten Begriffe folgende Abkürzungen eingeführt:

Fb : Fragebogen
LA : Lehrautomat (LINDA II)

UF : Unterrichtsform(en)
EV : Einzelversuch, Einzellernen, isoliertes Lernen einer Person mit dem Lehrautomaten im PEU
PEU: programmierter Einzel-Unterricht
GV : Gruppenversuch, Gruppenlernen, gemeinschaftliches Lernen von fünf Personen in Kommunikation untereinander und mit dem LA im PGU
PGU: programmierter Gruppen-Unterricht

2.2.2 Definition der Einstellungsvariablen

Da wir nicht so sehr an einem differenzierten Einstellungsbild gegenüber dem programmierten Unterricht als solchem interessiert sind, sondern eher an den Einstellungen zur jeweiligen Unterrichtsform mit Lehrprogramm 1 und 2 sowie deren Unterschieden, können wir uns auf die folgenden sechs Einstellungsvariablen beschränken:

(1) „Soziabilität des Lernverhaltens", d. h. inwieweit bevorzugt ein Versuchsteilnehmer eher gemeinschaftliches oder eher isoliertes Lernen. Der Erfahrungsabhängigkeit von Einstellungen wird dabei dadurch Rechnung getragen, daß die „Soziabilität" *nach* dem tatsächlich erlebten Unterricht (PGU oder/und PEU) erfaßt wird. Da diese Variable Einstellungen zu isoliertem oder gemeinschaftlichem Lernen überhaupt kennzeichnen soll, wird bewußt in Kauf genommen, daß die faktischen Teilnehmererfahrungen die Beurteilung beeinflussen können (vgl. Fr. 8, 2. Fb im Anhang!).

(2) „Globale Vermutungen über EV und GV", und zwar v. a. hinsichtlich motivaionaler Unterrichtswirkungen. Wegen der zuverlässigeren Erfassung berücksichtigten wir für diese Variable die Stellungnahmen zu sämtlichen 16, in den Fr. 2 – 7 des 1. Fb EV und GV enthaltenen Merkmalen summativ. Diese Meßgröße gibt somit an, wie intensiv positiv jeder Teilnehmer PGU bzw. PEU *vor* dem Unterricht vermutet.

(3) „Globale Erfahrungen mit EV und GV", definiert sinngemäß wie Variable (2), also mit den Fr. 2 – 7 des 2. Fb EV und GV. Diese summative Meßgröße gibt die Intensität an, mit der

jeder Teilnehmer PGU bzw. PEU *nach* dem Unterricht die o. g. 16 Merkmale burteilt (vgl. Fb im Anhang!).

(4) „Einstellungsverbesserung bei EV und GV" als Unterschied zwischen „Vermutungen" (2) und „Erfahrungen" (3) in *positiver* Richtung. Erfaßt wurde dabei die Anzahl von Abweichungen in positiver Richtung zwischen den Messungen vor und nach PGU bzw. PEU.

(5) „Einstellungsverschlechterung bei EV und GV" als Unterschied zwischen „Vermutungen" (2) und „Erfahrungen" (3) in *negativer* Richtung. Die meßtechnische Grundlage ist sinngemäß dieselbe wie für Variable (4).

(6) „Faktische Lernwirksamkeit von EV und GV", erfaßt mittels Fr. 1 des 2. Fb EV und GV *nach* dem Unterricht. „Faktisch" ist diese Einschätzung deshalb, weil die Teilnehmer bei ihrer Einstufung stark von ihren Erfahrungen mit der tatsächlich erlebten Unterrichtsform beeinflußt worden sein dürften.

2.3 Gegenüberstellung der Einstellungen zu Einzel- und Gruppenlernen

Die Unterschiede zwischen EV und GV werden anhand der o. g. Einstellungsvariablen interpretiert. Dabei berücksichtigen wir, ob sich die Einstellungsvariablen auf die Situation *vor* oder *nach* PGU bzw. PEU oder auf Veränderungen *zwischen* den Meßzeitpunkten bziehen. Die theoretische Basis bildet v. a. die in Abschnitt 2.1.2 erläuterte Problemstellung, methodisch stützen wir uns v. a. auf die Varianzanalyse gemäß unserem Experimentalschema (vgl. Abbildung 1 und Kapitel II, 2.1.4).

2.3.1 Unterschiede vor dem Unterricht

Unterschiede zwischen den Vermutungen der Teilnehmer vor PGU und PEU haben wir mit Variable (2) erfaßt (vgl. 2.2.2). Dabei können wir in Anlehnung an die Befunde von *Scharmann* (1976, S. 288) hypothetisch erwarten: Die Vermutungen der Einzellerner sind deutlich positiver und einheitlicher (geringere Streuung) als die der Gruppenmitglieder. Möglicherweise begünstigt die bei der Beantwortung des 1. Fb im GV (nicht aber im EV) gegebene Gruppensituation eine stärkere Differenzierung der Vermutungen bzw. deren Bekanntgabe.

In unserer Problemstellung postuliert diese Hypothese einen „Unterrichtsformeffekt"; ob ein „Lehrprogrammeffekt" oder „Wechselwirkungen" auftreten, bleibt offen. Jedoch kann man fordern, daß eine zuverlässige Entscheidung hinsichtlich der Überlegenheit des PGU gegenüber dem PEU aufgrund der Vermutungen allein nicht möglich ist; daher hat diese Variable hauptsächlich deskriptiven Wert.

Gliedert man die statistischen Kennwerte der Variable (2) nach UF und Lehrprogramm, erhält man Tabelle 1. Bei der Interpretation der „Vermutungen" beziehen wir uns auf die mit „VOR" gekennzeichneten Werte.

Tabelle 1: Statistische Kennwerte (M: Mittelwert, s: Standardabweichung) der Variablen „Globale Vermutungen über EV und GV" (VOR) und „Globale Erfahrungen mit EV und GV" (NACH) (Fr. 2 – 7 im 1. bzw. 2. Fb EV und GV; maximal positives Urteil = 60 Punkte)

LEHR-PROGRAMM		UNTERRICHTSFORM				GESAMT	
		GRUPPEN-U.		EINZEL-U.			
		VOR	NACH	VOR	NACH	VOR	NACH
„EBBING-HAUS"	M	38.4	39.1	39.2	39.1	38.8	39.1
	s	9.68	9.19	7.74	8.71	8.64	8.87
		n = 40		n = 51		n = 91	
„SOZIALE WAHRN."	M	38.7	40.2	37.1	39.0	38.0	39.7
	s	11.43	8.05	12.58	12.92	11.91	10.42
		n = 51		n = 40		n = 91	
GESAMT	M	38.6	39.7	38.2	39.1	38.4	39.4
	s	10.65	8.56	10.16	10.72	10.38	9.65
		n = 91		n = 91		n = 182	

Sowohl die Teilnehmer am EV (PEU) als auch die am GV (PGU) zeigen bei beiden Lehrprogrammen gleichermaßen eher positiven Einstellungen vor dem Unterricht. Varianzanalytisch lassen sich weder „Lehrprogramm"- noch „Unterrichtsform"- oder

"Wechselwirkungs-Effekte" nachweisen. Man muß also die Unterschiede zwischen den globalen Vermutungen über PGU und PEU als zufällig annehmen.

Unsere o. g. Hypothese kann daher nicht bestätigt werden. Die Ergebnisse lassen nur den Schluß zu, daß die Teilnehmer gleichermaßen positive Erwartungseinstellungen gegenüber dem jeweils bevorstehenden Unterricht gehabt haben. Intersssanterweise ergeben sich keine Unterschiede zwischen PGU und PEU, obwohl die Teilnehmer vor dem Einzel- das Gruppenlernen erlebt haben.

2.3.2 Unterschiede nach dem Unterricht

Aus den Befunden von *Scharmann* (1976, S. 228 f.) lassen sich für die hier relevanten Variablen (1) und (3) (vgl. 2.2.2) folgende Hypothesen gewinnen: Einzel- und Gruppenlerner identifizieren sich in signifikant unterschiedlicher Weise mit der jeweils erlebten Unterrichtsform, wobei die EV-Teilnehmer eher die Alleinarbeit, die GV-Teilnehmer eher die gemeinschaftliche (Gruppen-) Arbeit bevorzugen (Variable (1)).

Für Variable (3) können wir in Anlehnung an *Scharmann* (1976) postulieren, daß die GV-Teilnehmer signifikant positivere Erfahrungen zum Ausdruck bringen als die Teilnehmer am EV. In ähnlicher Weise vermuten wir für Variable (6), daß der PGU signifikant besser in seiner faktischen Lernwirksamkeit eingeschätzt wird als der PEU.

Die varianzanalytische Überprüfung der Kennwerte von Variable (1) in Tabelle 2 ergibt zwar einen Unterrichtsformeffekt (signifikant auf dem 5%-Niveau Irrtumswahrscheinlichkeit): GV-Teilnehmer wollen lieber mit anderen arbeiten als EV-Teilnehmer. Jedoch läßt sich auch eine Wechselwirkung von UF und LP auf die „Soziabilität" nachweisen (5%-Niveau), sodaß die Soziabilitätsunterschiede nicht ausschließlich auf die erlebte UF zurückführbar sind, wie wir vermutet hätten. Man kann Tabelle 2 auch dahingehend interpretieren, daß die Teilnehmer das LP 2 „Soziale Wahrnehmung" eher als für gemeinschaftliche (Gruppen-) Bearbeitung geeignet halten als das LP 1 „Ebbinghaus". Umgekehrt wird aufgrund des erlebten PEU offenbar kein wesentlicher Unterschied zwischen LP 1 und 2 hinsichtlich deren Eignung zu gemeinschaftlicher oder isolierter Bearbeitung gesehen.

Tabelle 2: Statistische Kennwerte (M: Mittelwert, s: Standardabweichung) von Variable „Soziabilität des Lernverhaltens (Fr. 8 im 2. Fb EV und GV; 1 = grundsätzlich allein, ..., 5 = grundsätzlich mit anderen)

LEHR-PROGRAMM		UNTERRICHTSFORM GRUPPEN-U.	EINZEL-U.	GESAMT
„EBBING-HAUS"	M	2.48	2,47	2.47
	s	1.01	1.05	1.03
		n = 40	n = 51	n = 91
„SOZIALE WAHRN."	M	2.61	2.45	2.53
	s	1.06	1.04	1.06
		n = 51	n = 40	n = 91
GESAMT	M	2.55	2.46	2.50
	s	1.03	1.03	10.4
		n = 91	n = 91	n = 182

Die o. g. „Identifikationshypothese" kann somit – zumindest in dieser Formulierung – nicht bestätigt werden. Die Hypothese könnte z. B. folgendermaßen umformuliert werden: Die Unterrichtsteilnehmer orientieren sich bei ihrer Einschätzung der Soziabilität nicht ausschließlich an der erlebten (Sozial-) Form des Unterrichts (PGU oder PEU), sondern auch an der geschätzten Eignung des jeweils bearbeiteten Lehrprogramms für gemeinschaftliches oder isoliertes Lernen.

Die Überprüfung der Kennwerte von Variable (6) in Tabelle 3 ergibt einen Wechselwirkungseffekt von LP und UF auf die Lernwirksamkeitseinschätzungen (auf dem 1%-Niveau signifikant). Damit ist unsere Hypothese widerlegt, nach der der PGU im Vergleich zum PEU als lernwirksamer erfahren wird. Die Ergebnisse (Tabelle 3) zeigen vielmehr, daß LP 2 „Soziale Wahrnehmung" im GV als lernwirksamer eingeschätzt wird als LP 1 „Ebbinghaus", und daß andererseits LP 1 im EV als lernwirksamer erscheint als LP 2 im EV. Eine Erklärung der unterschiedlichen

Lernwirksamkeitsschätzungen *allein* aufgrund der unterschiedlichen UF (PGU, PEU) ist daher nicht möglich.

Tabelle 3: Statistische Kennwerte (M: Mittelwert, s: Standardabweichung) von Variable „Faktische Lernwirksamkeit von EV und GV" (Fr. 1 im 2. Fb EV und GV; 1 = sehr unwirksam, ..., 7 = sehr wirksam)

LEHR-PROGRAMM		UNTERRICHTSFORM		GESAMT
		GRUPPEN-U.	EINZEL-U.	
„EBBING-HAUS"	M	3.73	4.67	4.25
	s	2.16	1.44	1.85
		n = 40	n = 51	n = 91
„SOZIALE WAHRN."	M	4.41	4.58	4.48
	s	1.25	1.78	1.51
		n = 51	n = 40	n = 91
GESAMT	M	4.11	4.63	4.37
	s	1.73	1.58	1.69
		n = 91	n = 91	n = 182

Die Kennwerte zu Variable (3) enthält Tabelle 1 (s. o.) in den mit „NACH" gekennzeichneten Spalten. Die statistische Analyse ergibt keinerlei signifikante Effekte. Unsere Versuchsteilnehmer schätzen unabhängig von UF und LP den jeweils erlebten Unterricht gleichermaßen (positiv) hinsichtlich seiner motivationalen Gesamtwirkungen ein. Die o. g. Hypothese einer signifikant positiveren Einschätzung des PGU im Vergleich zum PEU kann daher nicht bestätigt werden.

2.3.3 Unterschiede in der Einstellungsänderung

Zur Erfassung von Einstellungsänderungen in positiver Richtung diente Variable (4), in negativer Richtung Variable (5) (vgl. 2.2.2). Die statistischen Kennwerte dieser Variablen enthält Tabelle 4 in den Spalten „POS" bzw. „NEG". Die tabellierten Werte sind mittlere Häufigkeiten der Meinungsäußerung in positiver bzw. negativer Richtung. Diese Werte sagen nichts über die Intensität der Änderung aus; derartige Informationen liefern die Variablen (2) und (3) (Tabelle 1 in Abschnitt 2.3.2).

Tabelle 4: Statistische Kennwerte (M: Mittelwert, S: Standardabweichung) der Variablen „Einstellungsverbesserung bei EV und GV" (POS) und „Einstellungsverschlechterung bei EV und GV" (NEG) (Fr. 2 – 7 im 1. bzw. 2. Fb EV und GV; maximale Änderung = 16 Punkte)

LEHR-PROGRAMM		UNTERRICHTSFORM				GESAMT	
		GRUPPEN-U.		EINZEL-U.			
		POS	NEG	POS	NEG	POS	NEG
„EBBING-HAUS"	M	3.75	3.30	2.73	2.28	3.17	2.72
	s	3.05	2.97	2.38	2.31	2.73	2.66
		n = 40		n = 51		n = 91	
„SOZIALE WAHRN."	M	3.77	3.43	3.35	2.13	3.58	2.85
	s	3.23	3.75	3.45	3.10	2.29	3.52
		n = 51		n = 40		n = 91	
GESAMT	M	3.76	3.3	3.00	2.21	3.38	2.79
	s	3.13	3.41	2.31	2.67	2.52	3.11
		n = 91		n = 91		n = 182	

Wie schon der Vergleich der Werte in den Spalten „VOR" und „NACH" der Tabelle 1 nahelegt, verbessern sich die Einstellungen der Teilnehmer etwas in ihrer durchschnittlichen Intensität. Tabelle 4 zeigt darüberhinaus, daß in jeder Kombination aus UF und LP im Durchschnitt mehr Einstellungsverbesserungen als -verschlechterungen durch den Unterricht auftreten.

Eine Varianzanalyse von Tabelle 4 ergibt keinerlei signifikante Effekte auf die Variable (4) „Einstellungsverbesserung" (POS). Keine in Abschnitt 2.1.2 aufgeworfene Fragestellung kann daher bejaht werden, wenn man die Einstellungsänderung (Vermutungen zu Erfahrungen) in positiver Richtung betrachtet. Die in Variable (5) erfaßte „Verschlechterung" (Spalten NEG) ist in geringerem Maße gegeben als die „Verbesserung" (POS).

Es zeigt sich zwar ein varianzanalytischer UF-Effekt (signifikant auf dem 5%-Niveau), gleichzeitig aber auch eine Wechselwirkung von UF und LP (signifikant auf dem 1%-Niveau): Im GV mit LP 2 „Soziale Wahrnehmung" und im EV mit LP 1 „Ebbinghaus" tritt im Schnitt häufiger eine Einstellungsverschlechterung als im GV mit LP 1 und im EV mit LP 2 (vgl. Tabelle 4, Spalten NEG).

Man kann diesen Effekt auch so interpretieren: Im PGU ist LP 2 und im PEU das LP 1 kritischer beurteilt worden. Damit kann aber nicht bestätigt werden, daß Einstellungsveränderungen in negativer Richtung beim PGU seltener auftreten als beim PEU (vgl. 2.1.2).

2.4 Vorläufige Zusammenfassung

Für den Vergleich der Einstellungen zu PGU und PEU wurden 6 Variablen herangezogen, die sich auf Motivations-, Lern- und Soziabilitätswirkungen des Unterrichts im Sinne von Vermutungen, Erfahrungen oder Veränderungen (zwischen Vermutungen und Erfahrungen) beziehen (vgl. 2.2.2).

Ausgehend von den Überlegungen in Abschnitt 1.2 haben wir die Hauptfragestellungen, und unter Einbeziehung der genannten Einstellungsvariablen die Hypothesen formuliert (Abschnitt 2.1.2 und 2.3). Diese Hypothesen postulieren im wesentlichen alle eine Überlegenheit des PGU gegenüber dem PEU.

Die statistischen Prüfungen ergeben, daß etwaige Einstellungsunterschiede entweder nur als zufällig oder als gemeinsam von LP und UF bewirkt erklärt werden können. Einstellungsunterschiede, die sich ausschließlich auf die Verschiedenheit von EV und GV (bzw. PEU und PGU) zurückführen ließen, treten in keinem Falle auf.

3. Vergleich des Lernerfolges bei Einzel- und Gruppenunterricht

3.1 Theoretische Vorüberlegungen

3.1.1 Zum Begriff des Lernerfolges

Quantitative Aussagen über „Lernerfolg" von Unterrichtsteilnehmern beinhalten in der Regel eine Reduzierung auf „Wissen" und „Kenntnisse". Zur Zeit gibt es keine allgemein anerkannten oder/und praktikablen Lösungen dieser Problematik. Auch ist kaum bestreitbar, daß durch Unterricht vermitteltes „Wissen" eine wesentliche Grundlage zur Beurteilung der Effizienz dieses Unterrichts bildet (vgl. z. B. *Gaude* und *Teschner* 1971; *Klauer* et al. 1972; *Strittmatter* 1973). Auch wir haben daher das erzielte Wissen i. S. von „Lernzuständen" oder „Wissensniveaus" als Basis des Kriteriums „Lernerfolg" gewählt. Dabei ist zwischen einem Wissensniveau der Teilnehmer *vor* und *nach* dem jeweiligen Unterricht (PGU, PEU) zu unterscheiden. Das Vorwissen hat in unserer Untersuchung die Funktion einer unabhängigen Variable, der nachfolgende Lernprozeß sowie das resultierende Nachwissensniveau die von abhängigen Variablen. Im Modell von *Stogdill* (1959) bildet das Nachwissen (wenigstens der PGU-Teilnehmer) eine „output-Variable". Unter „Lernerfolg" verstehen wir daher das im PEU und PGU erziele *Nachwissen*, aber auch den *Lerngewinn* gegenüber dem Vorwissen.

3.1.2 Problemstellung

Da Vor- und Nachwissen zusammen mit den Einstellungsvariablen erfaßt worden sind (vgl. Abschnitt 2), kann die Erfassung der Lernerfolgsvariablen bei PGU und PEU entsprechend Abbildung 2 dargestellt werden (vgl. Abbildung 1 in 2.1.2).

Abbildung 2: Lernniveaus bei Einzel- (PEU) und Gruppenunterricht (PGU) nach Meßzeitpunkten (1 – 4)

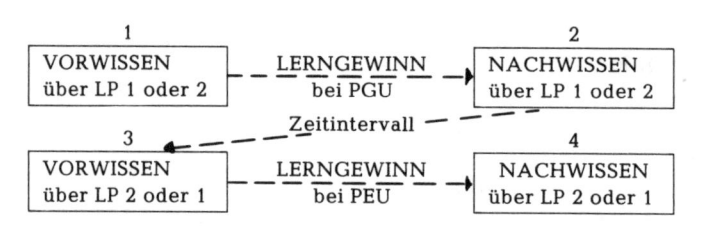

1 VORWISSEN über LP 1 oder 2	LERNGEWINN bei PGU	2 NACHWISSEN über LP 1 oder 2
	Zeitintervall	
3 VORWISSEN über LP 2 oder 1	LERNGEWINN bei PEU	4 NACHWISSEN über LP 2 oder 1

Gemäß unserer Definition des Lernerfolgs (3.1.1) und der experimentellen Anordnung (Abbildung 2) sind folgende Effekte bzw. Fragestellungen möglich:

(1) „Lehrprogrammeffekte":
   a) Unterscheidet sich entweder das Nachwissen oder der Lerngewinn der Teilnehmer bei LP 1 von dem bei LP 2?
   b) Unterscheiden sich sowohl Nachwissen als auch Lerngewinn bei LP 1 von denen bei LP 2?
(2) „Unterrichtsformeffekte":
   a) Unterscheidet sich entweder das Nachwissen oder der Lerngewinn der Teilnehmer zwischen PGU und PEU?
   b) Unterscheiden sich sowohl Nachwissen als auch Lerngewinn zwischen PGU und PEU?
(3) „Wechselwirkungen" (zwischen (1) und (2)):
   a) Unterscheidet sich das Nachwissen oder der Lerngewinn bei LP 1 und 2 mit PGU von Lerngewinn oder Nachwissen bei LP 1 und 2 mit PEU?
   b) Unterscheiden sich sowohl Nachwissen als auch Lerngewinn der Teilnehmer an PGU und PEU sowie zwischen LP 1 und LP 2?

In Abschnitt 1.2 haben wir dazu die allgemeine These formuliert, daß bei Gruppenunterricht (PGU) höhere Lernerfolgswerte als bei Einzelunterricht (PEU), also v. a. „Unterrichtsformeffekte" zu erwarten sind. Hervorgehoben sei aber, daß eine eindeutige Entscheidung darüber nach dem Kriterium „Lernerfolg" nur möglich scheint, wenn mindestens ein „Unterrichtsformeffekt" nachweisbar ist und gleichzeitig weder „Lehrprogrammeffekte" noch „Wechselwirkungen" auftreten.

3.2 Beschreibung der Indikatoren für den Lernerfolg

Zum besseren Verständnis erläutern wir zuerst die verwendeten Begriffe (3.2.1) und beschreiben dann die Operationalisierung der Lernerfolgsvariablen (3.2.2) sowie die statistische Güteprüfung der verwendeten Aufgabensammlungen (3.2.3).

3.2.1 Begriffe und Abkürzungen

Zur Bezeichnung der eingesetzten Aufgabensammlungen bzw. „Wissenstest" (vgl. Anhang!) werden folgende Abkürzungen eingeführt:

VT 1: Vortest des Vorwissens über LP 1 „Ebbinghaus"
VT 2: Vortest des Vorwissens über LP 2 „Soziale Wahrnehmung"
NT 1: Nachtest des Nachwissens über LP 1
NT 2: Nachtest des Nachwissens über LP 2

Sofern nicht besonders vermerkt, handelt es sich bei diesen „Tests" um die Aufgabensammlungen vor der Güteprüfung, so wie sie den Versuchteilnehmern vorgelegt worden sind. Dabei ist VT 1 mit NT 1 und VT 2 mit NT 2 identisch.

3.2.2 Definition der Lernerfolgsvariablen

(1) „Nachwissen"
Wir haben das Nachwissen NW_i einer i-ten Person als gewichtete Summe der „Beantwortungen" x_{ij} aller i. S. der Aufgabenanalyse „guten" Aufgaben des jeweiligen Nachtests definiert und auf dessen „Schwierigkeit" in Prozent relativiert:

$$NW_i = \sum_{j=1}^{m} x_{ij} \cdot 100 / \sum_{j=1}^{m} p_j$$

Darin ist $x_{ij} = c_{ij} \cdot p_j$ mit dem Lösungscode c_{ij} (0 = falsche, keine Antwort, 1 = völlig richtige Antwort bei der j-ten Aufgabe) und dem „Schwierigkeitsverminderungsgrad" p_j einer j-ten Aufgabe. Dieser ergibt sich aus der Häufigkeit, mit der die jeweilige Aufgabe im VT falsch und im NT richtig gelöst worden ist, relativiert auf die Zahl der Versuchteilnehmer. Z. B. $p_1 = 0.0$: Kein Teilnehmer hat die Aufgabe 1 vorher falsch und nachher richtig gelöst, die „Lösungsleichtigkeit" dieser Aufgabe hat sich trotz des Unterrichts nicht erhöht; $p_2 = 1.0$: Alle Teilnehmer konnten die Aufgabe 2 nach dem LP richtig lösen, während dies vorher keinem Teilnehmer möglich war. Eine Aufgabe erhält dadurch umso größeres Gewicht, je schwerer lösbar sie vor dem Unterricht und je leichter lösbar sie gleichzeitig nachher ist.

Wie schon angedeutet, hat das o. a. Maß NW_i den Vorteil, daß man sich bei der Interpretation auf das maximal mögliche Nachwissensniveau (100%) beziehen kann.

(2) „Lerngewinn"

Für eine i-te Person wird der Lerngewinn LG_i definiert als

$LG_i = NW_i - VW_i$,

worin NW_i das oben beschriebene „Nachwissen" und VW_i das sinngemäß berechnete „Vorwissen" repräsentiert.

Ein Nachteil dieser Berechnungsweise ist u. a., daß aus dem gleichen LG ohne weitere Annahmen nicht zwischen den Teilnehmern unterscheidbar ist. Z. B. kann LG = 30 aus NW = 40 und VW = 10, aber auch aus NW = 100 und VW = 70 resultieren. Bei genauerer Betrachtung würde man wegen des geringeren Nachwissens im ersten Falle von einem „schlechten", im zweiten von einem „guten" Schüler sprechen.

Zusätzlich zur o. g. Lerngewinnberechnung haben wir eine Lösung des Differenzierungsproblems versucht, indem wir in der unter Punkt (1) angegebenen Nach- bzw. Vorwissensgleichung alle $p_j = 1$ gesetzt haben (Summe der p_j somit gleich Aufgabenzahl des jeweiligen Wissenstests). VW_i und NW_i sind dann nach folgender Formel transformiert worden (Gewichtung mit dem cosinus von 1): VW'_i bzw. $NW'_i = ((VW_i$ bzw. $NW_i - $ Anz. Aufgaben) · 1,571) / Anz. Aufgaben. Die transformierten Vor- und Nachwissenswerte werden in die Gleichung $LG_i(cos) = NW'_i - VW'_i$ eingesetzt. Der Vorteil von $LG_i(cos)$, das Werte zwischen 0.00 und 99.99 annehmen kann, liegt darin, daß Schülern mit geringerem Vor- und Nachwissen ein niedriger Lernerfolg zugeschrieben wird als Schülern mit höherem Vor- und Nachwissen, aber gleicher Wissensdifferenz (z. B. VW = 10, NW = 40 schlechter als VW = 70, NW = 100).

3.2.3 Analyse der verwendeten Aufgabensammlungen

Wir haben unsere Aufgabensammlungen i. S. der klassischen Gütekriterien „Objektivität", „Validität" und „Reliabilität" untersucht (vgl. z. B. *Lienert* 1969; *Klauer* et al. 1972). Wegen der Standardisierung der Instruktionen zur Wissenstestbéarbeitung sowie genauen Kontrollen (z. B. gegen Abschreiben) kann man einen hohen Grad an Objektivität der Testdurchführung annehmen. Wegen der o. g. strengen Maßstäbe der Ergebnisermittlung kann dies auch für die Auswertungsobjektivität gelten. Für unsere experimentelle Fragestellung genügt das Vorhandensein inhaltlicher Validität. Diese kann als gegeben angenommen werden, da jeder Inhalt (Lehrschritt) von LP 1 und 2 in mindestens einer eigenen Aufgabe formuliert worden ist. Reliabilität oder Zuverlässigkeit eines Meßverfahrens beinhaltet verschiedene Aspekte. Wir betonen bei unserer statistischen Analyse v. a. den Aspekt, daß die Aufgaben möglichst zuverlässig Unterschiede zwischen Vor- und Nachwissensniveau zu erfassen imstande sind.

Die „Güte" einer Aufgabe war für uns daher in ausreichendem Maße gegeben, wenn sie gleichzeitig folgenden Kriterien genügte:
1) Anteil richtiger Lösungen im VT (VOR R; „Lösungsleichtigkeit" vorher) um mindestens 25 % geringer als im NT (NACH R; „Lösungsgleichheit" nachher),
2) Anteil der Personen mit vorher falscher und gleichzeitig nachher richtiger Aufgabenlösung (= p_j = „Schwierigkeitsverminderungsgrad" einer j-ten Aufgabe!) größer als 20 %,
3) Anteil der Personen mit vorher richtiger und gleichzeitig nachher falscher Aufgabenlösung kleiner als 5 %.

Für die Berechnung dieser Kriterien wurden die einzelnen Aufgabenbeantwortungen mit 0 (für falsch) und 1 (für richtig) gewichtet. Dabei gingen die Werte sämtlicher Aufgabenbearbeiter ein, und zwar für VT 1/NT 1 („Ebbinghaus") n_1 = 142, für VT 2/NT 2 („Soziale Wahrnehmung") n_2 = 144.

Von den Aufgabensammlungen VT 1/NT 1 (vgl. Anhang!) müssen folgende Aufgaben ausgeschieden werden:
Nr. 7 und 12 wegen Kriterien 1) – 3), Nr. 2 und 9 wegen 1) und 3), Nr. 21 wegen Kriterien 1) und 2); für die Berechnung der Lernerfolgsvariablen zum LP 1 „Ebbinghaus" konnten daher 18 Aufgaben Verwendung finden.

Von den Aufgabensammlungen VT 2/NT 2 („Soziale Wahrnehmung") müssen folgende Aufgaben ausgeschieden werden:
Nr. 7, 11, 13, 16 und 19 wegen Kriterien 1) und 2), Nr. 2 wegen Kriterien 1) und 3); die Lernerfolgsvariablen zum LP 2 „Soziale Wahrnehmung" basieren daher auf 13 Aufgaben.

3.3 Gegenüberstellung von Einzel- und Gruppenlernen

3.3.1 Unterschiede im Nachwissen

Die statistischen Kennwerte zur Lernerfolgsvariable „Nachwissen" enthält Tabelle 5 in den Spalten NACH. Die ebenfalls aufgeführten Vorwissenswerte sind erst bei der Interpretation des Lerngewinns relevant (vgl. 3.3.2).

Die varianzanalytische Prüfung ergibt keinerlei „Lehrprogramm"- oder „Unterrichtsformeffekte". Jedoch ist eine Wechselwirkung von UF und LP auf das Nachwissen nachweisbar (signifikant auf dem 1%-Niveau): Im PGU mit LP 2 „Soziale Wahrnehmung" wurde ein höheres Nachwissen erzielt als im PEU mit LP 2 und im PGU mit LP 1 „Ebbinghaus". Gleichzeitig ermöglichte der PEU mit LP 1 „Ebbinghaus" ein höheres Nachwissensniveau als PEU und PGU mit LP 2 „Soziale Wahrnehmung".

Tabelle 5: Statistische Kennwerte (M: Mittelwert, s: Standardabweichung) der Variablen „Vorwissen bei EV und GV" (VOR) und „Nachwissen bei EV und GV" (NACH) (maximal erreichbarer Wert = 100)

LEHR-PROGRAMM		UNTERRICHTSFORM GRUPPEN-U.		EINZEL-U.		GESAMT	
		VOR	NACH	VOR	NACH	VOR	NACH
„EBBING-HAUS"	M	20.1	59.8	14.1	70.4	16.7	65.7
	s	14.49	21.74	12.11	17.68	13.47	20.16
		n = 40		n = 51		n = 91	
„SOZIALE WAHRN."	M	7.7	69.6	6.2	66.1	7.0	68.0
	s	14.43	15.89	6.59	15.15	11.62	15.58
		n = 51		n = 40		n = 91	
GESAMT	M	13.1	65.3	10.6	68.5	11.9	66.9
	s	15.65	19.21	10.77	16.66	13.45	18.00
		n = 91		n = 91		n = 182	

Die Unterschiede im Nachwissen über beide LP mit PGU und PEU deuten somit keineswegs auf die postulierte Überlegenheit des

Gruppenunterrichts hin. Zu größerem Nachwissen verhilft der PGU mit LP 2 „Soziale Wahrnehmung", der PEU aber mit LP 1.

3.3.2 Unterschiede im Lerngewinn

Die relevanten Lerngewinn-Kennwerte sind in den Tabellen 6 und 7 enthalten. In beiden Tabellen kann man übereinstimmend einen Wechselwirkungseffekt von UF und LP auf den Lerngewinn nachweisen (auf dem 1%-Niveau signifikant): Im PGU mit LP 2 „Soziale Wahrnehmung" wurde ein wesentlich höherer Lerngewinn erzielt als mit LP 1 „Ebbinghaus", während im PEU kein wesentlicher lehrprogrammspezifischer Lerngewinn-Unterschied auftritt. Gleichzeitig wurde im PEU mit LP 1 im Schnitt ein deutlich größerer Lerngewinn erzielt als im PGU mit LP 1, während sich PGU und PEU bei LP 2 nur unwesentlich unterscheiden.

Zusammen mit den Vorwissenswerten (Spalte VOR in Tabelle 5) weisen die Lerngewinn-Kennwerte (Tabelle 6 und 7) darauf hin, daß die meisten Versuchsteilnehmer durch den Unterricht generell von einem relativ niedrigen (aber lehrprogrammspezifischen) Vorwissensniveau zu einem relativ hohen Nachwissensniveau gelangt sind.

Der in Tabelle 6 nachweisbare „Lehrprogrammeffekt" (vgl. Spalte GESAMT) und der in Tabelle 7 nachweisbare „Unterrichtsform-

Tabelle 6: Statistische Kennwerte (M: Mittelwert, s: Standardabweichung) zum *Lerngewinn* bei Gruppen- und Einzelunterricht (vgl. Abschnitt 3.3.2)

LEHR-PROGRAMM		UNTERRICHTSFORM		GESAMT
		GRUPPEN-U.	EINZEL-U.	
„EBBING-HAUS"	M	39.7	56.3	49.0
	s	18.44	15.72	18.78
		n = 40	n = 51	n = 91
„SOZIALE WAHRN."	M	61.9	59.9	61.0
	s	18.14	14.84	16.71
		n = 51	n = 40	n = 91
GESAMT	M	52.1	57.9	55.0
	s	21.27	15.36	18.72
		n = 91	n = 91	n = 182

Tabelle 7: Statistische Kennwerte (M: Mittelwert, s: Standardabweichung) zum cosinus-transformierten relativen *Lerngewinn* (in Prozent des maximal erzielbaren Lerngewinns; vgl. Abschnitt 3.2.2 und 3.3.2!)

LEHR-PROGRAMM		UNTERRICHTSFORM GRUPPEN-U.	EINZEL-U.	GESAMT
„EBBING-HAUS"	M	43.2	66.9	56.5
	s	17.62	20.69	22.62
		n = 40	n = 51	n = 91
„SOZIALE WAHRN."	M	59.6	65.9	62.3
	s	16.18	15.79	16.23
		n = 51	n = 40	n = 91
GESAMT	M	52.4	66.4	59.4
	s	18.61	18.63	19.85
		n = 91	n = 91	n = 182

effekt" (Zeile GESAMT in Tabelle 7) sind wegen der beschriebenen Wechselwirkungen nicht verallgemeinerbar.

Bemerkenswerterweise decken sich die Ergebnisse zum transformierten Lerngewinn (Tabelle 7) mit denen zur Einstellungsvariable „Faktische Lernwirksamkeit" (Tabelle 3 in 2.3.2), und zwar besser als die untransformierten Lerngewinnwerte (Tabelle 6). Diese Übereinstimmung zwischen subjektiver und tatsächlich gemessener Lernwirksamkeit weist darauf hin, daß die Versuchsteilnehmer eine recht gute Einschätzung ihres Lernerfolges bzw. der Lernwirksamkeit des erlebten Unterrichts vornehmen konnten. Andererseits legt diese Übereinstimmung nahe, daß die gewählte Transformation eine bessere Anpassung an die psychologische Situation der Lernenden ermöglichen dürfte.

3.4 Vorläufige Zusammenfassung

Im Kern beinhalten unsere Hypothesen für den Lernerfolgsvergleich die Annahme, daß der Gruppenunterricht (PGU) dem Einzelunterricht (PEU) überlegen sei (vgl. 1.2 und 3.1.2). „Lernerfolg" wurde für unsere Untersuchung als „Nachwissen" und auch als „Lerngewinn" i. S. einer gewichteten Differenz zwischen Nach- und Vorwissen definiert (vgl. 3.2.2). Die Operationalisierung dieser beiden Variablen beruht auf den teststatistisch bereinigten Vor- und Nachwissenstests (vgl. 3.2.3).

Eine varianzanalytische Prüfung der „Lernerfolgs"-Kennwerte (Tabellen 5 – 7 in Abschnitt 3.3) liefert in keinem Falle die Bestätigung dafür, daß der PGU dem PEU in seiner Lernwirksamkeit überlegen sei. Aufgrund der nachweisbaren Wechselwirkungseffekte von Unterrichtsform und Lehrprogramm kann man schließen, daß PEU und PGU eine unterschiedliche Lerneffizienz (Nachwissen und Lerngewinn) nur relativ zum jeweils verwendeten Lehrprogramm erzielen. Selbst wenn man diese Wechselwirkungen außer acht läßt, kann man weder auf das Nachwissen (Tabelle 5 in 3.3.1) noch auf den Lerngewinn (Tabelle 6 in 3.3.2) signifikante Wirkungen der Unterrichtsunterschiede nachweisen. Lediglich beim transformierten Lerngewinn (Tabelle 7 in 3.3.2) wäre ein derartiger Unterrichtsformeffekt nachweisbar, jedoch entgegen unserer Hypothese zugunsten des PEU; wäre eine solche Interpretation sinnvoll, könnte sie ebenfalls nicht für die postulierte höhere Lerneffizienz des Gruppenunterrichts sprechen.

4. Diskussion der Ergebnisse des Effizienzvergleichs

Die relative Effizienz von Gruppen- und Einzelunterricht (PGU und PEU) sollte anhand zweier schwerpunktartiger Kriterien beurteilt werden:
1) Motivationale Wirkung der beiden Unterrichtsformen, operationalisiert und erfaßt mittels 6 Einstellungsvariablen (vgl. Abschnitt 2.2.2),
2) Lernwirksamkeit der beiden Unterrichtsformen, operationalisiert und erfaßt mittels der Variablen „Nachwissen" und „Lerngewinn" (vgl. Abschnitt 3.2.2).

Im 1. Versuchsabschnitt (LINDA II/1; vgl. *Lánský* und *Scharmann* 1976) konnte jeder Teilnehmer nur entweder am PGU oder am PEU teilnehmen. Im Gegensatz dazu wurden die Teilnehmer am hier berichteten 2. Versuchsabschnitt (LINDA II/2) sowohl mit PEU als auch mit PGU und zwei inhaltlich verschiedenen, formal aber gleichartigen Lehrprogrammen unterrichtet. Dadurch eröffnete sich die Möglichkeit bzw. Notwendigkeit, unsere allgemeine Hypothese von der Überlegenheit des PGU gegenüber dem PEU zu verfeinern: Der PGU ist bei beiden Lehrprogrammen motivational wirksamer oder/und erneffizienter als der PEU.

Die varianzanalytische Prüfung erbrachte kurz folgende Ergebnisse zu den o. g. Vergleichskriterien:

1) Einstellungsvariablen: Bei den Variablen „Soziabilität des Lernverhaltens", „Einstellungsverschlechterung" sowie „Faktische Lernwirksamkeit" auftretende Unterschiede beruhen auf dem Zusammenwirken von Unterschieden in Lehrprogrammen und Unterrichtsformen. Bei den übrigen drei Einstellungsvariablen müssen allfällige Unterschiede als zufällig angesehen werden (vgl. Abschnitt 2.3);

2) Lernerfolgsvariablen: Sowohl beim „Nachwissen" als auch beim „Lerngewinn" sind die auftretenden Unterschiede im wesentlichen auf das gleichzeitige Wirken von Unterschieden in den Lehrprogrammen und den Unterrichtsformen zurückführbar (vgl. Abschnitt 3.3).

Unsere Hypothese kann wegen der skizzierten Untersuchungsergebnisse nicht bestätigt werden. Offenbar reichen die speziellen Unterschiede hinsichtlich Methodik und Sozialform des Unterrichts nicht aus, um Unterschiede in der Einstellungs- und Lerneffizienz zwischen den untersuchten Unterrichtsformen zu begründen. Zusätzlich dürften sich dabei v. a. inhaltliche und methodische Besonderheiten der verwendeten Lehrprogramme auswirken.

Betrachtet man die bei unseren Versuchen eingesetzten Lehrprogramme nach diesem Gesichtspunkt, scheint LP 2 „Soziale Wahrnehmung" eher für Gruppenunterricht (PGU) geeignet zu sein als LP 1 „Ebbinghaus", das sich eher für Einzelunterricht (PEU) zu eignen scheint. Dazu liefert unsere Untersuchung folgende Befunde: Nach LP 2 im PGU ist man deutlicher als nach LP 1 der Meinung, daß dieses Lehrprogramm gemeinschaftlich (und nicht allein) bearbeitet werden sollte („Soziabilität des Lernverhaltens"). In ähnlicher Weise wird LP 2 nach dem PGU,

LP 1 aber nach dem PEU als relativ lernwirksamer eingeschätzt („Faktische Lernwirksamkeit"). Sinngemäße Unterschiede bestehen auch bei den Lernerfolgsvariablen „Nachwissen" und „Lerngewinn".

Die oben beschriebenen Wechselwirkungseffekte von LP und Unterrichtsform auf die Lernerfolgsvariablen dürften hauptsächlich auf inhaltliche Verschiedenheiten der verwendeten Lehrprogramme zurückführbar sein. Wie die Vorwissenskennwerte zeigen (Tabelle 5 in 3.3.1), kannten unserer Versuchsteilnehmer die Thematik von LP 1 wahrscheinlich aufgrund vorausgegangener Schulunterrichts und auch aufgrund der relativ größeren Alltagsbedeutung des „Gedächtnisses" besser als die Thematik von LP 2 „Soziale Wahrnehmung" (Vorwissen zu LP 1 im Schnitt ca. 17%, zu LP 2 ca. 7%).

Ferner könnte auch von Bedeutung gewesen sein, daß den Gruppenunterrichtsteilnehmern LP 1 vorher durchschnittlich ca. 6% bekannter war als den Einzellernern, wogegen dieser Unterschied zugunsten des PGU bei LP 2 nur 1% betragen hat. Demnach könnte die Thematik „Gedächtnis" von LP 1 den PGU-Teilnehmern relativ weniger Verständnis- und Bearbeitungsprobleme geboten haben als den Einzellernern und als LP 2. Dadurch könnte es dem einzelnen Gruppenmitglied bei LP 1 relativ leichter möglich gewesen sein, sich ohne größere Anstrengung in der Gruppe „mittreiben" zu lassen. Klarerweise war dies den Einzellernern generell unmöglich. Das Zusammentreffen von relativ bekannten Problemstellungen (Vorwissen) und Gruppensituation (PGU) dürfte im Vergleich zum Einzellernen (PEU) weniger intensiven individuellen Auseinandersetzung mit dem Lehrstoff und damit auch zu dem durchschnittlich ca. 10% geringeren Nachwissen der Gruppenmitglieder bei LP 1 („Gedächtnisforschung – Ebbinghaus") geführt haben.

Anders als das „Gedächtnis" war das Thema „Soziale Wahrnehmung" allgemein wenig bekannt und wurde zudem im LP 2 weniger formalistisch und weniger klar strukturiert dargeboten. Die im LP 2 zu lösenden Probleme ließen bei oberflächlicher Betrachtung meist mehrere Lösungen zu, sodaß auch das einzelne Gruppenmitglied stärker als bei LP 1 gefordert war, sich problembezogen zu engagieren. Verstärkt wurde diese Notwendigkeit wahrscheinlich durch die größere Unsicherheit und den daraus resultierenden Zwang zur Gruppendiskussion (wenn das jeweilige Problem nicht von allen Gruppenteilnehmern individuell richtig gelöst wurde; vgl. Lehralgorithmus in Abbildung 7, Kapitel II, 3.7).

Die angedeuteten Umstände dürften dabei mitgewirkt haben, daß beim PGU mit LP 2 durchschnittlich um ca. 4% mehr Nachwissen als beim PEU mit diesem LP erzielt wurde. Überraschend unter der Annahme einer Überlegenheit des Gruppenunterrichts ist das geringe Ausmaß, in dem der PGU lernwirksamer als der PEU ist (vgl. Tabelle 5 – 7 in Abschnitt 3.3). Sinngemäß gelten unsere Ausführungen auch für den Lerngewinn.

Abschließend sei nochmals festgehalten, daß unsere Untersuchung keinerlei Anhaltspunkte für eine generelle Überlegenheit des Gruppenunterrichts gegenüber dem Einzelunterricht erbracht hat. Die Ergebnisse weisen vielmehr darauf hin, daß die Motivations- bzw. Einstellungs- und Lernwirksamkeit einer Unterrichtsform wesentlich auch durch die inhaltliche Problematik und die Bekanntheit des behandelten Themas beeinflußt wird.

Kapitel IV: Überprüfung der Optimumhypothese nach Scharmann im Rahmen des programmierten Gruppenunterrichts

1. Problemstellung *(J. Sageder)* 103
   1.1 Der theoretische Standort der Optimumhypothese 103
   1.2 Operationalisierung der theoretischen Rahmenbedingungen 104
       1.2.1 Unabhängige Variablen 104
       1.2.2 Intermediäre Variablen 106
       1.2.3 Abhängige Variablen 107
   1.3 Formulierung des eigentlichen Untersuchungszieles 108
       1.3.1 Präzisierung der zu prüfenden Hypothesenvarianten 108
       1.3.2 Festlegung der Prüfstrategie 111

2. Ergebnisse der Überprüfung hinsichtlich der Leistungsvariablen *(J. Sageder)* 115
   2.1 Empirischer Nachweis „optimaler" Interaktionsstrukturen 116
   2.2 Überprüfung des Zusammenhanges zwischen Interaktionsstruktur und Leistung 121
       2.2.1 Interaktionsstruktur und Leistungsvariablen 122
       2.2.2 Nichtinteraktionale Einflüsse auf die Leistung 126
   2.3 Konfrontation der Optimumhypothese mit konkurrierenden Hypothesen 127

3. Die Bedeutung der sozioemotionalen oder „Zufriedenheits"-Variablen für die Überprüfung der Optimumhypothese *(Th. Scharmann)* 129
   3.1 Problemstellung 129
   3.2 Formulierung des Untersuchungszieles 130
   3.3 Die Überprüfung des Zusammenhanges zwischen Interaktionsstruktur und Sozioemotionalität 131
       3.3.1 Theoretische Überprüfung des Verhältnisses der vier Interaktionskategorien zur Interaktionsfrequenz (Interaktionsgefälle) 132
       3.3.2 Methodische Überprüfung des Verhältnisses der vier Interaktionskategorien zur Interaktionsfrequenz 139
   3.4 Die Ergebnisse der Überprüfung des Verhältnisses der vier Interaktionskategorien zur Interaktionsfrequenz 140
       3.4.1 Mittel- und Varianzwerte des Partizipationsgradienten 142
       3.4.2 Mittel- und Varianzwerte der Abweichungen von der hypothetischen 20%-Gleichverteilung 146
   3.5 Die Optimumhypothese im Vergleich der Leistungs- und Zufriedenheitsvariablen 150

1. Problemstellung *(J. Sageder)*

1.1 Der theoretische Standort der Optimumhypothese

Wie bereits in Kapitel II angedeutet, kann die Optimumhypothese nach *Scharmann* in den theoretischen Rahmen des Modells des Leistungsverhaltens (in) der Gruppe von *Stogdill* (1959) eingeordnet werden. *Krause* (1970) hat dieses Modell unter Einbeziehung der Überlegungen von *Heslin* und *Dunphy* (1964) sowie *Krech* et al. (1962) modifiziert. Das Funktionsschema dieses Modells zeigt Abbildung 1.

Abbildung 1: Stark vereinfachtes Funktionsschema des modifizierten Modells des Leistungsverhaltens (in) der Gruppe (n. *Krause* 1970, S. 118)

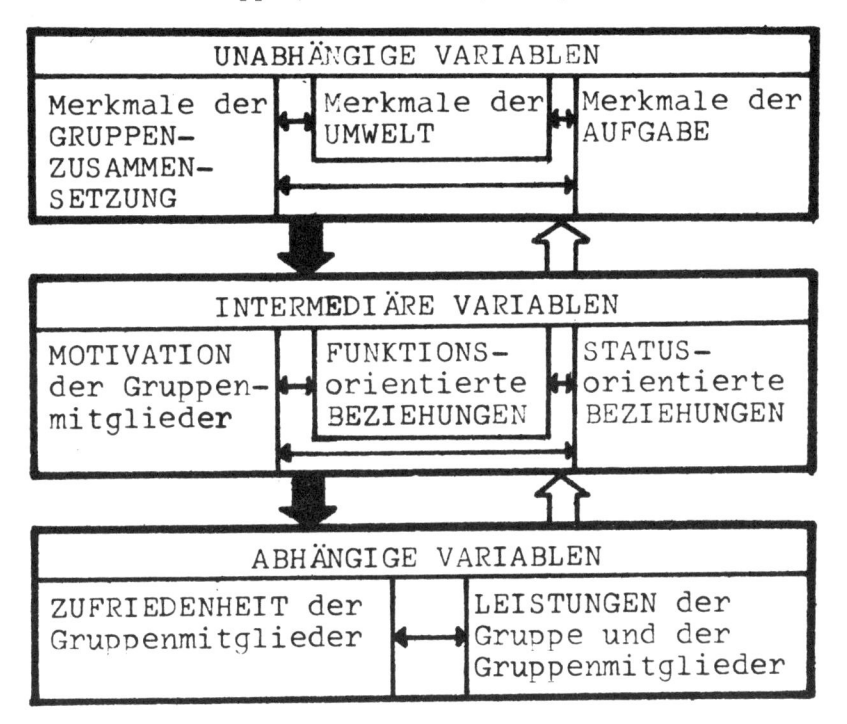

UNABHÄNGIGE VARIABLEN		
Merkmale der GRUPPENZUSAMMENSETZUNG	Merkmale der UMWELT	Merkmale der AUFGABE

INTERMEDIÄRE VARIABLEN		
MOTIVATION der Gruppenmitglieder	FUNKTIONSorientierte BEZIEHUNGEN	STATUSorientierte BEZIEHUNGEN

ABHÄNGIGE VARIABLEN	
ZUFRIEDENHEIT der Gruppenmitglieder	LEISTUNGEN der Gruppe und der Gruppenmitglieder

Die *unabhängigen* Variablen dieses Funktionsschemas sind experimentell manipulierbar. Sie stellen Determinanten des Verhaltens und der Verhaltenstendenzen der Gruppenmitglieder dar. Die *intermediären* Variablen umfassen Verhaltensweisen und Verhaltenstendenzen der Gruppenmitglieder sowie deren Verflechtung. Je nach Untersuchungsgesichtspunkt sind diese Verhaltensweisen der Interaktions*prozeß* oder die Interaktions*struktur*. Die *abhängigen* Variablen bezeichnen die individuellen und gruppenspezifischen Ergebnisse aus dem Zusammenwirken von intermediären und unabhängigen Variablen.

Erwähnenswert ist der Unterschied unseres Funktionsschemas (Abbildung 1) zum Modell von *Stogdill* (vlg. Kapitel I, 3. 1. 4): Wir fassen die von *Stogdill* als „member inputs" und „mediating variables" bezeichneten Variablen unter den *intermediären* zusammen und führen zusätzliche Variablen als *unabhängige* ein (Merkmale der Aufgabe, der Umwelt und der Gruppenzusammensetzung). Diese Veränderung der theoretischen Struktur gegenüber dem Modell von *Stogdill* erscheint sinnvoll, da z. B. gesicherte Aussagen über den Geltungsbereich der Optimumhypothese nur gemacht werden können, wenn man die unabhängigen Variablen unseres Funktionsschemas variiert.

Der theoretische Rahmen unserer Untersuchung (Abbildung 1) soll in der Folge genauer erläutert und auf der Grundlage des programmierten Gruppenunterrichts operationalisiert werden.

1.2 Operationalisierung der theoretischen Rahmenbedingungen

Unsere Darstellung folgt in ihrer Systematik der Dreiteilung in unabhängige, intermediäre und abhängige Variablen.

1.2.1 Unabhängige Variablen

Die *Merkmale der Umwelt* sind für die Unterrichtsgruppen hauptsächlich durch die laborähnliche Versuchssituation gegeben. Eine Illustration dieser für alle Gruppen konstanten Situation im Gruppenforschungszentrum vermittelt Kapitel II, Abschnitt 1. 3. Besondere Beachtung schenkten wir dabei der Möglichkeit unkontrollierter Beeinflussungen der Versuchsteilnehmer („Versuchsleiter-Effekte"). Diese Möglichkeit suchten wir zu vermeiden, indem wir die Teilnehmer dahingehend informierten, es handle sich um die Erprobung einer neuen Art von Unterricht, und indem bei allen Gruppen der gleiche Versuchsleiter mit den gleichen Helfern agierte (Austeilen, Einsammeln der Fragebogen und Kontrolle des Ausfüllens).

Als *Merkmale der Aufgabe* der Unterrichtsgruppen sind hauptsächlich Art und Schwierigkeit sowie die besonderen Bedingungen erwähnenswert, unter denen das jeweilige *Lehrprogramm* zu bearbeiten war. Diese Merkmale versuchten wir dadurch konstant zu halten, daß sämtliche Gruppen nach dem gleichen Lehralgorithmus (formale Lehrstrategie) fortschreiten mußten (vgl. Kapitel II, 3.7). Die hier auftretende theoretische Problematik von Aufgabentaxonomien wird bei der Überprüfung der Optimumhypothese erst relevant, wenn ihr Gültigkeitsbereich für verschiedene Aufgabenarten geprüft werden soll; wir streben die Prüfung nur im Rahmen unserer Lerngruppen und des besonderen Lehralgorithmus an (vgl. zur Problematik der Klassifikation von Gruppenaufgaben z. B. *Hofstätter* 1957; *Fiedler* 1967; *Steiner* 1972; *Schneider* 1975).

Als wesentliche *Merkmale der Gruppenzusammensetzung* waren in unseren Versuchen die Gruppengröße (5 Personen) und die vorgegebene Kommunikationsstruktur (Vollstruktur, freie gegenseitige Interaktionsmöglichkeit) konstant gehalten. Nicht kontrollierbar, sondern als zufällig variierend anzunehmen sind bei unseren Versuchen die Persönlichkeitsmerkmale sowie die vorher bestandenen Beziehungen zwischen den Gruppenmitgliedern. Deswegen haben wir die Persönlichkeitsmerkmale „Extraversion", „Aggressivität" und „Emotionale Labilität" mittels FPI-K (*Fahrenberg* et al. 1973; vgl. Kapitel II, 3.3), „Merkfähigkeit" mittels I-S-T-70 (*Amthauer* 1970) und „Vorwissen" mittels Vorwissenstests zum jeweiligen Lehrprogramm erfaßt (vgl. Anhang).

Den *Grad vorgegebener Beziehungen* zwischen den Gruppenmitgliedern haben wir in Form des „Bekanntheitsgrades" im 1. Fragebogen zum Gruppenversuch (Fr. 19; vgl. Anhang) erfaßt.

1.2.2 Intermediäre Variablen

Als *Motivationsvariablen* haben wir „Hoffnung auf Erfolg", „Furcht vor Mißerfolg" und „Gesamtmotivation" nach *Heckhausen* (1963), „Vermutungen über den Gruppenunterricht" mittels der Fragen 2 – 7 des 1. Fragebogens (Anhang!), „Soziabilität des Gruppenunterrichts" (Kooperationsbereitschaft) mittels Frage 8 des 2. Fragebogens und „Emotionalität der Partnerwahl" (Kooperationsbereitschaft in Leistungssituationen) mittels der Fragen 11 – 18 des 1. Fragebogens erfaßt (Anhang!). Die Variablen der *funktions- und status-orientierten Beziehungen* zwischen den Gruppenmitgliedern haben wir mit Hilfe eines vereinfachten Schemas der Interaktions-Prozeß-Analyse erfaßt (vgl. Kapitel II, 3.6): „Sozioemotional positive Äußerungen" als Indikator für die Freundlichkeit der Beziehungen und „Sozioemotional negative Äußerungen" als Indikator der Unfreundlichkeit in den Mitgliederbeziehungen (status-orientierter Aspekt) sowie „Sachlich-aufgabenbezogene konstruktive Beiträge" und „Fragen" als Indikatoren für die funktionsorientierten Beziehungen.

Bemerkenswert erscheint die Möglichkeit, mit Hilfe der Interaktionsvariablen den Gruppenprozeß (begrenzt auf die verwendeten Kategorien) nachzuvollziehen. Dazu bietet sich das Simulationsmodell von *Lánský* (1976) an, welches auf das *Bales*-Kategoriensystem und auch auf die wesentlichen Aspekte des Konzepts von *Stogdill* (1959) zugeschnitten worden ist (vgl. *Sageder* 1975). Die Verwendung dieses Modells setzt aber eine prozessuale Formulierung der Optimumhypothese voraus. Da sich die derzeitige Formulierung explizit auf strukturelle Merkmale von Gruppenprozessen bezieht, vernachlässigen wir bei der jetzigen Untersuchung den prozessualen Gesichtspunkt. Eine prozessuale Formulierung und modellgestützte Prüfung der Optimumhypothese muß einer späteren Studie vorbehalten bleiben.

Weitere Aufschlüsse über die funktions- und statusorientierten Beziehungen zwischen den Gruppenmitgliedern geben die Rangunterschiede (-gefälle) hinsichtlich der Rollen „Ideenproduzent" (Fr. 12, 2. Fb GV im Anhang!), „Vermittler" (Fr. 13) und „Freizeitpartner" (Fr. 14, 2. Fb GV).

Für jedes Mitglied wird dabei rangmäßig erfaßt, wie hoch es die übrigen Mitglieder und auch es selbst hinsichtlich der Erfüllung der genannten Funktionen einschätzen. Diese Rangplätze wurden in Punkte transformiert und die Punktesumme jeder Person auf die Anzahl der Beurteiler normiert. Besonders die Streuung der Werte in einer Gruppe gibt Aufschlüsse: Z. B. weist eine geringe Streuung darauf hin, daß sich kein Gruppenmitglied eindeutig in der jeweiligen Rolle profiliert hat.

1.2.3 Abhängige Variablen

Die abhängigen Variablen unseres Funktionsschemas (Abbildung 1, Abschnitt 1.1) können als Leistungen der Gruppe i. w. S. betrachtet werden, da damit erfaßt wird, was die Gruppe für ihre Mitglieder (nach innen) und für ihre Umwelt (nach außen) leistet. Der Leistungsbegriff muß gerade für den hier behandelten Fall von Lerngruppen weiter als nur im Sinne von „Produktivität" gefaßt werden. Bei Lerngruppen kann dabei bestenfalls von einer „immateriellen Produktivität" gesprochen werden, z. B. nach außen als Grad, in dem durch Gruppenunterricht Lehrerkapazität freigesetzt oder neue Ideen „produziert" werden. Ebenso wichtig wie diese nur schwer faßbaren Leistungen der Lerngruppe nach außen erscheinen ihre *Leistungen für jedes Mitglied*, z. B. themen- und problemzentrierte Hilfeleistung, Aufarbeitung von Wissensdefiziten des einzelnen. Indirekt erfaßbar sind diese Leistungen als individuelles „Nachwissen" und als „Lerngewinn" (Wissensgewinn im Verhältnis zum Vorwissen); deren Operationalisierung ist bereits beschrieben worden (vgl. Kapitel III, 3.2.2).

Weitere Leistungen der Gruppe für ihre Mitglieder beeinflussen den Grad ihrer *Zufriedenheit*. Darauf beziehen sich die Variablen:
(1) „Erfahrungen mit Gruppenunterricht" (Fr. 2 – 7, 2. Fb GV; vgl. Kapitel III, 2.2.2),
(2) „Einstellungsverbesserung durch Gruppenunterricht" (Anzahl der Veränderungen in positiver Richtung zwischen Fr. 2 – 7 im 1. und 2. Fb GV),

(3) „Einstellungsverschlechterung durch Gruppenunterricht" (Anzahl der Veränderungen in negativer Richtung zwischen Fr. 2 - 7 im 1. und 2. Fb GV),
(4) „Faktische Lernwirksamkeit des Gruppenunterrichts" (Fr. 1, 2. Fb GV; vgl. Kapitel III, 2.2.2),
(5) "Erhaltene Sympathie" (Fr. 11, 2. Fb GV im Anhang!).

Wie erkennbar ist, erfassen die genannten Variablen einerseits Gesichtspunkte der Zufriedenheit mit dem Fortschritt in Richtung sachlich-aufgabenorientierter Ziele der Gruppe und andererseits Aspekte der Befriedigung individueller Motive. Dem erstgenannten Gesichtspunkt wäre z. B. die Variable „Faktische Lernwirksamkeit des Gruppenunterrichts" zuzurechnen, dem letztgenannten Gesichtspunkt Variable „Erhaltene Sympathie".

1.3 Formulierung des eigentlichen Untersuchungszieles

Eine wesentliche Voraussetzung für die Prüfung der Optimumhypothese bildet deren Präzisierung (1.3.1). Darauf aufbauend kann unser Untersuchungsziel in Form einer Prüfstrategie operationalisiert werden (1.3.2).

1.3.1 Präzisierung der zu prüfenden Hypothese

*Scharmann*s Optimumhypothese beruht auf der allgemeinen Annahme eines Zusammenhanges zwischen besonders („optimal") gearteten strukturellen Merkmalen von Gruppenprozessen und Leistungen der Gruppenmitglieder. Die „strukturellen Merkmale" verstehen wir auf der Grundlage von Interaktionskategorien (vereinfachtes Schema nach *Bales* 1950; vgl. Kapitel II, 3.6), die „Leistungen" auf der Grundlage von Wissensniveaus und sozioemotionaler Befriedigung. Unter Bezug auf unser Funktionsschema (Abbildung 1 in Abschnitt 1.1) postuliert die Optimumhypothese explizit einen bestimmten Zusammenhang zwischen „intermediären" und „abhängigen" Variablen. Hingegen werden keine Aussagen über mögliche Einflüsse der „unabhängigen" Variablen gemacht. Es läßt sich lediglich vermuten, daß die „unabhängigen" Variablen (z. B. Merkmale der

Gruppenzusammensetzung) als Konstanten angesehen werden können; diese Annahme wirkt sich auf den Geltungsbereich der Hypothese aus (vgl. 1.1 und 1.2).

Sieht man die „unabhängigen" Variablen tatsächlich als konstant an, ist die Optimumhypothese wie folgt formulierbar:

Wenn es einer leistungsorientierten Kleingruppe[1] gelingt, ihren Interaktionsprozeß hinsichtlich aufgabenorientierter und sozioemotional orientierter Tendenzen in einer bestimmten („optimalen", noch zu spezifizierenden) Weise zu gestalten – was sich in ganz bestimmten Verhältnissen zwischen den Ausprägungen der strukturellen Merkmale des Interaktionsprozesses ausdrücken soll –, dann werden die Gruppenmitglieder sowohl eine hohe Leistung erzielen als auch eine hohe Befriedigung erreichen. Diese Beziehung gelte für die meisten derartigen Gruppen[1], bei denen „optimale" Interaktionsstrukturen feststellbar sind; wir lassen also auch die vereinzelte Möglichkeit zu, daß eine Gruppe mit „optimaler" Interaktionsstruktur keine maximale Leistung und keine maximale Zufriedenheit der Mitglieder erreicht.

Zu präzisieren ist nun der Ausdruck „optimale Interaktionsstruktur". Dazu beziehen wir uns auf Abschnitt 1.2.2 und die dort dargelegte Operationalisierung der Interaktionsvariablen. Zur Kennzeichnung, daß wir diese Variablen S^+ (sozioemotional positiv), A^+ (aufgabenorientiert positiv), F (aufgabenbezogene Fragen) und S^- (sozioemotional negativ) als Anteile an der Gesamtinteraktion einer Gruppe über eine bestimmte Zeit (Dauer der Lehrprogrammbearbeitung) ansehen, verwenden wir die Schreibweise $\%S^+$, $\%A^+$, $\%F$ und $\%S^-$.

Es soll also gelten, daß $\%S^+ + \%A^+ + \%F + \%S^- = 100$, wobei jeder Interaktionsanteil $\%I > 0$ (Zeichen „>" stehe für „größer als"). Es soll nicht vorkommen, daß in einer Gruppe beispielsweise überhaupt keine sozioemotional negativen oder positiven Tendenzen zum Ausdruck gebracht werden.

---

[1] „Leistungsorientierte Gruppen" zeichnen sich nach Scharmann dadurch aus, „... daß in der Einstellung ihrer Angehörigen zum Gruppenziel die Aufgabenorientiertheit gegenüber anderen möglichen gruppenspezifischen Einstellungen eindeutig überwiegt ..." (Scharmann 1972, S. 1800).

Den Ausführungen *Scharmann*s im Kapitel I, Abschnitt 4.2 können wir ferner folgende Beziehungen entnehmen, welche sämtlich erfüllt sein sollen, um die Interaktionsstruktur einer Gruppe als „optimal" bezeichnen zu können:

(1) $(\%A^+ + \%F) > (\%S^+ + \%S^-)$,
aufgabenorientierte Tendenzen sollen also gegenüber den sozioemotionalen überwiegen[2];

(2) $\%A^+ > \%F$,
es sollen also keinesfalls mehr Fragen gestellt werden als darauf Antworten kommen, sondern es soll ein gewisses Maß an „nicht-abgefragten", selbständigen konstruktiven Beiträgen zur Lösung der Aufgabe geleistet werden;

(3) $\%S^+ > \%S^-$,
die positiven sozioemotionalen Interaktionstendenzen (Zustimmung, Solidarität, Freundlichkeit) sollen gegenüber den negativen Tendenzen (Kritik, Antagonismus, Ablehnung) überwiegen;

(4) $\%A^+ > \%S^+$ und

(5) $\%A^+ > \%S^-$;
die konstruktiven aufgabenorientierten Beiträge sollen anteilsmäßig sowohl die sozioemotional positiven als auch die negativen Äußerungen übertreffen (dabei folgt die Beziehung (5) genaugenommen aus (4) in Verbindung mit (1) und wird lediglich zur Verdeutlichung angeführt).

Aus den Beziehungen (1) – (5) folgt eine Rangreihe der Interaktionsanteile (1. Rang: höchster postulierter Wert, usw.):

1. Rang: $\%A^+$ 2. Rang: $\%S^+$ 3. Rang: $\%F$ 4. Rang: $\%S^-$.

Diese Rangdefinition einer „optimalen Interaktionsstruktur" läßt zwar eine Interpretation „größer als" und „kleiner als" zu, gibt aber nicht das genauere Ausmaß der Unterschiede zwischen den Interaktionskategorien-Anteilen an.

Um unsere Definition einer „optimalen Interaktionsstruktur" weiter zu präzisieren, sind zwei Zusatzforderungen notwendig:
(1) Der kleinste %-Anteil (4. Rang) soll etwa 10% betragen,

---

[2] Die dazu von *Hanhart* (1963, S. 33) festgestellte Beziehung $(\%A^+ + \%F) : (\%S^+ + \%S^-) = 2/3 : 1/3$ erscheint insofern problematisch, als sie aufgrund von Untersuchungen an Gruppen mit anderer Zusammensetzung und Aufgabenstellung als den hier betrachteten Lerngruppen gewonnen wurde.

(2) die %-Anteile mit aufeinanderfolgendem Rang sollen sich um jeweils ca. 10% unterscheiden.

Somit ergibt sich als vorläufig beste Annahme über die „optimale Interaktionsstruktur" einer Lerngruppe die Verteilung:
$\%A^+ \doteq 40\%$, $\%S^+ \doteq 30\%$, $\%F \doteq 20\%$, $\%S^- \doteq 10\%$,
wobei das Zeichen „$\doteq$" als „ungefähr" zu lesen ist, d. h. die angegebenen Werte verstehen sich mit einem Streubereich von ± 5%. Der Vollständigkeit halber seien die Streubereiche der Interaktionsanteile für die postulierte „optimale" Struktur angegeben:

$\%A^+$	$\%S^+$	$\%F$	$\%S^-$
35 – 45%	25 – 35%	15 – 25%	5 – 15%

Damit haben wir die Wenn-Komponente der Optimumhypothese (in der strukturellen Variante) hinreichend prüfbar gestaltet. Die Dann-Komponente wurde bereits in Abschnitt 1.2.3 (abhängige Variablen) operational definiert.

Wenn also – so kann man die von uns betrachtete Variante der Optimumhypothese präzisieren – eine Gruppe die oben angegebene optimale Struktur ihrer Interaktionen zeigt, dann wird sie sowohl eine hohe Leistung als auch eine hohe Zufriedenheit ihrer Mitglieder zeigen.

1.3.2 Festlegung der Prüfstrategie

Die zu prüfenden Optimumhypothese kann vereinfacht ausgedrückt werden: Wenn ein Gruppe x eine (in Abschnitt 1.3.1 definierte) optimale Interaktionsstruktur O zeigt, dann zeigt sie auch ein Maximum M an Leistung und Zufriedenheit. Formal ausgedrückt: $(x)(Ox \rightarrow Mx)$[3] (Hypothese 1), verbal: eine optimale Interaktionsstruktur impliziert (daraus folgt) ein Maximum an Leistung und Zufriedenheit in der Gruppe x (zur Schreibweise vgl. *Opp* 1970, S. 158 ff.).

Beachtenswert erscheint für Hypothese 1, daß diese dann als widerlegt gelten muß, wenn Ox zutrifft und Mx nicht zutrifft, wenn also die Gruppe x zwar eine optimale Interaktionsstruktur aufweist, aber kein Maximum an Leistung und Zufriedenheit.

---

[3] Das Zeichen „∆" stehe für logisch „und" (Konjunktion; vgl. *Opp* 1970, S. 109), „→" für „wenn – dann".

Als Konkurrenzhypothese kann man formulieren: Wenn eine Gruppe x bestimmte andere Merkmale (z. B. hohe Motivation, hohes Vorwissen) aufweist, dann zeigt sie ein Maximum an Leistung und Zufriedenheit. Formal kann man dieses Hypothese schreiben: (x) (Ax → Mx)[3] (Hypothese 2); andere Merkmale als die Interaktionsstruktur implizieren ein Maximum an Leistung und Zufriedenheit. Genau genommen handelt es sich bei Hypothese 2 um ein Klasse von Hypothesen, weil für A eine Reihe von Merkmalen einsetzbar ist, wie wir sie beispielsweise in Form der nicht zu O und nicht zu M zu rechnenden Variablen in Abschnitt 1.2.1 operationalisiert haben.

Für die Prüfung von Hypothese 1 wird die Beantwortung der Frage wichtig, ob sich Hypothese 1 besser bewährt als Hypothese 2. Um darüber eine Entscheidung treffen zu können, ist die Ableitung von Hilfstheoremen aus beiden Hypothesen zweckmäßig:
T 1: (x) ((Ox $\triangle$ Ax → Mx) $\triangle$ (Ox $\triangle$ -Ax → Mx))[3],
d. h. gleichgültig, ob andere Merkmale (A) in einer Gruppe x neben der optimalen Interaktionsstruktur O gegeben sind oder nicht (-A), tritt ein Leistungs- und Zufriedenheitsmaximum M auf.
T 2: (x) ((Ox $\triangle$ Ax → Mx) $\triangle$ (-Ox $\triangle$ Ax → Mx))[3],
d. h. die optimale Interaktionsstruktur hat keinen Einfluß auf das Auftreten von M, sondern relevant sind andere Merkmale A, weil M sowohl bei gegebenem O als auch bei nicht gegebenem O (-O) auftritt.

Durch die eben beschriebene Ableitung haben sich die Prüfungsgrundlagen auf die Theoreme T 1 und T 2 verschoben, aus deren Zutreffen oder Nichtzutreffen man auf die Gültigkeit der Hypothesen 1 und 2 Rückschlüsse ziehen kann. Würde sich T 1 und damit die Optimumhypothese vollkommen bewähren, ergäbe sich eine empirische Aufteilung der vorkommenden Fälle, wie sie in Tabelle 1 angedeutet ist.

Wäre also allein das Vorliegen von O und -O maßgeblich für das Auftreten von M und -M, müßten alle Gruppen mit O auch M

---

[3] Das Zeichen „$\triangle$" stehe für logisch „und" (Konjunktion; vgl. *Opp* 1970, S. 109, „→" für „wenn – dann".

Tabelle 1: Hypothetische Verteilung bei idealer Bewährung der Optimumhypothese

Kriterium	optimale Struktur O		nichtoptimale Struktur -O	
	A	-A[4]	A	-A
M[5]	100%[6]	100%	0%	0%
-M	0%	0%	100%	100%

haben und umgekehrt – unabhängig vom Auftreten von A oder -A. Würde sich T 2 und damit die Alternativhypothese zur Optimumhypothese vollkommen bewähren, ergäbe sich die Aufteilung wie sie Tabelle 2 zeigt.

Tabelle 2: Hypothetische Verteilung bei idealer Bewährung von Alternativhypothesen zur Optimumhypothese

Kriterium	optimale Struktur O		nichtoptimale Struktur -O	
	A	-A[4]	A	-A
M[5]	100%[6]	0%	100%	0%
-M	0%	100%	0%	100%

Die Verteilung der empirischen Fälle wäre in diesem Fall von anderen Merkmalen abhängig als dem Vorliegen oder Nichtvorliegen einer optimalen Interaktionsstruktur.

Es ist allerdings zu erwarten, daß sich kein Theorem bzw. keine Hypothese derartig ideal und eindeutig bewähren wird, wie es die Tabellen 1 und 2 nahelegen. Immerhin haben wir aber damit ein Richtmaß für die Bewährung der Optimumhypothese im Vergleich zu möglichen Alternativhypothesen: Die Optimum-

---

[4] Andere, nicht-interaktionsstrukturelle Merkmale sind gegeben (hoch, A) oder nicht gegeben (niedrig, -A).
[5] Maximum an Leistung und Zufriedenheit.
[6] Prozentsatz bezogen auf die Spaltensumme.

hypothese ist dann ihren Konkurrenzhypothesen vorzuziehen, wenn die Verteilung der empirischen Fälle in geringerem Maße von der Idealverteilung in Tabelle 1 abweicht als von der in Tabelle 2. Damit haben wir die logische Struktur der Prüfung festgelegt.

Die technische Durchführung der Hypothesenprüfung muß im Rahmen der vorgezeichneten logischen Struktur erfolgen. Der Ablauf dieser Prüfstrategie sei nun durch die Angabe und Erläuterung der wichtigsten Prüfschritte in der notwendigen Kürze beschrieben.

Der *1. Prüfschritt* hat die Beantwortung der Frage zum Ziel, ob und welche der von uns untersuchten Lerngruppen inwieweit die in Abschnitt 1.3.1 definierte Interaktionsstruktur aufweisen. Es geht dabei um die Auffindung von Gruppen, welche möglichst genau die „optimale" Interaktionsstruktur aufweisen, zumindest sollten die Anteile der vier Interaktionskategorien innerhalb der als „optimal" definierten Grenzen bleiben. Als mathematisch-statistisches Verfahren für eine derartige Typisierung unserer Lerngruppen anhand der vier Interaktionsvariablen bietet sich die sog. Clusteranalyse an (vgl. z. B. *Rollett* und *Bartram* 1976). Vereinfacht ausgedrückt ermöglicht es dieses Verfahren, irgendwelche Objekte (z. B. Personen, Gruppen) anhand ihrer Merkmale (z. B. Intelligenz, Größe, Lernerfolg, Motivation usw.) in sinnvolle Gruppierungen (Cluster) zu ordnen. Trifft die Wenn-Komponente der Optimumhypothese in der von uns definierten Form zu, dann müßte sich aufgrund der Clusteranalyse mindestens eine Gruppe identifizieren lassen, welche eine „optimale" Interaktionsstruktur aufweist.

Im *2. Prüfschritt* müssen wir die Frage behandeln, ob die Gruppen mit „optimaler" Interaktionsstruktur auch tatsächlich maximale Leistung und Zufriedenheit im Vergleich zu den übrigen Gruppen aufweisen. Gleichzeitig müssen wir aber zur Testung der Optimumhypothese im Vergleich zu Alternativhypothesen die Frage behandeln, welche anderen als die Variablen der Interaktion sich inwieweit auf Leistung und Zufriedenheit auswirken. Um nur mit den wichtigsten Variablen rechnen zu müssen, erscheint dabei eine statistisch abgesicherte Auswahl zweckmäßig. Für die Auswahl derjenigen anderen Variablen, welche einen bedeutenden Beitrag zur Erklärung (im statistischen Sinne) von Leistung und Zufriedenheit liefern, bieten sich die sog. multivariaten Verfahren an (vgl. z. B. *Gaensslen* und *Schubö* 1973), beispielsweise die multiple Regressionsanalyse.

Der 3. *Prüfungsabschnitt* dient der statistischen Absicherung der Ergebnisse, die zuvor in die Form der Tabellen 1 und 2 zu bringen sind. Dabei gilt es zu bestimmen, ob die empirische Verteilung weniger von der hypothetischen Verteilung in Tabelle 1 oder weniger von der in Tabelle 2 abweicht, oder ob nicht entscheidbar ist, von welcher Tabelle die empirischen Ergebnisse weniger abweichen. Am Ende dieses Prüfschritts sind daher drei Feststellungen im Hinblick auf die Optimumhypothese möglich: (1) Die Optimumhypothese hat sich besser bewährt, (2) die Optimumhypothese hat sich schlechter bewährt als Alternativhypothesen, (3) es ist nicht entscheidbar, welche Hypothese sich besser bewährt hat.

2. Ergebnisse der Überprüfung hinsichtlich der Leistungsvariablen *(J. Sageder)*

Aus arbeitsökonomischen Gründen haben wir die Überprüfung hinsichtlich der Leistungs- und der Zufriedenheitsvariablen aufgeteilt. Entsprechend dieser Aufteilung werden auch die Ergebnisse getrennt dargestellt; die Zufriedenheitsvariablen werden im 3. Abschnitt behandelt.

Die nun folgende Darstellung richtet sich in ihrer Systematik nach den in Abschnitt 1. 3. 2 beschriebenen Prüfschritten. Daher werden wir in Abschnitt 2. 1 die Ermittlung von Lerngruppen mit „optimaler" Interaktionsstruktur behandeln. In Abschnitt 2. 2 prüfen wir dann die „Optimum"-Gruppen auf maximale Leistung und suchen nach anderen Variablen, die sich neben der Interaktionsstruktur auf die Leistung auswirken. In Abschnitt 2. 3 erörtern wir die Ergebnisse der statistischen Absicherung der Optimumhypothese im Vergleich zu konkurrierenden Hypothesen.

2.1 Empirischer Nachweis „optimaler" Interaktionsstrukturen

In Abschnitt 1.3.1 haben wir die „optimale" Interaktionsstruktur einer Gruppe definiert. Nach dieser Definition sollen die aufgabenorientierten, konstruktiven Beiträge A^+, die sozioemotional-positiven Äußerungen S^+, die aufgabenbezogenen Fragen F und die sozioemotional-negativen Äußerungen S^- in folgendem Verhältnis zueinander stehen:

$\%A^+$	$\%S^+$	%F	$\%S^-$
35 – 45 %	25 – 35 %	15 – 25 %	5 – 15 %

Um entscheiden zu können, welche Gruppen diese Interaktionsstruktur aufweisen, waren hauptsächlich zwei Arbeitsgänge notwendig, nämlich
(1) Feststellung der Interaktionsanteile jeder Gruppe; dazu wurden die Häufigkeiten des Auftretens jeder Interaktionskategorie (unabhängig von Sender und Empfänger) sowie die Gesamtinteraktion im Verlauf einer Gruppensitzung mittels EDV (IBM 360/44 des Rechenzentrums der Universität Linz) ausgezählt und in Prozentanteile an der Gesamtinteraktion umgerechnet.
(2) Feststellung von Interaktionsstruktur-Clustern; dazu waren die Interaktionsanteile pro Gruppe in Standardwerte umzurechnen (sog. z-Transformation). Anschließend unterzogen wir die gruppenspezifischen Interaktionswerte einer Clusteranalyse auf der Basis des von *Veldman* (1967) publizierten, von uns etwas veränderten Computerprogramms für den Klassifikationsalgorithmus von *Ward* (dargestellt auch in *Rollett* und *Bartram* 1976).

Über die Ähnlichkeit der in einem Cluster zusammengefaßten Gruppen und die Güte der Clusterbildung gibt der sog. Fehlerwert aus den Abweichungen der zusammengefaßten Gruppen vom Clusterschwerpunkt Aufschluß. Je weniger Cluster gebildet werden, desto höher wird der Fehlerwert, und umgekehrt. Der Fehlerwertverlauf bei schrittweiser Clusterung unserer 37 Versuchsgruppen legt nahe, als kleinstmögliche sinnvolle Anzahl 5 Interaktionsstruktur-Cluster anzunehmen. Ihre Charakterisierung durch verschiedene statistische Kennwerte erfolgt in Tabelle 3. Diese zeigt, daß die Clusterbildung in dem Sinne gut gelungen ist, daß einerseits die jeweils zusammengefaßten Gruppen eine sehr ähnliche Struktur aufweisen („s"), und daß andererseits deutliche Unterschiede zwischen den Cluster-Durchschnittswerten bestehen („x%"). Auch die Werte in den Zeilen „+" geben dazu Hinweise: Je größer der Wert ist, umso größer ist die relative Anzahl der Interaktionsanteile, welche über dem mittleren Wert (Median) ihrer Verteilung im Cluster liegen.

Cluster 1 kann als rein aufgabenorientiertes Cluster bezeichnet werden; sämtliche in diesem Cluster zusammengefaßten Gruppen weisen einen überdurchschnittlichen A^+-Anteil auf, 3/4 einen hohen Frageanteil %F, während die sozioemotionalen Anteile sehr niedrig sind. In diesen Gruppen wurden vor allem die sozioemotional-positiven Tendenzen zugunsten der aufgabenorientierten zurückgedrängt, so daß man wohl von einem Maximum, nicht aber von einem Optimum an Aufgabenorientierung sprechen kann.

Cluster 2 erscheint vor allem als sozioemotional-positiv gerichtete Gruppierung. In diesen Gruppen wurde zwar auch relativ viel gefragt (F-Anteil), die Fragestellung scheint aber so gewesen zu sein, daß viel mehr Zustimmung als kritische und konstruktive Auseinandersetzung mit den Problemen hervorgerufen worden ist.

Cluster 3 umfaßt Gruppen, die relativ viele konstruktive Beiträge (%A^+) geliefert haben, die jedoch in überdurchschnittlichem Maße auf Kritik und Ablehnung gestoßen zu sein scheinen (%S^-). Fragen und sozioemotional-positive Äußerungen sind in diesem Cluster unterdurchschnittlich.

Cluster 4 scheint die Gruppen mit der am meisten ausgewogenen Interaktionsstruktur zu enthalten. Es sind überdurchschnittlich viele aufgabenbezogene Fragen gestellt und konstruktive Beiträge geliefert worden. Dabei kam aber die Kritik nicht zu kurz (%S^-) und die sozioemotional-positiven Äußerungen liegen im Durchschnittsbereich. Tatsächlich zeigt ein Vergleich der Werte dieses Clusters mit den eingangs angegebenen Werten einer „optimalen" Interaktionsstruktur, daß die Gruppen dieses

Tabelle 3: Ergebnisse einer Clusteranalyse, dargestellt anhand der statistischen Kennwerte der vier Interaktionskategorien

		Interaktionsanteile			
		$\%A^+$	$\%S^+$	$\%F$	$\%S^-$
Cluster 1 $n_1 = 4$ Gr.	%range $\bar{x}\%$ s $+$ [7]	46 – 55 50,00 3,39 1,00	21 – 30 26,25 3,21 0,00	14 – 21 16,75 2,68 0,75	5 – 8 7,00 1,22 0,25
Cluster 2 $n_2 = 10$ Gr.	%range $\bar{x}\%$ s $+$	33 – 41 37,30 2,41 0,20	41 – 48 43,80 2,82 1,00	9 – 17 13,50 2,63 0,50	3 – 7 5,40 1,53 0,00
Cluster 3 $n_3 = 9$ Gr.	%range $\bar{x}\%$ s $+$	35 – 49 42,20 4,44 0,80	28 – 42 36,11 3,84 0,30	9 – 14 11,20 1,47 0,00	5 – 14 10,44 2,63 0,90
Cluster 4 $n_4 = 10$ Gr.	%range $\bar{x}\%$ s $+$	38 – 42 39,50 1,18 0,70	32 – 38 35,10 2,42 0,10	15 – 20 17,30 1,63 1,00	5 – 11 8,10 1,85 0,60
Cluster 5 $n_5 = 4$ Gr.	%range $\bar{x}\%$ s $+$	24 – 38 32,00 5,10 0,00	33 – 48 39,25 5,45 0,50	9 – 13 11,50 1,50 0,00	16 – 20 17,25 1,64 1,00

Clusters dem Optimum sehr nahekommen und im Vergleich zu den Gruppen der übrigen Cluster am besten mit den Optimumwerten übereinstimmen. Lediglich im S^+-Anteil liegen die Gruppen dieses Clusters etwas über dem als optimal angenommenen Wert. Beachtenswert scheint auch, daß die Streuungen der gruppenspezifischen Interaktionsanteile durchwegs und vergleichsweise zu den Streuungen in den anderen Clustern sehr gering sind, die Gruppen des Clusters 4 unterscheiden sich also recht wenig in ihrer Interaktionsstruktur.

Cluster 5 kann als sehr sozioemotionales Cluster charakterisiert werden. Dabei ist der kritische, sozioemotional-negative

---

[7] + ist der prozentuale Anteil der über dem Median liegenden Werte pro Cluster, ausgedrückt in der Form 100% = 1,00 usw.

Gesichtspunkt in diesem Cluster am stärksten, der sozioemotional-positive in überdurchschnittlichem Maße vertreten. Konstruktive Beiträge (A$^+$) und entsprechende Fragen (F) sind dagegen offenbar zurückgedrängt worden.

Abbildung 2: Mittelwerte der vier Interaktionskategorienanteile nach Clustern und ungefähre Lage der fünf Cluster

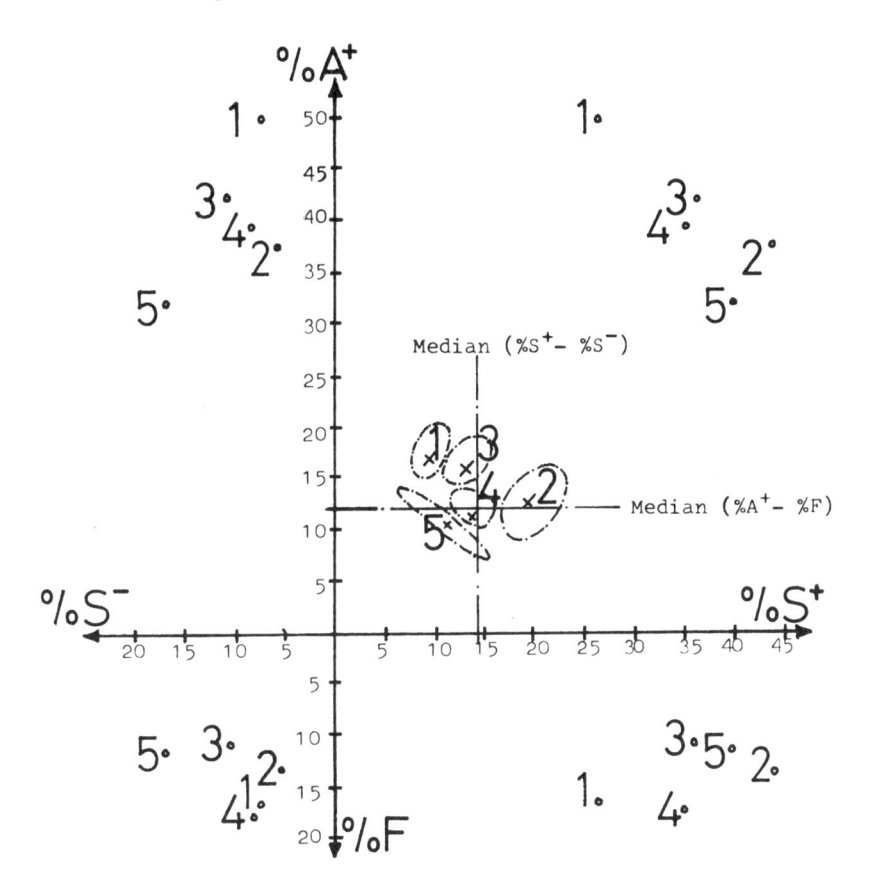

Abbildung 2 vermittelt, da die Interaktionsstrukturen in Cluster 4 als „optimal" identifiziert worden sind, eine illustrative Interpretation der Optimumhypothese aus empirischer Sicht: Die

„optimale" Interaktionsstruktur wäre demnach eine „mittlere" in dem Sinne, daß die Differenzen bzw. Überschüsse der Anteile in aufgaben – wie in sozialemotional-orientierter Richtung möglichst nahe an den Medianen (mittleren Werten) der Verteilungen von ($\%S^+ - \%S^-$) und ($\%A^+ - \%F$) liegen. Diese Verteilungen erhält man, wenn man eine größere Anzahl vergleichbarer Lerngruppen beobachtet.

Zur statistischen Absicherung unserer Clustereinteilung in Gruppen „optimaler" und „nichtoptimaler" Interaktionsstruktur haben wir hauptsächlich zwei Arten von Verfahren angewendet:
(1) Varianzanalysen (ein- und vierfaktorielle) zur Abschätzung der Reliabilität der Interaktionskategorienwerte,
(2) Diskriminanzanalyse zur Abschätzung der diskriminierenden Bedeutung der Interaktionsvariablen für die Clusterbildung.

Die ausführliche Darstellung der Varianzanalyse findet man z. B. bei *Winer* (1971), die der Diskriminanzanalyse bei *Cooley* und *Lohnes* (1971). Die Rechenarbeiten wurden mit den Programmpaketen SPSS (G-Version für IBM-Anlagen; vgl. *Nie* et al. 1975) und MUSIC-STATPAK (vgl. *Jarvis* 1974) durchgeführt.

Die Varianzanalysen der Interaktionswerte sollten eine indirekte Schätzung der Beobachtungsreliabilität ermöglichen. Dabei war eine hohe Reliabilität von vornherein zu erwarten, da die Gruppenprozesse auf Videoband aufgezeichnet worden waren und die Beobachtungsprotokolle für jede Gruppe unter Zuhilfenahme der Videoaufzeichnungen angefertigt wurden. Wir gingen davon aus, daß „Beobachtungserfahrung" normalerweise mit der Anzahl beobachteter Gruppen zunimmt, was sich in systematischen Verzerrungen der Daten zeigen müßte. Die Varianzanalysen der Absolut- und Prozentzahlen registrierten Interaktionen erbringen aber keinerlei signifikante Effekte der Beobachtererfahrung. Dies weist darauf hin, daß unserer Suche nach der „optimalen" Interaktionsstruktur zumindest keine grob unzuverlässigen Daten zugrundeliegen.

Die weitere Absicherung unserer Ergebnisse betrifft die Genauigkeit und statistische Sicherheit der Unterscheidung zwischen „optimalen" und „nichtoptimalen" Strukturen. Dazu kann die Diskriminanzanalyse Verwendung finden, mit den vier Interaktionsvariablen als diskriminierende, für die eine Linearkombination so berechnet wird, daß eine bestmögliche Trennung der beiden Arten von Interaktionsstrukturen erzielt wird.

Wie Tabelle 4 zeigt, hat die Clusteranalyse recht gut zwischen Gruppen „optimaler" und „nichtoptimaler" Interaktionsstruktur diskriminiert. Fast 84 % aller Fälle wurden von Cluster- und Diskriminanzanalyse übereinstimmend klassifiziert, wobei nur ein einziger Fall „irrtümlich" Cluster 4 („optimale" Gruppen) zugeordnet wurde.

Tabelle 4: Gegenüberstellung der Ergebnisse von Cluster- und Diskriminanzanalyse der Interaktionsstrukturvariablen

Cluster	Anzahl	Zuordnung gemäß Diskriminanzanalyse	
		„nichtoptimal"	„optimal"
„nichtoptimal"	27	22 81,5 %	5 18,5 %
„optimal"	10	1 10,0 %	9 90,0 %

2.2 Überprüfung des Zusammenhanges zwischen Interaktionsstruktur und Leistung

Im vorangegangenen Abschnitt 2.1 haben wir nachgewiesen, daß ca. 1/4 der von uns untersuchten Lerngruppen eine „optimale" Interaktionsstruktur in dem von uns definierten Sinne aufweisen. Nun soll geprüft werden, ob diese Optimumgruppen auch eine maximale Leistung im Vergleich zu den Nichtoptimumgruppen aufweisen. Grundgedanken, Methodik und Ergebnisse dieser Prüfung erörtern wir in Abschnitt 2.2.1. In Abschnitt 2.2.2 untersuchen wir weitere Einflußgrößen nichtinteraktionaler Art, die sich möglicherweise ebenfalls auf die Leistung in der Gruppe auswirken. Die Ergebnisse dieser Untersuchung geben uns empirisch abgesicherte Anhaltspunkte zur

Bedeutsamkeit von Alternativhypothesen zur Optimumhypothese.

2.2.1 Interaktionsstruktur und Leistungsvariablen

Die in der Optimumhypothese angesprochene Beziehung zwischen Interaktionsstruktur und Leistung in einer Gruppe sei hier folgendermaßen interpretiert: Falls ein Zusammenhang zwischen Interaktionsstruktur und Leistung existiert, dann sollen die Mitglieder von Gruppen mit optimaler Interaktionsstruktur deutlich höhere Werte in den Lernerfolgsvariablen (Nachwissen und Lerngewinn) aufweisen als die Mitglieder von Gruppen mit nichtoptimaler Interaktionsstruktur.

Wir haben diesen Zusammenhang mit Hilfe von einfaktoriellen Varianzanalysen geprüft. Dabei haben wir Nachwissen und Lerngewinn jeweils als abhängige, die Tatsache der Zugehörigkeit zu „optimalen" und „nichtoptimalen" Gruppen als unabhängige Variablen angenommen. Die grafische Darstellung der untersuchten Beziehungen vermittelt Abbildung 3. Wie ersichtlich, bestehen zwischen „optimalen" und „nichtoptimalen" Gruppen tatsächlich beträchtliche Unterschiede in Nachwissen und Lerngewinn. Für die Beziehung Interaktionsstruktur – Nachwissen beträgt die Irrtumswahrscheinlichkeit p weniger als 5% ($p < 0,05$), für die Beziehung Interaktionsstruktur – Lerngewinn $p < 0,005$.

Der Unterschied zwischen Mitgliedern „optimaler" und solchen „nichtoptimaler" Gruppen beträgt beim Nachwissen im Durchschnitt ca. 6,5%, beim Lerngewinn ca. 10%.

Eine andere Darstellung des Lernerfolgs vermittelt Abbildung 4. Dabei wurden die ursprünglichen fünf Cluster (vgl. Abschnitt 2.1; Tabelle 3) berücksichtigt.

Die Form des Zusammenhanges zwischen Interaktionsclustern und Lernerfolgswerten in Abbildung 4 ergibt sich durch die Reihung der Interaktionsstrukturtypen entsprechend ihrer Lage auf einer 45°-Projektionsgeraden durch Abbildung 2 (Abschnitt 2.1). Dazu muß man die ursprünglich vier Interaktionsdimensionen, wie in Abbildung 2 geschehen, auf zwei „Differenzskalen" in

Abbildung 3: Nachwissen und Lerngewinn bei Gruppen mit „optimaler" und „nichtoptimaler" Interaktionsstruktur (Mittelwerte)

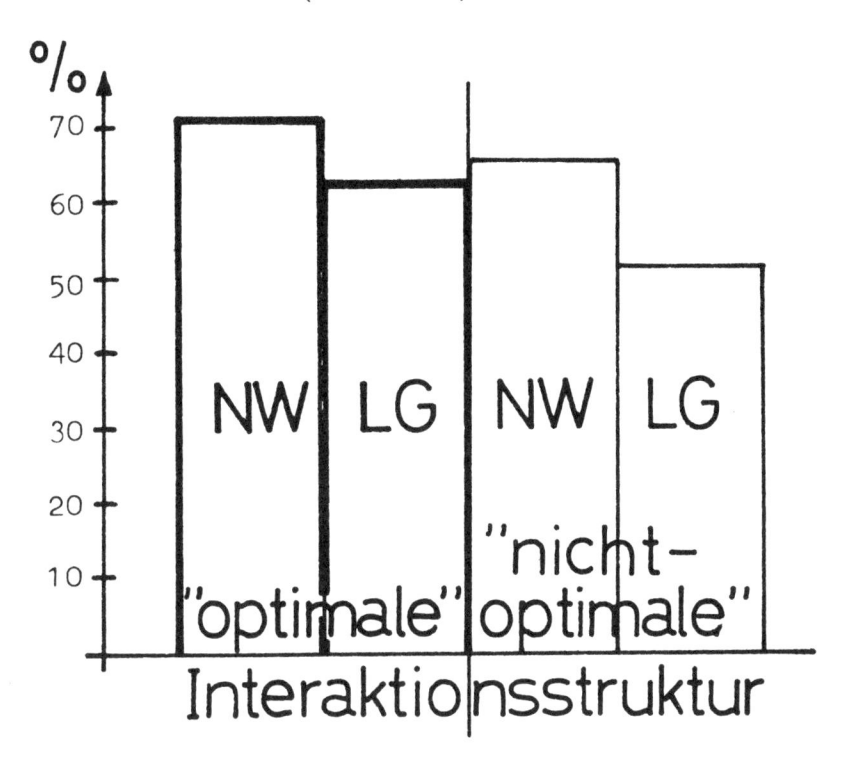

sozioemotionaler und aufgabenorientierter Richtung reduzieren. Mit trigonometrischen Standardverfahren ist es auch möglich, die Lage der einzelnen Cluster auf der o. g. Projektionsgeraden zu ermitteln. Inhaltlich geben diese Werte das durchschnittliche Ausmaß an, in dem pro Cluster aufgabenorientierte Beiträge gegenüber Fragen sowie gleichzeitig sozioemotional-positive gegenüber -negativen Äußerungen anteilsmäßig überwiegen. In dieser Interpretation weist Cluster 5 die geringsten (30,1), Cluster 4 („optimal") die zweitgeringsten (34,8) und Cluster 2 die größten Differenzen (44,0) auf.

Eine Inspektion der clusterspezifischen Regression der Lernerfolgsvariablen auf das Vorwissen liefert weiteren Aufschluß

Abbildung 4: Nachwissen und Lerngewinn in den fünf Interaktionsstrukturtypen gemäß Clusteranalyse (Mittelwerte)

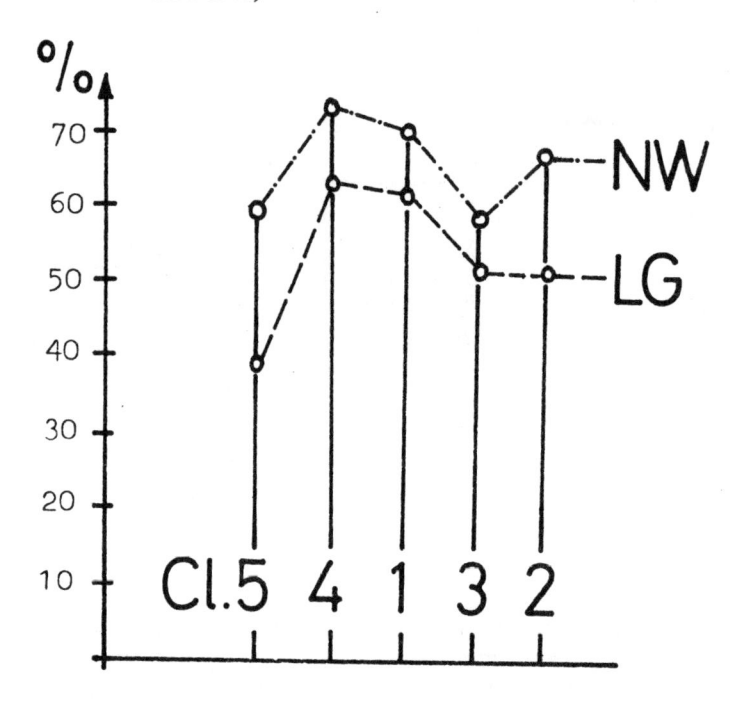

zum Zusammenhang zwischen Interaktionsstruktur und Leistung. Dazu nehmen wir an, daß die Clusteranalyse ein angemessenes Bild der tatsächlichen Interaktionsverhältnisse liefert. In die Regressionsanalyse sind die Cluster als sog. „dummy-Variablen" (mit Referenzcluster 4; vgl. z. B. *Nie* et al. 1975, S. 373 ff.), in eine Kovarianzanalyse das Vorwissen als Kovariate einbezogen worden. Die Analyse-Ergebnisse sollen die Abbildungen 5 und 6 veranschaulichen.

Wie die unterschiedlich gerichteten Regressionsgeraden in den Abbildungen zeigen, wirkt sich das Vorwissen clusterspezifisch unterschiedlich auf Nachwissen und Lerngewinn aus. Dieser Wechselwirkungseffekt von Vorwissen und Interaktionsstruktur auf das Nachwissen ist ebenso wie der auf den Lerngewinn auf dem 1%-Niveau signifikant.

Für den clusterspezifischen Vorwisseneffekt auf das Nachwissen (Abbildung 5) zeigt sich, daß in den Clustern 1 und 5 Vor- und Nachwissen negativ, in den Clustern 2 und 3 dagegen positiv korrelieren. Das bedeutet beispielsweise, daß die Gruppenmitglieder in den Clustern 1 und 5 nach dem Unterricht umso mehr gewußt haben, je weniger Vorwissen sie hatten, was etwa auf effiziente Interaktionsprozesse zurückführbar ist. Eine positive Korrelation deutet dagegen auf ungünstige Verhältnisse hin (Cluster 2 und 3), weil das Nachwissen direkt proportional dem Vorwissen ist. Lediglich im „optimalen" Cluster 4 ist das Nachwissen von der Höhe des Vorwissens unabhängig, was nahelegt, daß besonders die Interaktionsvariablen zur Erklärung des hohen Nachwissens i. S. unserer Annahmen dienen können.

Abbildung 5: Regressionsgeraden des NACHWISSENs in den einzelnen Clustern in Abhängigkeit vom Vorwissen (n = 182)

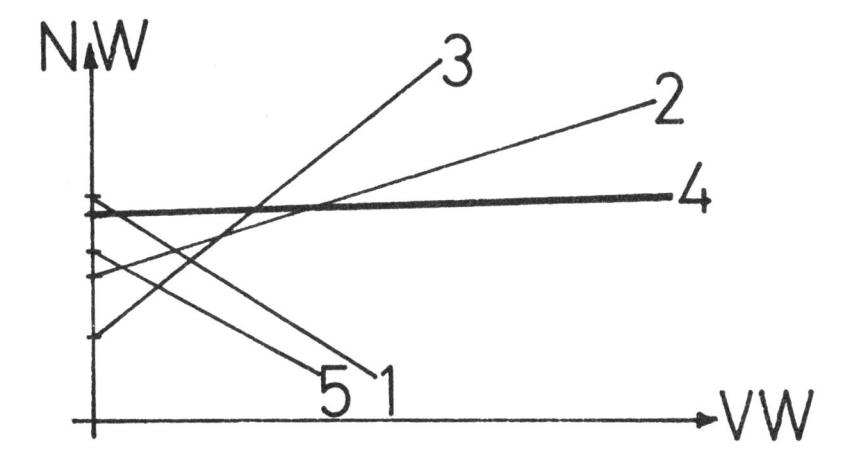

Der clusterspezifische Vorwissenseffekt auf den Lerngewinn (Abbildung 6) ist schon durch die Berechnungsweise vordefiniert. Deswegen gleicht der Effekt der Form nach dem des Vorwissens auf das Nachwissen. Jedoch zeigt sich die erwartete perfekte negative Korrelation zwischen Vorwissen und Lerngewinn nur für die Mitglieder der Gruppen des „optimalen" Clusters 4.

Abbildung 6: Regressionsgeraden des LERNGEWINNs in den einzelnen Clustern in Abhängigkeit vom Vorwissen (n = 182)

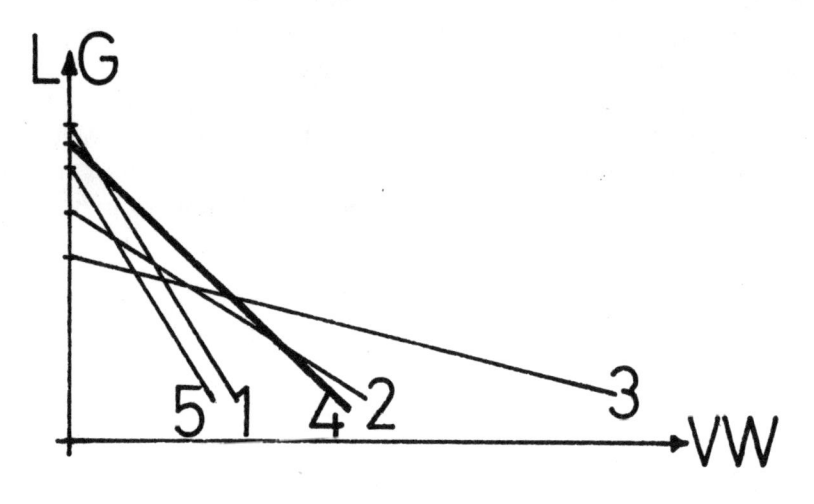

2.2.2 Nichtinteraktionale Einflüsse auf die Leistung

Bei der Suche nach Variablen, die neben der Interaktionsstruktur deutlich die Variablen Nachwissen und Lerngewinn beeinflussen könnten, bedienten wir uns der sog. multiplen Regressionsanalyse (vgl. z. B. *Nie* et al. 1975, S. 320 ff.). Dieses multivariate statistische Verfahren gestattet die Abschätzung der Wirkungen mehrerer unabhängiger Variablen auf eine abhängige Variable. Vor der Analyse ist das Problem zu beachten, daß unabhängige Variablen hoch miteinander korrelieren, weil im Extremfall (Korrelationen über 0,80) die Verläßlichkeit der Analyse nicht gegeben ist.

Aufgrund dieser Untersuchung gingen in die Analyse jeweils eine abhängige Variable (Nachwissen oder Lerngewinn) und 12 unabhängige Variablen ein (Vorwissen, Einstellungs- und Persönlichkeitsvariablen). Insgesamt zeigt die Regressionsanalyse, daß die Variation der Nachwissens- bzw. Lerngewinnwerte durch die gemeinsame Wirkung der unabhänigen Variablen nur zu 23% bzw. 39% erklärt werden kann. Die analytisch vorhergesagten Lernerfolgswerte (standardisiert in % des jeweils maximal erreichbaren Wertes) weichen von den tatsächlichen Werten im Mittel um 17 Prozentpunkte ab (vgl. Kapitel III, 3. 2. 2).

Den relativen Einfluß der einzelnen unabhängigen Variablen auf die Lernerfolgswerte kann man mittels der standardisierten Regressionskoeffizienten abschätzen. Danach sind die bedeutsamsten Variablen zur Erklärung von Nachwissen und Lerngewinn:

(1) Einstellungsvariable „Faktischer Lerngewinn" (bzw. dessen Einschätzung durch die Teilnehmer),
(2) „Aggressivität" anhand des FPI-K von *Fahrenberg* et al. (1973),
(3) „Vorwissen" der Teilnehmer (vgl. Kapitel III, 3. 2. 2); der relativ hohe Anteil erklärter Varianz des Lerngewinns von 23% ist durch die Berechnungsweise des Lerngewinns bedingt,
(4) Rollenvariable „Ideenproduzent" (bzw. die einem Gruppenmitglied zugeschriebene Eignung; vgl. Abschnitt 1.2.2).

Bezieht man sämtliche verfügbaren unabhängigen Variablen in die Analyse ein, erhöht sich der erklärte Varianzanteil des Lernerfolges lediglich um ca. 5%.

2.3 Konfrontation der Optimumhypothese mit kukorrierenden Hypothesen

Gemäß unserer Absicht, die in Abschnitt 1.3.1 präzisierte Variante der Optimumhypothese zu überprüfen, haben wir neben den interaktionalen Variablen auch nichtinteraktionale Variablen identifiziert, welche einen gewissen Einfluß auf den Lernerfolg beim Gruppenunterricht haben. Diese nichtinteraktionalen Variablen können nun einzeln und auch gemeinsam Bestandteil von Alternativhypothesen zur Optimumhypothese werden. Solche Alternativhypothesen besagen, wie bereits in Abschnitt 1.3.2 ausführlich dargestellt, daß nichtinteraktionale Merkmale bei starker Ausprägung sowohl in Gruppen mit optimaler als auch in solchen mit nichtoptimaler Interaktionsstruktur zu einem Maximum an Leistung und Zufriedenheit führen. Umgekehrt würden schwach ausgeprägte nichtinteraktionale Merkmale gemäß derartiger Alternativhyothesen unabhängig von der Interaktionsstruktur nichtmaximale Leistungs- und Zufriedenheitswerte nach sich ziehen. Zur Bewährung der Optimumhypothese gegenüber Alternativhypothesen im Rahmen unserer Untersuchung sei bereits hier vorweg bemerkt: Die Optimumhypothese in der hier untersuchten strukturellen Präzisierung (vgl. Abschnitt 1.3.1) konnte aufgrund unserer Befunde gestützt werden (vgl. Abschnitt 2.2.1). Die Hypothese bewährt sich insofern besser im Vergleich zu Alternativhypothesen, als sie nachgewiesenermaßen mehr Varianz der Leistungsvariablen erklären hilft: Die Interaktionsvariablen in der Optimumhypothese erklären ca. 49% der Nachwissens- und ca. 51% der Lerngewinnvarianz, hingegen erklären die nichtinteraktionalen Variablen in den Alternativhypothesen insgesamt lediglich ca. 17% der Nachwissens- und ca. 36% der Lerngewinnvarianz[8]. Unter diesem Gesichtspunkt kann also die Optimumhypothese nicht nur als gestützt, sondern auch als besser bewährt im Vergleich zu Alternativhypothesen gelten, welche die im vorangegangenen Abschnitt 2.2.2 herausgearbeiteten nichtinteraktionalen Variablen beinhalten.

Wir haben darüberhinaus unsere Ergebnisse gemäß den Tabellen 1 und 2 (Abschnitt 1.3.2) gegenübergestellt. Nach dieser Gegenüberstellung bewährt sich die Optimumhypothese nicht ideal (i. S. von Tabelle 1) gegenüber den einbezogenen Alternativhypothesen, jedoch tritt in keinem Fall der „Optimalstruktur" und auch nur für drei Fälle in der „Nichtoptimalstruktur" eine statistisch nachweisbare Tendenz der in Tabelle 2 angedeuteten Form auf.

Diese drei Fälle betreffen in der „nichtoptimalen Struktur" die Abhängigkeit zwischen Nachwissen und geschätztem Lerngewinn, zwischen Lerngewinn und Vorwissen sowie zwischen (hoher) „Aggressivität" und (niedrigem) Lerngewinn. Unsere

---

[8] Bei Weglassung des durch das Vorwissen erklärten Lerngewinnvarianzanteils (wegen der bereits formelmäßigen Verknüpfung beider Variablen) ergeben sich gar nur ca. 13% aufgeklärter Lerngewinnvarianz.

Konfrontierung ergibt daher zusammengefaßt eine durchwegs bessere Bewährung der Optimumhypothese gegenüber Alternativhypothesen, in denen eine Abhängigkeit der Lernleistungsergebnisse von nichtinteraktionalen Variablen postuliert wird (z. B. Vorwissen, Einschätzung als Ideenproduzent, Einschätzung des faktischen Lerngewinns). Diese bessere Bewährung der Optimumhypothese leitet sich nicht allein daraus ab, daß in lediglich 3 der 10 untersuchten Alternativfälle, und auch nur für die nichtoptimalen Interaktionsstrukturen, statistisch nachweisbare Zusammenhänge mit der Leistung auftreten. Die Optimumhypothese kann auch als besser bewährt gelten, weil die Variablen, die im Rahmen unserer Untersuchung für Alternativerklärungen in Frage kommen, insgesamt nur vergleichsweise geringe Anteile der Leistungsvariation erklären.

Zusammenfassend ist daher festzuhalten, daß sich die Optimumhypothese in der hier für den Leistungsaspekt präzisierten Form zwar nicht ideal, jedoch wesentlich besser als Alternativhypothesen bewährt hat.

3. Die Bedeutung der sozioemotionalen oder „Zufriedenheitsvariablen" für die Überprüfung der Optimumhypothese
(Th. Scharmann)

3.1 Problemstellung

Wie bereits dargelegt, umfaßt die Optimumhypothese einen „Leistungs"- und einen „Emotionalitätsaspekt" des Verhaltens in leistungsorientierten Kleingruppen. Die im Rahmen der vorliegenden Untersuchung zu überprüfende Hypothese kann folgendermaßen umschrieben werden: Eine Gruppe erreicht im Vergleich zu anderen Kommunikationssystemen eine optimale Leistung, wenn 1. das Verhalten ihrer Mitglieder eine relativ hohe Aufgabenorientierung und relativ hohe Sozioemotionalität aufweist, und wenn 2. objektive Leistung sowie Befriedigung der Mitglieder ein hohes Niveau erreichen (vgl. Kapitel I, 3.1.5).

Im Gegensatz zu anderen Theorien über die Bedingungen des „Leistungsvorteils der Gruppe" (*Hofstätter*) betont die Optimumhypothese ausdrücklich die Befriedigung von Erwartungen und Bedürfnissen. Dies hat *Sageder* in seinem Schema des Leistungsverhaltens in Gruppen berücksichtigt, wenn er neben dem Lernerfolg auch die „Zufriedenheit" der Gruppenmitglieder nennt. Die Operationalisierung des Funktionsmodells umfaßt daher auch die Variablen der funktions- und statusbezogenen Beziehungen (vgl. Kapitel IV, 1.2.2).

Diese operationale Gleichstellung von „Zufriedenheits"- (bzw. Emotionalitäts-) und „Lern"- (bzw. Leistungs-)Variablen soll die Analyse des differenzierten Verhältnisses beider Tendenzen in leistungsorientierten Gruppen ermöglichen.

3.2 Formulierung des Untersuchungszieles

In den folgenden Abschnitten soll der sozioemotionale Aspekt des Verhaltens in Lerngruppen (hier exemplarisch für leistungsorientierte Gruppen) anhand experimenteller Daten erfaßt und mit dem Leistungsaspekt in Beziehung gesetzt werden. Im einzelnen soll geprüft werden, ob

1. die Annahme zutrifft, daß in Interaktionsprozessen leistungsorientierter Gruppen sozioemotional positive und negative Einstellungstendenzen bzw. Äußerungen insgesamt im Vergleich zu aufgabenbezogenen Beiträgen und Fragen seltener auftreten und etwa ein Drittel der Gesamtinteraktionen nicht übersteigen (vgl. Kapitel IV, 1.3.1), und ob
2. die Annahme zutrifft, daß sozioemotional positive häufiger als negative Äußerungen in solchen Gruppen vorkommen, welche gegenüber anderen Gruppen deutlich mehr Leistung und Zufriedenheit ihrer Mitglieder aufweisen.

Sageder hat zur Evaluierung des Leistungsaspektes dieser Grundannahmen sowie der Optimumhypothese die sog. Clusteranalyse herangezogen und fünf typische Interaktionsstrukturen gefunden, die sich voneinander auch durch ihre Leistungseffekte deutlich unterscheiden. Nach dieser Untersuchung konnte ein Cluster von Lerngruppen identifiziert werden, in denen sowohl die hypothetisch postulierten Interaktionsverhältnisse als auch hohe Leistung aufgetreten sind (vgl. Kapitel IV, 2.3).

Dieses Cluster verdient bei unserer Prüfung des Emotionalitätsaspekts naturgemäß besonderes Interesse. Unser Ziel vorwegnehmend fragen wir: Ist die Gruppen-„Atmosphäre" („Klima" oder Stogdills „morale") der „optimalen" Gruppen (im o. g. Cluster) deutlich freundlicher als die anderer typischer Gruppenstrukturen?

3.3 Die Überprüfung des Zusammenhanges zwischen Interaktionsstruktur und Sozioemotionalität

Erfahren die Mitglieder einer Lerngruppe neben dem Leistungserfolg zugleich gegenseitiges Einverständnis und Aufeinander-Eingehen, dürften sich diese Erfahrungen in einem Klima der Zustimmung und Freundlichkeit manifestieren. In einer derartigen Atmosphäre dürften auch Fragen und kritische Einwände häufiger sachlich und seltener aggressiv sein als in Gruppen mit überwiegend negativen oder mißtrauischen Einstellungen. Wenn also Interaktionsstruktur und Emotionalität i. S. unserer Hypothese zusammenhängen, dann sollten in den „optimalen" Gruppen idealiter sozioemotional positive (S^+) gegenüber den negativen Äußerungen (S^-) überwiegen und der Anteil sozioemotionaler Äußerungen insgesamt ($S^+ + S^-$) deutlich niedriger sein als der der leistungs- bzw. aufgabenbezogenen ($A^+ + F$).

Dieser Nachweis soll in mehreren Schritten erbracht werden:
1. Theoretische Erörterung des Verhältnisses der vier Interaktionskategorien (s. o.) zur sog. Interaktionsfrequenz (Partizipationsrate, Interaktionsgefälle) als Indikator der Diskussionsbeteiligung;
2. Überprüfung des Verhältnisses der vier Interaktionskategorien zur Interaktionsfrequenz, bezogen auf die Beteiligung des Gruppenmitgliedes mit den meisten und desjenigen mit den wenigsten Interaktionen;
3. Überprüfung des Verhältnisses der vier Interaktionskategorien zur Interaktionsfrequenz, bezogen auf die Abweichungen

von einer hypothetischen (idealen) Gleichbeteiligung aller (fünf) Gruppenmitglieder (= 20% der Gesamtinteraktionen);
4. Analyse und Beschreibung der fünf Interaktionsstruktur-Cluster unter Einbeziehung des Verhältnisses der vier Interaktionskategorien zur Interaktionsfrequenz.

3.3.1 Theoretische Überprüfung des Verhältnisses der vier Interaktionskategorien zur Interaktionsfrequenz (Interaktionsgefälle)

Der Zusammenhang zwischen Interaktionsstruktur und Leistung läßt sich methodologisch leichter überprüfen als der zwischen Interaktionsstruktur und Sozioemotionalität. Es ist gewiß schwierig, die Gesamtproduktivität einer Gruppe zu messen, wie es *Stogdills* Modell erfordern würde, läßt sich aber in unserem Falle mit den Leistungsvariablen „Nachwissen" und „Lerngewinn" recht zuverlässig operationalisieren und für die einzelnen Gruppen zusammenfassen (vgl. Kapitel III, 3.2.2 und Kapitel IV, 1.2.3). Diese Leistungsvariablen gestatten den Nachweis, daß sich die fünf Interaktionsstruktur-Cluster hinsichtlich des Verhältnisses von Struktur und Gruppenleistung unterscheiden.

Zur Klärung der Frage, ob sich die Methode der Clusteranalyse auch für die Evaluation der Sozioemotionalität im Sinne unserer Hypothese verwenden läßt, müssen wir eine weitere Variable einführen. Diese, die „Interaktionsrate" (A. P. *Hare*), hängt zwar als intermediäre Variable mit den vier Interaktionskategorien zusammen, läßt sich aber unabhängig von deren strukturellen Tendenzen operationalisieren und auswerten. Unter der Interaktionsrate verstehen wir die Zahl der Interaktionen der einzelnen Mitglieder im Verhältnis zur Gesamtsumme der Interaktionen einer Gruppe.

In Kapitel I, 3.1.3 haben wir das Theorem des Zusammenhanges zwischen Gruppenstruktur und Interaktionsrate als eine Möglichkeit zur Unterscheidung „optimaler" Gruppen bereits angesprochen: Eine leistungsorientierte Gruppe ist in Relation zu vergleichbaren anderen Gruppen umso erfolgreicher, je geringer das relative Interaktionsgefälle zwischen ihren Mitgliedern bzw. je ausgeglichener die Interaktionsbeteiligung ist. Die sog.

„Gruppenfertigungsversuche" hatten nämlich gezeigt, daß Arbeitsgruppen, in denen zugleich ein hohes Leistungsrichtmaß und eine relativ gleichmäßige Beteiligung bei Planung und Organisation des Fertigungsprozesses gegeben war, die produktivsten und auch schon während der Arbeit die freundlichsten waren. Die Bereitschaft zu Übereinstimmung und gegenseitiger Hilfe erschien dabei nicht nur als Ergebnis von Erfolgserlebnissen *während* der Arbeit, sondern auch als eine der Voraussetzungen für Erfolg und Erfolgserlebnis beim Abschluß (vgl. Kapitel I, 3.1.3).

Es gibt in der Geschichte der Gruppenpsychologie einige Experimente zur Prüfung der Annahme, daß eine möglichst allseitige Beteiligung der Mitglieder sowohl das gemeinsame Engagement als auch die gegenseitigen gefühlsmäßigen Beziehungen positiv beeinflussen kann.

So haben *Lewin, Lippitt* und *White* (1939) das Verhalten von Mitgliedern in experimentell unterschiedlich strukturierten Arbeitsgruppen beschrieben. Diese Experimente dienten zwar in erster Linie zur Prüfung der Wirkung verschiedener Führungsstile auf Leistungsbereitschaft und -ergebnis. Zugleich zeigten sich aber auch typische Unterschiede in den sozioemotionalen Interaktionstendenzen: „Die demokratische Gruppe war der autoritär geführten deutlich überlegen in der eigenen Initiative, der Fülle der Gedanken, die entwickelt wurden, in dem Geiste einer harmonischen, freudigen Zusammenarbeit und der gegenseitigen Anteilnahme und Hilfsbereitschaft. In der autoritär geführten Gruppe herrschten hingegen Gefühle starker Unterdrückung, Einengung der Initiative, Aggressivität, Intrigen und schließlich Ausbleiben der Arbeit" (*Bornemann* 1953, S.115). Es kam in den autoritär geführten Gruppen nicht nur zwischen Führer und Versuchsteilnehmern, sondern auch zwischen diesen zu erheblichen Spannungen, die sich in Aggression oder Apathie, vor allem aber in einer besonders niedrigen Zahl gruppendienlicher Beiträge äußerten. Hingegen fühlten sich die Angehörigen demokratisch geführter Gruppen viel freier in ihrem kommunikativen Verhalten und waren bereitwilliger, zu Kooperation und sozioemotionaler Übereinstimmung beizutragen. Dieser Unterschied zeigte sich auch gegenüber den liberal bzw. laissez-faire „geführten" Gruppen, weil es in diesen zwar nicht an Möglichkeiten freier Interaktion, wohl aber an Aufgabenbewußtsein fehlte (vgl. *Hare* 1968).

Die Annahme einer generellen Überlegenheit des demokratischen Führungsstils aufgrund der gebotenen *Chance gleicher Interaktionshäufigkeit* mit der Folge besonders hoher Motivation aller Beteiligten zu Leistung und positiver sozioemotionaler Einstellung hat sich Einschränkungen gefallen lassen müssen. Die grundlegende Einsicht des Zusammenhanges zwischen Interaktionsgradient und sozioemotionaler Verfassung in leistungsorientierten Gruppen ist von dieser Kritik aber nicht betroffen worden.

Weitere Anregungen für die Entwicklung unserer Subhypothese gaben die Untersuchungen von H. *Fischer* (1962) über die Bedeutung der Mitgliederpositionen für „Gruppenstruktur und Gruppenleistung". Er hat vor allem solche Strukturen analysiert, deren Kommunikationsnetze durch eine Bevorzugung bzw. Benachteiligung einzelner Positionen gekennzeichnet sind, wie z. B. „Vorgesetztenstruktur" oder „Kette". In diesen Strukturen gibt es insoferne bevorzugte Positionen im Schnittpunkt mehrerer Kommunikationskanäle („Schlüsselpositionen"), als deren Inhaber die Informationen anderer Gruppenmitglieder kontrollieren können. Andererseits finden sich unter den exemplarischen Strukturmodellen *Fischers* auch solche ohne Schlüsselpositionen, wie z. B. „Kreis" oder „Vollstruktur". Ein derartig aufgebautes Kommunikationsnetz wird auch als „demokratisch" bzw. „demokratische Vollstruktur" bezeichnet, weil alle Teilnehmer nicht nur positionell gleichberechtigt, sondern auch gleich verantwortlich in den Informationsaustausch einbezogen sind[9]. *Fischer* berichtet auch über die Untersuchungen von *Bavelas* (1959), der sich auf einen individuellen „Zentralitätsindex" stützt: Für jedes Individuum wird dazu die Anzahl der kürzestmögli-

---

[9] Die fünf Mitglieder der Lerngruppen unserer Experimente bilden jeweils eine demokratische Vollstruktur, da sie nur gemeinsam über die Fortsetzung der Diskussion oder den Fortgang zum nächsten Lernschritt entscheiden können. Der Lehrautomat hat ähnlich wie der „demokratische Führer" in *Lewins* Gruppen lediglich die Funktion, die Richtigkeit aller Antworten zu kontrollieren oder Lernhilfen zu geben, wenn die Gruppe weitere Informationen benötigt.

chen Kommunikationskanäle zu den anderen Individuen festgestellt und rechnerisch zur Gesamtzahl vorhandener Kanäle in Beziehung gesetzt. Für Strukturen von (hier relevanten) Fünfergruppen ergibt sich:

Die Zentralitätswerte sind im „Kreis" und in der „Vollstruktur" am niedrigsten und für alle Teilnehmer gleich, in der „Vorgesetztenstruktur" aber am höchsten. Diese Struktur weist eine Schlüsselposition mit deutlich erhöhtem Einfluß, freilich auch größerer Verantwortung auf.

Diese Befunde sollen verdeutlichen, daß Kommunikationssysteme – unbeschadet der individuellen Eigenschaften ihrer Angehörigen – bestimmte Positionsinhaber und deren Einfluß auf die Leistung der Gruppe systematisch bevorzugen, benachteiligen oder gleichstellen können. Für unsere Subhypothese kommte besondere Bedeutung dem „Kreis" und vor allem der „Vollstruktur" zu, da sie zumindest theoretisch allen Teilnehmern die gleiche Interaktionsrate sowie grundsätzlich freie Wahl des Kommunikationspartners ermöglicht. Wir behaupten dabei nicht (wie ursprünglich *Lewin* und seine Schule), daß die „demokratische Vollstruktur" in jedem Fall die effizienteste sei. Jedoch bildet ihr Vorliegen eine notwendige (nicht hinreichende) Voraussetzung dafür, daß gleichzeitig relativ hohe Leistung und freundliches sozioemotionales Klima in der Gruppe auftreten können. Da die Optimumhypothese impliziert, daß dies nur in Gruppen mit angenäherter „Vollstruktur" möglich ist, erscheint dieser Strukturtyp besonders relevant. Man könnte gegen unsere theoretische Anlehnung an die Strukturanalysen *Fischers* einwenden, daß es ihm primär um „Gruppenstruktur und Gruppenleistung" und nicht um eine Einbeziehung auch der sozioemotionalen Variablen gehe. *Fischers* Konzept ist jedoch nicht so einseitig auf den Leistungsaspekt ausgerichtet, als daß er nicht auch auf Einflußgrößen wie „Wohlbefinden" oder „Arbeitsmoral" zu sprechen käme, welche unserem Sammelbegriff „sozioemotionale Variable" aufs engste verwandt sind. Im experimentellen Teil seines Berichts erwähnt *Fischer* auch Untersuchungen, welche die Hypothesen von *Bavelas* experimentell zu prüfen versuchen und dabei gelegentlich auch sozioemotionale Aspekte berücksichtigen (z. B. *Leavitt, Shaw, Macy*).

Weitere Erkenntnisse über die Bedeutung sozioemotionaler Faktoren für strukturelle Entwicklung und Effizienz von Kleingruppen haben *Bales, Slater* u. a. (1950, 1953) sowie anschließend *Hofstätter* (1957) geliefert.

Bales (1950) mißt den „expressiv-emotionalen Bedürfnissen und Einstellungen" eine ebenso große Bedeutung bei wie den „adaptiv-instrumentellen Strebungen und Verhaltensweisen". Die Erreichung der Gruppenziele Output, Bedürfnisbefriedigung und Selbsterhaltung setze ein dynamisches labiles Gleichgewicht („instable balance or equilibrium") zwischen funktional und emotional ausgerichteten Interaktionsprozessen voraus.

Bales formuliert das Gleichgewichtsproblem in seiner *Polarisationshypothese* (1950, S.157): „The social system in its organization ... tends to swing ... between these two theoretical poles: optimum adaptation ... at the cost of internal malintegration, or internal integration at the cost of maladaptation ...". Demgegenüber postuliert unsere Optimumhypothese, daß es auch eine Integration der nach außen und innen gerichteten Aktivitäten gibt.

In einer späteren Untersuchung führt *Bales* (1953) neue Begriffe ein, um auch den strukturellen Interaktionstendenzen gerecht werden zu können.

Diese grundsätzlichen Überlegungen erscheinen wesentlich, weil sie von der Polarisations- zu einer *Gleichgewichtstheorie* führen:

> „The whole implication of an equilibrium theory is an *interpretative*[10] device in that the determinants of any part of the process, or any result of it, are complex, and should be sought in some kind of *complicated balance of the system as a whole*[10], rather than in an maximization or minimization of supposedly isolated factors" (*Bales* 1953, S. 128).

Es geht also nicht sosehr darum, die Interaktionsprozesse in kleinste Kategorien zu zerlegen, sondern den Gesamtablauf als Phänomen zyklisch ineinandergreifender Subsysteme zu betrachten, welche das Fließgleichgewicht des Gesamtsystems gewährleisten.

---

[10] Hervorhebungen vom Verfasser.

Bales hat eine Reihe von Untersuchungen durchgeführt, um die strukturell-funktionalen Implikationen der Gruppenprozesse zu klären. Für unsere eigene Operationalisierung sind dabei zwei Verfahren von Bedeutung:

1. Die Partizipationsmatrix („Who-to-Whom-Matrix") und
2. die Strukturanalyse des Rollenwechsels („Changes in Role Structure").

Die *Partizipationsmatrix* zeigt, wie viele Interaktionen von den einzelnen Gruppenmitgliedern gesendet und empfangen worden sind (*Bales* 1953, s. 128 ff.). Man summiert dazu die abgegebenen sowie die empfangenen Äußerungen jedes Mitglieds aus verschiedenen Gruppensitzungen ohne Rücksicht auf ihre Qualität. Daraus kann eine Rangordnung der Interaktionsbeteiligung abgeleitet werden.

Ferner scheint für die Berechtigung unserer Hypothese der Befund wesentlich, daß sich die Beteiligungsrate in Gruppen *ohne designierten Führer* sehr viel gleichmäßiger auf die Mitglieder verteilt als in Gruppen mit designiertem Führer (vgl. *Bales* 1950, S. 132). Eine völlig gleichmäßige Verteilung der Aktivitäten auf die Mitglieder komme allerdings nicht vor. Jedoch könne in sehr aktiven Gruppen der Anschein von Gleichverteilung dadurch entstehen, daß der Führer auf die Interaktionsfreudigkeit der übrigen Mitglieder i. S. von „feedback" angewiesen sei, damit das System nicht aus dem Gleichgewicht gerate.

Bales folgert aus der Partizipationsrate Status- bzw. Rollendivergenzen unter den Gruppenmitgliedern, falls diese die Chance haben, sich spontan zu organisieren (vgl. *Bales* 1950, S. 133).

Zur *Strukturanalyse des Rollenwechsels* hat *Bales* die Hypothese formuliert, daß in einer „einfach" strukturierten Gruppe der Führer aufgrund seiner sachdienlichen Aktionen und seiner allgemeinen Beliebtheit uneingeschränkte Anerkennung fände. In Anlehnung an *Parsons* entwickelt er als typische Rollenbilder: „Führer", „Mitglied mit den besten Ideen" (Experte), „Beliebtester" und „Unbeliebtester" (vgl. *Bales* 1950, S. 143 ff.). Zur Prüfung der o. g. Hypothese ließ *Bales* Mitglieder von Fünfergruppen sich in mehreren Sitzungen gegenseitig beurteilen. Aufgrund dieser Ergebnisse postuliert *Bales* (1950, S. 143, S. 148) die Unvereinbarkeit der Rollen des „Tüchtigsten" und des „Beliebtesten". Diese Rolleninkompatibilitäten stören, zumal sie den Beteiligten meist nicht bewußt werden, besonders das sozioemotionale Gleichgewicht. Je länger die Gruppenprozesse dauern oder je öfter die Gruppe zusammenkommt, umso mehr können sich Rollendivergenzen und -konflikte verschärfen. Auswege deutet *Bales* nur an, z. B. in Form einer „Koalition" zwischen „Führer", „Experten" bzw. „Beliebtestem" resp., sodaß sie sich in ihren instrumentalen und sympathetischen Funktionen ergänzen.

Hofstätter (1957, S. 129 ff.) hat diese Beobachtungen in seinem „*Divergenztheorem*" und der Theorie vom „Führungsdual" verallgemeinert. Dabei spricht er davon, daß die im allgemeinen auftretenden Rollendivergenzen im Interesse der Erreichung der Gruppenziele in ein adäquates Verhältnis gebracht werden müßten. Ferner entwickle sich die interne Struktur der Gruppe in zwei, weitgehend voneinander unabhängigen Dimensionen bzw. im Hinblick auf zwei Hauptaufgaben: Nach außen hin und entsprechend der gestellten Aufgabe in einer Tüchtigkeitshierarchie, nach innen hin in einem Sympathie-Gradienten. Da sich die Gruppe in den beiden Dimensionen nicht ohne weiteres einheitlich und stabil entfaltet, bedarf es ständiger Anstrengung der Mitglieder um eine relative Annäherung beider Strukturtendenzen.

Schließlich darf man nicht übersehen, daß leistungsorientierte Gruppen eine dauernde Übernahme bestimmter Rollen durch einzelne Mitglieder und die Verfestigung bestimmter Strukturen dann nicht benötigen, wenn sich eine relative Gleichverteilung der Verantwortlichkeit für Koordination und Kooperation durchsetzt und flexibel behauptet. H. A. *Müller* hat derartige Gruppen im Auge: „Eine ausgewogene Beteiligung aller Gruppenmitglieder am Gespräch verbindet sich mit höheren Leistungen. In weniger produktiven Gruppen redet vor allem einer, in produktiveren dürfen alle mitreden" (*Müller* 1962, S. 25).

Für die nachfolgende empirische Bewertung des sozioemotionalen Aspekts seien in Zusammenfassung der vorausgegangenen Ansätze und Befunde die folgenden *typischen Gruppenkonstellationen* beschrieben:

1. *Gruppen mit designiertem Führer,* der für alle Entscheidungen zuständig ist. Dieses System entspricht der „Vorgesetztenstruktur". Formale Partizipations- und Strukturprobleme treten nicht auf und es herrscht ein starres Gleichgewicht. Die Befriedigung sozioemotionaler Bedürfnisse bleibt gering, das Engagement der Mitglieder lau, die allgemeine Partizipationsrate niedrig. Interaktionsgefälle und -Gradient sind daher hoch.
2. *Gruppen mit Führungsdualen,* die sich für die Entscheidungen als zuständig und kompetent erweisen sowie zum Rollenwechsel bereit sind. Wegen ihrer Statusabhängigkeit ist aber die Befriedigung der sozioemotionalen Bedürfnisse ebenso wie die Partizipationsrate uneinheitlich. Dies zeigt sich in relativ hohen Werten von Interaktionsgefälle und -Gradient.
3. *Gruppen mit aufgaben-, situations- und sympathiebezogenem Wechsel der Führungspositionen.* Dieses System entspricht der „Vollstruktur" mit allgemeiner Informations- und Entscheidungsbeteiligung. Dadurch können Rollendivergenzen bemerkt, akzeptiert und durch phasenspezifischen Rollenwechsel bewältigt werden. Die Partizipation verteilt sich normaliter relativ (kaum absolut!) gleichmäßig. Das Interaktionsgefälle ist bei allen Kleingruppen dieses Typs am niedrigsten.

3.3.2 Methodische Überprüfung des Verhältnisses der vier Interaktionskategorien zur Interaktionsfrequenz

Die vorausgehenden Erörterungen verschiedener Theorien und Experimente, welche die Interaktionsfrequenz oder Partizipationsrate als Kovariate anderer Interaktionsvariablen einbezogen haben, lassen es gerechtfertigt erscheinen, daß auch wir diese Variable zur Untersuchung der strukturellen Interdependenz von Gruppenleistung, -„moral" und -selbsterhaltung heranziehen.

Für die ermittelten Interaktionscluster (vgl. Kapitel IV, 1.3.2) werden verschiedene statistische Kennwerte errechnet, denen unterschiedliche Operationalisierungen der Interaktionsfrequenz entsprechen:

1. Interaktionsgefälle als Verhältnis zwischen größter und kleinster Interaktionsrate in einer Gruppe. Ist dieser Interaktionsgradient besonders hoch, dürfen wir Gruppen vom Typus „Vorgesetztenstruktur" mit allen im allgemeinen negativen Implikationen für die gegenseitigen sozioemotionalen Einstellungen annehmen. Bei niedrigem Interaktionsgradienten dürfen wir hingegen – immer cum grano salis – ein eher zur Freundlichkeit tendierendes „Betriebsklima" in der Gruppe annehmen.
2. Summe der Abweichungen aller Gruppenmitglieder von einer hypothetischen Gleichverteilung der Partizipationsrate ohne Rücksicht auf ihre Qualität. Man nimmt dabei an, daß sich im idealen Fall einer „Vollstruktur" alle fünf Gruppenmitglieder in gleichem Umfang, also mit je 20% am Interaktionsgeschehen beteiligen. Die Abweichungssumme zeigt somit auch den Grad der Annäherung an die „ideale" Partizipationsrate an.

Innerhalb dieser beiden Operationalisierungsverfahren unterscheiden wir 5 Bezugsgrößen bzw. Meßgrundlagen, wie sie unserem vereinfachten Kategorienschema nach *Bales* entsprechen:
1. Summe aller vier Kategorien, d. h. summierte Meßwerte der aufgabenorientierten und sozioemotionalen Interaktionen;
2. Summe aller aufgabenorientierten Interaktionen;
3. Summe aller sozioemotionalen Interaktionen;
4. Summe aller positiven sozioemotionalen Interaktionen;
5. Summe aller negativen sozioemotionalen Interaktionen.

Für diese insgesamt 10 Maße – höchster/niedrigster Interaktionsgradient und Abweichung von der hypothetischen 20%-Partizipationsrate – wurden innerhalb jedes Clusters Mittelwerte und Varianzen errechnet.

3.4 Die Ergebnisse der Überprüfung des Verhältnisses der Interaktionskategorien zur Interaktionsfrequenz

Die Mittelwerte und Varianzen der verschiedenen Interaktionsgefällemaße sowie deren Reihung sind für die einzelnen Cluster in den Tabellen 1 – 4 wiedergegeben.

Tabelle 1: Mittelwerte (MW) und Varianzen (VAR) der Variablen (a) – (e) der Partizipationsrate in den Interaktionsclustern

Cluster		(a) 4 Kateg.	(b) aufg. or.	(c) soz. em.	(d) soz. em +	(e) soz. em. –
1	MW	2.735	2.650	5.107	2.492	4.910
	VAR	0.608	0.801	5.669	0.207	4.718
2	MW	2.684	3.171	3.291	2.621	4.459
	VAR	0.616	3.000	1.888	0.618	3.952
3	MW	2.480	2.514	2.730	2.373	3.700
	VAR	1.077	0.694	1.777	0.699	2.599
4	MW	2.347	2.707	2.429	2.305	3.900
	VAR	0.189	0.518	0.686	0.318	2.544
5	MW	2.720	3.555	2.315	2.602	3.745
	VAR	0.348	0.760	0.155	0.428	2.490

Tabelle 2: Rangzahlen für Mittelwerte (MW) und Varianzen (VAR) des Verhältnisses von größter zu kleinster Interaktionshäufigkeit nach Interaktionsstruktur-Clustern (Grundwerte in Tabelle 1)

Cluster	(a) 4 Kateg.		(b) aufg. or.		(c) soz. em.		(d) soz. em. +		(e) soz. em. –	
	MW	VAR	MW	VAR	MW	VAR	MW	VAR	MW	VAR
1	5	3	2	4	5	5	3	1	5	5
2	3	4	4	5	4	4	5	4	4	4
3	2	5	1	2	3	3	2	5	1	3
4	1	1	3	1	2	2	1	2	3	2
5	4	2	5	3	1	1	4	3	2	1

Zahl 1 bedeutet, daß der Unterschied zwischen größter und kleinster Interaktionsbeteiligung sehr gering ist; die Zahl 5, daß dieser Unterschied sehr groß ist.

Die fünf Cluster wurden zunächst zur Überprüfung des Zusammenhanges zwischen Interaktionsstruktur und *Leistung* erstellt (vgl. Kapitel IV, 2.2.1); analog wurde für das Verhältnis von Interaktionsstruktur und *Emotionalität* vorgegangen. Sollte die Überprüfung des Verhältnisses der Interaktionskategorien zum Interaktionsgefälle bzw. zur Partizipationsrate für einen „Emotionalitätscluster" ähnliche Werte wie für einen „Leistungscluster" ergeben und beide Cluster identisch sein, dann wäre unsere Erwartung erfüllt, daß aufgabenorientierte Gruppen im Vergleich mit ihresgleichen dann besonders erfolgreich im doppelten Sinne unserer Hypothese sind, wenn bei hoher Leistung auch ein freundlich-partnerschaftliches Interaktionsverhältnis besteht.

3.4.1 Mittel- und Varianzwerte des Partizipationsgradienten

Eine Reihung der statistischen Kennwerte für die Partizipationsvariablen in den fünf Clustern auf der Rangskala 1 – 5 (vgl. Tabelle 2) zeigt, daß sich die niedrigsten Werte 1 – 2 auf die Cluster 3 und 4 konzentrieren, während Werte über 3 (die auf eher unausgeglichene Interaktionsraten hinweisen) in diesen beiden Clustern überhaupt nicht vorkommen. Eine Mittelstellung nimmt Cluster 5 ein, denn auch hier finden sich zwei Werte 1 und 2, aber auch drei hohe Werte, sodaß ein ausgesprochen uneinheitliches Zahlenbild entsteht. Cluster 1 zeigt zwar einen Wert 2 und einen Wert 3, aber drei Werte 5. Am ungünstigsten schneidet in dieser Skala Cluster 2 ab, das nur einen mittleren Wert 3, sonst nur hohe Werte zeigt. Die fünf Cluster können somit folgendermaßen gereiht werden:

Rang 1	Cluster 3	(geringstes I.-Gefälle)
Rang 2	Cluster 4	·
Rang 3	Cluster 5	·
Rang 4	Cluster 1	·
Rang 5	Cluster 2	(größtes I.-Gefälle)

Nach unserer Annahme müßte demnach in den Gruppen der Cluster 3 und 4 eine relativ ausgewogene Beteiligung gegeben sein. Dieses relative Gleichmaß läßt auf eine eher kooperative und aktive Beteiligung sowie auf eine um solidarischen Ausgleich bemühte gegenseitige Einstellung schließen.

Für diese Interpretation spricht auch eine detaillierte Analyse der Mittelwerte der einzelnen Interaktionsgefälle-Kategorien (vgl. Tabelle 1): Cluster 4 zeigt sowohl hinsichtlich der Mittelwerte für „alle 4 Kategorien" als auch der sozioemotional positiven Kategorien die niedrigsten Kennzahlen und weist auch niedrige, auf die Gesamtsumme der sozioemotionalen Kategorien bezogene Kennwerte auf. Die Kennwerte für „Aufgabenorientiertheit" und „sozioemotional negative Interaktion" liegen allerdings im Mittelbereich.

Ähnlich vorteilhaft im Sinne unserer Annahme unterscheidet sich auch das Cluster 3 von den Clustern 5, 1 und 2: Die Gefälle-Mittelwerte der Kategorien „Aufgabenorientiertheit" und der „negativen sozioemotionalen Reaktionen" liegen sehr niedrig, gefolgt von niedrigen Werten für die „Summe aller Kategorien" und die „positiven sozioemotionalen Reaktionen"; nur die Kategorie „Summe aller sozioemotionalen Reaktionen" liegt im Mittelbereich.

Die Analyse des Verhältnisses zwischen Interaktionsstruktur und Interaktionsrate in den Clustern 3 und 4 läßt ein eher ausgeglichenes, „gemäßigtes" sozioemotionales „Klima" und eine eher ausgewogene Beteiligung der Gruppenmitglieder bei hoher Aufgabenorientiertheit und angemessener Kritikbereitschaft vermuten. – Ein Vergleich mit *Sageders* Beschreibung der Cluster 3 und 4 (vgl. Kapitel IV, 2.1) unter Einbeziehung der *Leistungsvariablen* sieht allerdings für Cluster 3 insofern widersprüchlich aus, als er ein Überwiegen der sozioemotional negativen und aggressiv-kritischen gegenüber den sozioemotional positiven Reaktionen betont, also einen trotz hoher Leistung spannungsreichen Gefühlszustand in den Gruppen dieses Clusters annimmt. Während in der Analyse des Interaktionsgefälles *beide* sozioemotionalen Kategorien niedrige Kennzahlen haben, betont *Sageder* als Charakteristikum dieses Clusters hohe Aufgabenorientiertheit (und entsprechende Leistung) in Verbindung mit einer betont aktiv-kritischen Einstellung. Dies spricht für ein hohes sachorientiertes Anspruchsniveau und Engagement aller Gruppenmitglieder, begleitet allerdings von allseitiger, aber auch allseits akzeptierter Kritik und Kontrolle.

Hingegen stimmen die Beschreibungen des Clusters 4 in beiden Analysen überein. In der Interaktionsgefälle-Analyse verbinden sich niedrige Werte für „alle 4 Kategorien" und für die Gesamtmittelwerte der sozioemotionalen Kategorien mit mittleren Werten der Kategorien „Aufgabenorientiertheit" und „sozioemotional negative Einstellungen". Diese Ergebnisse deuten insgesamt auf eine ausgewogene Beteiligungsfrequenz hin, die annäherungsweise sowohl den Erfordernissen der Aufgabenorientiertheit als auch der Befriedigung sozioemotionaler Bedürfnisse in optimaler Weise gerecht wird. Diese Deutung entspricht auch der Auffassung *Sageders*, der diese Gruppen hinsichtlich ihrer Einstellungen zur Problemlösung besonders produktiv beschreibt und betont, daß die Gruppen des Clusters 4 im Vergleich mit anderen dem Optimum am nächsten kämen, wenn auch der sozioemotional negative Anteil – genau wie in der Interaktionsgefälle-Analyse – etwas über dem erwarteten Optimalwert läge, wobei allerdings die sozioemotional positiven Interaktionswerte noch überwögen (vgl. Kapitel IV, 2.1).

Die Gefälle-Mittelwerte der Cluster 1 und 2 liegen im Vergleich zu denen der Cluster 3 und 4 mehrheitlich sehr hoch. Dies gilt vor allem für Cluster 2, während Cluster 5 eine Mittelstellung einnimmt. Es kann also angenommen werden, daß in allen drei Clustern erhebliche Positions- bzw. Rangunterschiede zwischen den Gruppenmitgliedern bestehen. Dies braucht allerdings nicht zu bedeuten, daß in allen diesen Gruppen das sozioemotionale Gleichgewicht durch starke Rang- und Rollenkonflikte erschüttert und dadurch ihre Leistung in Frage gestellt wird. Bei Cluster 5 vermittelt das Interaktionsgefälle in seinen verschiedenen kategorialen Kennwerten eher den Eindruck, daß diese Gruppen überwiegend sozioemotional und weniger aufgabenorientiert determiniert sind und sie zwar affektbetont, aber mit überwiegend sozioemotional positiven „Einstellungen im Sinne von „Empathie"-Gruppen reagieren. Darauf deutet auch *Sageders* Bemerkung hin, daß Cluster 5 als sehr sozioemotionales Cluster charakterisiert werden könne, in dem der negative Gesichtspunkt (im Vergleich zu den anderen Clustern) am stärksten und der positive Gesichtspunkt in überdurchschnittlichem Maße vertreten sei.

Anders liegen die Verhältnisse in den Clustern 1 und 2 am Ende unserer Skala. In beiden Clustern kann das hohe Partizipationsgefälle gruppeninterne Spannungsverhältnisse andeuten, welche das strukturelle Gleichgewicht von der emotionalen Seite so sehr in Mitleidenschaft ziehen, daß es von starken Rang- und Rollenkonflikten erschüttert oder zumindest bestimmt wird.

Eine detaillierte Analyse stützt diese Annahme: Cluster 1 umfaßt vermutlich Gruppen mit rigider „Vorgesetztenstruktur", die bezeichnenderweise im Leistungsbereich einen einzigen niedrigen Wert aufweisen, was auf hohe, im Vergleich zu den anderen Kategorien auf sehr hohe Aufgabenorientiertheit hindeutet. Dazu *Sageder*: „Cluster 1 kann als rein aufgabenorientiertes Cluster bezeichnet werden, ... während die sozioemotionalen Anteile sehr niedrig sind. In diesen Gruppen werden vor allem die sozioemotional positiven Tendenzen zugunsten der aufgabenorientierten zurückgedrängt, sodaß man wohl von einem Maximum, nicht aber von einem Optimum an Aufgabenorientierung sprechen kann" (vgl. Kapitel IV, 2.1).

Schwieriger ist die Einordnung von Cluster 2. Dieses rangiert in Partizipation und Interaktionsgefälle an letzter Stelle: Die Mittelwerte der Kategorien für „Aufgabenorientiertheit" und für „Sozioemotionalität" insgesamt liegen auf Rang 4, die Kennzahlen der „sozioemotional positiven" auf Rangplatz 5 und die „sozioemotional negativen Kategorien" auf Platz 4 (vgl. Tabelle 2). Alle Dimensionen des Interaktionsgeschehens in diesen Gruppen tendieren zu geringer Aufgabenorientiertheit und gleichzeitig zu überdurchschnittlicher Betonung der sozioemotionalen Reaktionen. Deren Wertigkeit erscheint, wenn man die Mittelwerte der sozioemotionalen Gesamtreaktionen miteinbezieht, gleich hoch, sodaß nicht feststeht, ob in den Gruppen dieses Clusters die sozioemotional positiven oder die sozioemotional negativen Tendenzen überwiegen. Vom Standpunkt sowohl der Hypothese der Leistungsüberlegenheit der Gruppe als auch der Optimum-Hypothese bieten diese Gruppen das Bild weitgehender Instabilität und emotionaler Übererregtheit, sodaß nicht nur ihr Output und ihre „Moral", sondern auch ihre Kohäsion gefährdet sind. Ihr Zusammenhalt kann durch den institutionellen Rahmen der Versuchsanordnung, durch eine Vorgesetzten-, oder durch eine Identifizierungsstruktur zustande kommen. Geht man von der Annahme aus, daß Zusammenhalt (Kohäsion) und Aktivitäten einer Gruppe durch eine Person mit hohem „Zentralitätswert" gewährleistet werden, so läßt sich mit Hilfe der Interaktionsgefälle-Methode nicht entscheiden, ob es sich um Gruppen mit rigider Vorgesetztenstruktur oder um quasi-therapeutische Gruppen handelt, deren Mitglieder sich um eine Identitätsfigur mit hohem Übertragungswert scharen (Encounter-group). Unter unseren Versuchsgruppen stellen beide Fälle Extreme dar, sie erscheinen als Gegentypus zu leistungsorientierten Gruppen mit optimalen Strukturierungstendenzen. Auch bei *Sageder* liegt Cluster 2 am unteren Ende der Leistungsbewertung (Kapitel IV, 2. 1): „Cluster 2 erscheint vor allem als sozioemotional positiv gerichtete ‚Gruppierung' (Trema v. Verf.). In diesen Gruppen wurde zwar auch relativ viel gefragt (F-Anteil), die Fragestellung scheint aber so gewesen zu sein, daß viel mehr Zustimmung als kritische und konstruktive Auseinandersetzung mit den Problemen hervorgerufen worden ist".

Zusammenfassung: Auch die Untersuchungen der funktionalen und emotionalen Aspekte des Interaktionsgefälles erbringen unseren Annahmen gemäße Unterschiede zwischen Gruppen verschiedener Annäherung an die Bedingungen der Optimumhypothese.

3.4.2 Mittel- und Varianzwerte der Abweichungen von der hypothetischen 20%-Gleichverteilung

Zielsetzung und Technik dieses an einschlägige Versuche von *Bales, Bavelas, Fischer* u. a. angelehnten Verfahrens wurden bereits oben erläutert. Man geht davon aus, daß sich alle Personen gleichmäßig am Gesamtinteraktionsprozeß (100%) beteiligen, also jedes Mitglied einer Fünfer-Gruppe mit 20%. Die tatsächlichen Interaktionsanteile werden mit dieser „idealen" 20%-Beteiligung verglichen und die absoluten Differenzen aufsummiert. Die Grundlagen für die Berechnung der Mittelwerte und Varianzen sind wieder: (a) Die Summe aller Interaktionen, (b) die Summe der aufgabenorientierten Interaktionen, (c) die Gesamtsumme der sozioemotional orientierten Interaktionen, (d) die Summe der positiven und (e) negativen Interaktionen. Das Verfahren geht von der Annahme aus, daß diese verschiedenen Interaktionsanteilsdifferenzen Hinweise zur Prüfung des *sozioemotionalen* Aspekts der Optimumhypothese liefern. Von der „20%-Methode" wird erwartet, daß sie zuverlässigere Ergebnisse als die „Interaktionsgefälle-Methode" liefert, da alle fünf Mitglieder jeder Gruppe in die Berechnungen einbezogen werden.

Tabelle 3: Mittel- und Varianzwerte der Summen der Abweichungen von der hypothetischen 20%-Gleichverteilung nach Clustern

Cluster		(a) 4 Kateg.	(b) aufg. or.	(c) soz. em.	(d) soz. em +	(e) soz. em. −
1	MW	30.630	29.322	37.137	28.065	47.580
	VAR	105.042	160.656	92.718	40.056	423.001
2	MW	26.819	29.358	30.710	26.857	40.051
	VAR	85.230	185.886	71.014	82.465	100.080
3	MW	24.360	27.498	26.697	24.462	38.235
	VAR	135.886	147.380	185.477	104.060	254.179
4	MW	23.451	26.622	27.622	22.297	35.519
	VAR	30.658	33.744	124.724	43.560	59.382
5	MW	23.412	31.890	21.012	23.395	33.245
	VAR	31.114	31.483	28.633	20.241	23.941

Tabelle 4: Ränge der Mittel- und Varianzwerte der Summen der Abweichungen von der hypothetischen 20%-Gleichverteilung in den Interaktionsstruktur-Clustern

Cluster	(a) 4 Kateg.		(b) aufg. or.		(c) soz. em.		(d) soz. em. +		(e) soz. em. −	
	MW	VAR	MW	VAR	MW	VAR	MW	VAR	MW	VAR
1	5	4	3	4	5	3	5	2	5	5
2	4	3	4	5	4	2	4	4	4	3
3	3	5	2	3	2	5	3	5	3	4
4	1	1	1	2	3	4	1	3	2	2
5	2	2	5	1	1	1	2	1	1	1

Zahl 1 bedeutet, daß die Abweichungen der Interaktionsbeteiligung von der hypothetischen 20%-Gleichverteilung der Partizipation sehr gering sind. Zahl 5 bedeutet, daß die Abweichung der Interaktionsbeteiligung von der hypothetischen 20%-Gleichverteilung sehr groß sind.

Eine Rangreihung der fünf Cluster (vgl. Tabelle 4) zeigt, daß sich die niedrigen Werte 1 − 2 auf die Cluster 4, 3 und 5 verteilen, wobei allerdings Cluster 5 auch einen sehr hohen Wert zeigt; hingegen vereinigen sich die hohen Werte eindeutig auf die Cluster 1 und 2; Cluster 1 zeigt zwar noch einen Durchschnittswert, jedoch 4 Höchstwerte (vgl. Tabelle 3). Da Cluster 2 fast ausschließlich hohe Werte zeigt, rangiert er an letzter Stelle. Eine Reihung der fünf Cluster nach rein quantitativen Gesichtspunkten ergibt folgende Rangskala (in Klammern: Rangwerte der Partizipationsskala „höchste/niedrigste Interaktionsbeteiligung"; vgl. Abschnitt 3. 4. 1):

Rang 1	Cluster 4	(Cluster 3)
Rang 2	Cluster 3	(Cluster 4)
Rang 3	Cluster 5	(Cluster 5)
Rang 4	Cluster 1	(Cluster 1)
Rang 5	Cluster 2	(Cluster 2)

Unserer Annahme gemäß liegt also in den Clustern 4 und 3 weitgehende Annäherung an die hypothetische 20%-Gleichverteilung der Interaktionsanteile vor. Das bedeutet, daß sich die Mitglieder der Gruppen in Cluster 4 und 3 hinsichtlich ihrer relativen Beteiligung annähernd gleichen. Diese relative Ausgewogenheit der Interaktionshäufigkeit läßt auf eine eher kooperative und aktive Beteiligung sowie auf eine um solidarischen Ausgleich bemühte Einstellung schließen. Die Interaktionsstruktur in Cluster 4 erscheint somit auch unter dem sozioemotionalen Aspekt unserer Hypothese als optimal. Diese Annahme stützt auch eine Analyse der Mittelwerte der einzelnen Kategorien ((a) – (e), vgl. Tabelle 3). Diese Reihung der verschiedenen Interaktionstendenzen, welche die Aufgabenorientiertheit und das Überwiegen der sozioemotional positiven gegenüber den negativen Tendenzen hervortreten läßt, rückt die Gruppen dieses Clusters in die Nähe unseres „idealen", d. h. optimalen Interaktionsmodells.

Die Reihung der Cluster 3 und 5 anhand der Abweichungsmaße bereitet Schwierigkeiten: Cluster 3 zeigt zwar zwei niedrige Kennwerte, aber die drei übrigen Werte liegen im Mittelfeld (vgl. Tabelle 3), bei Cluster 5 steht vier niedrigen ein sehr hoher Abweichungswert gegenüber, was nach unserem Abweichungstheorem ungünstig ist. Es liegt daher nahe, Cluster 3 vor Cluster 5 zu reihen. Zwar zeigt Cluster 3 nur zwei niedrige Werte, aber in den nach unserer Hypothese wichtigen Interaktionstendenzen der „Aufgabenorientiertheit" und der „Sozioemotionalität", die somit „ausgeglichen" wirken; dafür spricht auch, daß die sozioemotional positiven sowie negativen Kennzeichen und die „Gesamtsumme aller vier Interaktionskategorien" im Mittelbereich liegen. Demgegenüber zeigt Cluster 5 ein auffälliges Mißverhältnis zwischen dem Abweichungsindex für „Aufgabenorientiertheit", der der relative Höchstwert ist, und allen anderen Kennzahlen. Diese auffällige Abweichung ist ein Spezifikum des Clusters 5. Es kommt zwar im sozioemotionalen Bereich dem Optimum recht nahe, fällt aber im aufgabenorientierten Bereich völlig ab. Die Reihung von Cluster 5 hinter 3 erscheint daher gerechtfertigt.

Durchwegs hohe Werte zeigen dagegen die Cluster 1 und 2 (vgl. Tabelle 3), was auf sehr stark unterschiedliche Beteiligungsraten und damit auf ein wenig günstiges Interaktions-„klima" hindeutet. Eine Inspektion der einzelnen Kategorienmittelwerte (aus Tabelle 3) unterstreicht diesen Tatbestand: Vom Standpunkt des Gleichverteilungstheorems zeigen beide Cluster in allen Interaktionsbereichen hohe bis sehr hohe Abweichungswerte. Nicht weniger als 4 sehr hohe Abweichungswerte finden sich im Cluster 1, aber es dürfte kein Zufall sein, daß die Abweichungsmittelwerte der aufgabenorientierten Tendenzen des Clusters 1 immerhin noch im Durchschnittsbereich aufscheinen, während Cluster 2 durchgehend auf Platz 4 rangiert (vgl. Tabelle 4) und in seinen Mittelwerten am weitesten vom Gleichverteilungsmaß und damit von den Annahmen der Optimumhypothese für leistungsorientierte Gruppen entfernt ist.

Zusammenfassung: Eine Analyse der Abweichungswerte von einer hypothetischen 20%-Gleichverteilung der Interaktionsaktivitäten auf die Gruppenmitglieder ergibt sowohl für das Verhältnis zwischen funktional-aufgabenorientierten und sozioemotional orientierten Interaktionen als auch für das Verhältnis zwischen sozioemotional positiven und negativen Tendenzen noch eindeutigere Ergebnisse als die Berechnungen der Beteiligungsraten: Die „Summe der Abweichungen von einer hypothetischen 20%-Gleichverteilung" ist offenbar eine effizientere Operationalisierung der Interaktionsdaten im Sinne der

Optimum-Hypothese, weil sie die Annahme der gleichmäßigen Partizipationsrate explizit berücksichtigt und unterschiedliche Interaktionstendezen deutlicher registriert. Die Cluster weisen allerdings nach den Abweichungswerten eine etwas andere Rangfolge als nach den Partizipationsraten auf (vgl. 3.4.1): Cluster 4 erscheint auch hier wieder als die Zusammenfassung der Gruppen mit optimalen Bedingungen; allerdings gefolgt von Cluster 3, während Cluster 5 die Mittelposition einnimmt. Die Cluster 1 und 2, die auch nach unserer ersten Methode als Gegentypen erschienen sind, verbleiben in dieser ungünstigen Position.

3.5 Die Optimumhypothese im Vergleich mit Leistungs- und Zufriedenheitsvariablen

Die Optimumhypothese besagt, daß leistungsorientierte Kleingruppen (in unserem Fall problemlösende Lerngruppen) unter bestimmten (experimentellen) Bedingungen im Vergleich mit ihresgleichen ihre Probleme dann am erfolgreichsten lösen, wenn sich in ihnen Interaktionsstrukturen herausbilden, in denen die aufgabenorientiert-funktionalen gegenüber den sozioemotionalen Interaktionen deutlich überwiegen und die sozioemotional positiven (Zuwendung und Solidarität) ein relatives Übergewicht gegenüber den sozioemotional negativen Interaktionen (Distanz, Animosität etc.) haben.

Leistungsorientierte Gruppen, die in ihrer Partizipationsstruktur dieses optimale Verhältnis entwickeln, zeichnen sich gegenüber anderen Gruppen gleicher Orientierung durch ein relativ hohes Maß (nicht absolutes Höchstmaß) an Leistung (Output, Problemlösung oder dergl.) bei gleichzeitig relativ hoher Befriedigung der sozioemotionalen Erwartungen und Bedürfnisse ihrer Mitglieder aus. Die unterschiedlich intensiven, gemäß unserer Hypothese jedoch ausgewogenen aufgabenorientierten und sozioemotionalen Kommunikationstendenzen gewährleisten zugleich den Fortbestand der Gruppe als dynamisches, höchst flexibles und relativ widerstandsfähiges Gleichgewichtssystem. Der „Leistungsvorteil" derartiger Gruppen gegenüber anderen Gruppen beruht auf ihrer optimalen Verfassung und manifestiert sich in hoher Leistung, „Freundlichkeit" des Interaktions-„klimas" und Widerstandsfähigkeit gegenüber äußeren und inneren Störfaktoren (vgl. Kapitel I, 3.1.4).

Sageder hat seiner clusteranalytischen Überprüfung der Optimumhypothese die funktions- und statusbezogenen Beziehungen der Mitglieder von Lerngruppen, deren Lernleistung sowie deren Zufriedenheit zugrundegelegt. Mit den (in Kapitel IV, 2.1) erläuterten Verfahren hat er fünf Gruppentypen gefunden, die sich nach Leistungsgefälle, Zufriedenheit der Mitglieder und Interaktionsbedingungen sehr deutlich unterscheiden. Zu Vergleichszwecken haben wir die von *Sageder* beschriebenen Cluster entsprechend ihrem Abstand von den in der Optimumhypothese postulierten Bedingungen gereiht. Diese empirisch gefundene Rangordnung haben wir mit den *typischen Gruppenkonstellationen* verglichen, wie sie eingehende theoretische Erörterungen über das optimale Verhältnis von Aufgabenorientiertheit und Sozioemotionalität nahegelegt haben (vgl. Kapitel IV, 3.3.1). Der Vergleich zeigt: Cluster 4 entspricht dem von der Optimumhypothese postulierten Typ am besten, während Cluster 1 dem Typus der rigiden „Vorgesetztenstruktur" mit unfreundlichem „Klima", jedoch relativ hoher Leistung ähnlich ist. Cluster 2 nähert sich dem Typus der quasi-therapeutischen Gruppen (*Bion, Pagés* u.a.), in welchen eine Überbetonung der sozioemotionalen Tendenzen mit dem Ziel der Sekundärsozialisation Erwachsener im Mittelpunkt steht. Die Cluster 3 und 5 nehmen Mittelpositionen hinsichtlich des Verhältnisses von Effizienz und Emotionalität ein.

Die Untersuchung der statistischen Kennwerte für die Abweichung von einer supponierten Gleichverteilung der Partizipationsrate in unseren Gruppen ergibt, daß die von der Optimumhypothese geforderten optimalen Interaktionsbedingungen im selben Maße für das Verhältnis zwischen Interaktionsstruktur und *Emotionalitätsvariablen* bestimmend sind, wie für das Verhältnis zwischen Interaktionsstruktur und *Leistung*. Eine Reihung der Cluster nach den Emotionalitätskennwerten zeigt mit der nach *Sageders* Leistungsanalyse vorgenommenen Skalierung weitgehende Übereinstimmung:

(1) Interaktionsgefälle-Kennwerte (als „Emotionalitäts"-Variablen):

„Emotionalitäts"-Variablen	„Leistungs"-Variablen
Cluster 3	Cluster 4
Cluster 4	Cluster 3
Cluster 5	Cluster 5
Cluster 1	Cluster 1
Cluster 2	·Cluster 2

(2) Abweichungen von einer hypothetischen 20%-Gleichverteilung der Partizipation (als „Emotionalitäts"-Variablen):

„Emotionalitäts"-Variablen	„Leistungs"-Variablen
Cluster 4	Cluster 4
Cluster 3	Cluster 3
Cluster 5	Cluster 5
Cluster 1	Cluster 1
Cluster 2	Cluster 2

Ein Vergleich zeigt zwar bei Methode (1) „größte/kleinste Beteiligung" eine unterschiedliche Reihung der Cluster 3 und 4, jedoch bleibt die Polarisation zwischen Clustern mit im Sinne der Optimumhypothese günstigen und ungünstigen Interaktionsbedingungen eindeutig. Völlige Übereinstimmung zwischen den Rangreihen nach „Leistungs"- und „Emotionalitäts"-Variablen erbringt aber die Methode der „Abweichungen von einer hypothetischen Gleichbeteiligung".

Die Überprüfung der Optimumhypothese anhand der *Leistungsvariablen* hat ergeben, daß bestimmte Interaktionsstrukturen zum Teil günstige und zum Teil ungünstige Bedingungen für Produktivität und Zufriedenheit in leistungsorientierten Kleingruppen schaffen. Die Optimumhypothese beinhaltet aber nicht nur Aussagen über die Beziehung zwischen optimalen Interaktionsstrukturen und Leistungspotential bzw. funktional-aufgabenorientiertem Verhalten, sondern auch Annahmen über die strukturierende Wirkung sozioemotionaler Strebungen im Kommunikationssystem dieser Gruppen. Daher mußte mit Hilfe unabhängiger statistischer Verfahren der Nachweis erbracht werden, daß in den Clustern mit optimalen Interaktionsbedingungen im Sinne unserer Hypothese sowohl hinsichtlich der *Leistung* als auch hinsichtlich des *sozioemotionalen Aspekts* gleiche Wirkungen auftreten. Dieser Nachweis ist in einem weitgehenden Maße gelungen, sodaß die Optimumhypothese im Rahmen unserer Bedingungen, insbesondere für den programmierten Gruppenunterricht, als nicht widerlegt gelten kann.

Überblick und Ausblick

(Th. Scharmann und J. Sageder)

Die hier dokumentierte Untersuchung bildet den zweiten selbständigen Abschnitt einer Laborversuchsreihe mit dem Lehrautomaten LINDA II (Linzer Didaktischer Automat II) anhand eines verbesserten Versuchplanes (vgl. Kapitel II). Durchführung und Ergebnisse des ersten Abschnittes LINDA II/1, der vornehmlich Praktikabilitätsfragen des programmierten Gruppenunterrichts klären sollte, sind von *Lánský* und *Scharmann* (1976) beschrieben worden. Der zweite Abschnitt LINDA II/2 hatte zwei Zielsetzungen:
1. Vergleich der relativen Effizienz programmierten Einzel- und Gruppenunterrichts sowie
2. Überprüfung der Optimumhypothese für den Fall des programmierten Gruppenunterrichts.

Hervorgehoben sei, daß hier der programmierte Unterricht nicht Selbstzweck, sondern methodologische Voraussetzung ist, um die Vergleichbarkeit von Gruppen- und Einzellernen für den Effizienzvergleich sowie die der Versuchsgruppen für die Überprüfung der Optimumhypothese zu sichern.

Die Ergebnisse des Effizienzvergleichs von programmiertem Gruppen- und Einzelunterricht

Für den experimentellen Vergleich kamen 6 Einstellungs- und 2 Lernerfolgsvariablen zur Anwendung (vgl. Kapitel III). Diese Variablen entsprechen Operationalisierungen von Hypothesen, welche aus der einschlägigen Literatur abgeleitet werden konnten. Unsere Hypothesen thematisieren in ihrem Kern sämtlich eine Überlegenheit des (programmierten) Gruppenunterrichts (PGU) gegenüber dem Einzelunterricht (PEU). Die empirischen Ergebnisse beruhen auf dem Vergleichsschema „Unterrichtsformen x Lehrprogramme" (vgl. Kapitel II, 2.1.4 und Kapitel III, 2.1.2, 3.1.2). Sie seien hier im Überblick dargestellt.

1. Einstellungen als Vergleichskriterien:

Vor dem Unterricht zeigen sämtliche Versuchsteilnehmer in ungefähr gleichem Maße und unabhängig von Unterrichtsform bzw. Lehrprogramm positive globale Vermutungen zum bevorstehenden Unterricht. Interessanterweise verändern sich die Vermutungen kaum in ihrer Intensität, was nahegelegen wäre, da die Versuchsteilnehmer zuerst den PGU und dann den PEU erlebten. Das Fehlen varianzanalytischer Haupt- und Wechselwirkungseffekte von Unterrichtsform und Lehrprogramm auf die Vorvermutungen weist daneben auch auf eine weitestgehend verzerrungsfreie Zuweisung der Versuchsteilnehmer unter die experimentellen Bedingungen hin.

Nach dem Unterricht identifizieren sich Einzel- und Gruppenlerner (wie erwartet) in deutlich unterschiedlicher Weise mit der erlebten Unterrichtsform: Einzellerner neigen eher zur Allein-, Gruppenlerner eher zur Gemeinschaftsarbeit. Allerdings ist hier auch ein Wechselwirkungseffekt nachweisbar: Das Lehrprogramm 2 „Soziale Wahrnehmung" (LP 2) erscheint den PGU-Teilnehmern eher für Gruppenarbeit geeignet als das Lehrprogramm 1 „Experimentelle Gedächtnisforschung nach *Ebbinghaus*" (LP 1), während man bei den Teilnehmern am PEU keine derartigen Unterschiede erkennt. Die Versuchspersonen scheinen sich demnach bei der Einschätzung der Soziabilität nicht nur an der jeweils erlebten Unterrichtsform zu orientieren, sondern auch an der vermuteten unterrichtsspezifischen Eignung des Lehrprogramms. Im Gegensatz zu unserer Erwartung üben Unterrichtsform- und Lehrprogrammerfahrungen auch differentielle Effekte auf die Lernwirksamkeitseinschätzung aus: Das LP 2 wird im PGU lernwirksamer als LP 1 eingeschätzt, das LP 1 im PEU lernwirksamer als LP 2. Wider Erwarten läßt sich auch kein unterrichtsspezifischer Unterschied in der

Intensität der (positiven) Einstellungen bzw. Erfahrungen sowie deren Veränderungen gegenüber den Vorvermutungen feststellen.

Insgesamt gesehen ergibt die vergleichende Untersuchung anhand der Einstellungsvariablen, daß in keinem Fall und entgegen unseren Vermutungen ausschließlich die unterschiedliche Unterrichtsform für Unterschiede verantwortlich zu machen ist. Das Untersuchungsergebnis spricht vielmehr für die Annahme, daß für Bildung und Veränderung von Einstellungen zum Unterricht offenbar bestimmte Merkmale der Unterrichtsform (z. B. „individuell/mit anderen") und der Lehrprogrammgestaltung (z. B. Schwierigkeitsgrad) jeweils spezifisch zusammenwirken.

2. *Lernerfolg als Vergleichskriterium:*

Unter „Lernerfolg" verstehen wir das erzielte Nachwissen sowie den Lerngewinn, relativiert auf die jeweils erreichbaren Maximalwerte (vgl. Kapitel III, 3.2.2).

Anhand des *Nachwissens* zeigt sich, daß mit LP 2 der Gruppen-, mit LP 1 aber der Einzelunterricht überlegen ist. Entgegen unserer Hypothese läßt sich somit keine eindeutige Wirkung des Unterschiedes der Unterrichtsformen auf das Nachwissen nachweisen.

Anhand des *Lerngewinns* zeigt sich: Die meisten Teilnehmer sind mit relativ niedrigem, jedoch lehrprogrammspezifischem Vorwissen in den Unterricht gekommen; bei LP 1 „Gedächtnisforschung" waren mehr Vorkenntnisse vorhanden als bei LP 2 „Soziale Wahrnehmung". Durch den Unterricht erreichten die meisten Teilnehmer einen relativ hohen (gemessen am maximal erzielbaren) Lerngewinn. Allerdings kann dafür weder allein das Lehrprogramm, noch allein die Unterrichtsform verantwortlich gemacht werden: LP 2 erscheint im Gruppen- und LP 1 im Einzelunterricht effektiver (vgl. Kapitel III, 3.2.2). Zusammenfassend ist festzuhalten, daß ebenso wie unter dem Gesichtspunkt der Einstellungen auch unter dem des Lernerfolges keine eindeutige Überlegenheit des Gruppenunterrichts gegenüber dem Einzelunterricht nachgewiesen werden kann. Die Befunde legen nahe, daß motivationale und wissensrelevante Effekte einer Unterrichtsform nicht nur von deren Sozialstruktur, sondern auch von der adressaten- und problemgemäßen Aufbereitung der behandelten Inhalte („Problemträchtigkeit") abhängen.

Die Überprüfung der Optimumhypothese

Die Optimumhypothese besagt, daß eine leistungsorientierte Kleingruppe im Vergleich zu anderen Kommunikationssystemen (z. B. formale Zwangsgruppen, Rudel etc.) oder gleichartigen Gruppen zu einer hohen (optimalen) Gesamtleistung kommt, wenn
1. das Interaktionsverhalten ihrer Angehörigen charakterisiert ist durch hohe Aufgabenorientiertheit und hohe Sozioemotionalität, deren Gesamtausmaß jedoch deutlich niedriger liegt als das der Aufgabenorientierung,
2. die sozioemotional positiven Interaktionen gegenüber den negativen zwar eindeutig i. S. eines wohlwollenden Einverständnisses überwiegen, die negativen Aktionen aber nicht gänzlich fehlen,
3. die objektive Leistung (output) und die sozioemotionale Befriedigung der Gruppenmitglieder hoch sind.

Die *Gesamtleistung* eines unter diesen Bedingungen funktionierenden Interaktionssystems nennen wir „optimal" (nicht „maximal"), weil das objektive Leistungsergebnis (output) zwar hoch, das interne „Klima" aber freundlich und die Selbsterhaltung (Kohäsion) jederzeit gewährleistet ist. „Optimal" heißt also, daß in einer solchen Gruppe die Strukturierung und Funktionalisierung des kooperativen Verhaltens, der Leistungs- und Verhaltensnormen sowie der gegenseitigen gefühlsmäßigen Einstellungen im Sinne eines *Fließgleichgewichts* (*Bales* 1950, *Stogdill* 1959) ausgewogen sind, sodaß die drei Ziele der Gruppe – Leistungserfolg (productivity), Befriedigung der sozioemotionalen Bedürfnisse (morale, friendliness), Selbsterhaltung der Gruppe (integration) – erreicht und Gruppen mit anderen Interaktionsbedingungen übertroffen werden.

Die Annahmen der Optimumhypothese legen im Vergleich zu anderen Gruppentheorien besonderen Wert auf das Vorhandensein eines relativ „ausgewogenen" Verhältnisses zwischen kognitiv-aufgabenorientierten und gefühlsmäßigen Strebungen der Gruppenmitglieder. In bisherigen gruppenpsychologischen Techniken wird zwar auch die Bedeutung der sozioemotionalen Tendenzen (z. B. Empathie, Aggression) für das Verhalten leistungsorientierter Gruppen erkannt, ihre Bedeutung für die Effektivität dieser Gruppen aber teils nicht berücksichtigt, teils sogar als störend erachtet. Unsere Annahme erfordert hingegen neben den sozioemotional positiven Interaktionstendenzen auch ein gewisses Maß an Aggressivität als Grundlage von Distanz und Kritik, um eine leistungsorientierte Gruppe zur vollen Entfaltung ihrer Potenzen voranzutreiben (vgl. Kapitel I, 3.1).

Die Überprüfung der Optimumhypothese im Rahmen des programmierten Gruppenunterrichts

Kontrollierte Bedingungen für die Entstehung und Stabilisierung unterschiedlicher Interaktionsstrukturen hat uns der programmierte Gruppenunterricht geboten (vgl. *Lánský* und *Scharmann* 1976). Für eine aussagekräftige Hypothesenprüfung mußten die Interaktionsvariablen möglichst zuverlässig erfaßt werden. Der Gestaltung unserer Beobachtungsverfahren liegen insbesondere die Erfahrungen aus dem „Gruppenfertigungsversuch" und den früheren LINDA-Versuchen zugrunde.

So hat *Krause* (1970) in seiner umfangreichen Analyse des Gruppenfertigungsversuches auf systematische Mängel der Beobachtungsdaten hingewiesen. Zu derselben Feststellung kam er auch für die früheren LINDA-Versuche, obwohl die Beobachter vorher intensiv trainiert worden waren (vgl. *Krause* 1976, S. 59 ff.). Als nachteilig hat sich dabei vor allem die Unübersichtlichkeit des Kategorienschemas von *Bales* (1950) erwiesen. Sie überfordert in der Praxis das Reaktionsvermögen der Beobachter, die bei dauernd angespannter Aufmerksamkeit in Sekundenschnelle die rasch wechselnden Interaktionsvorgänge nach Sender, Empfänger und Inhaltskategorie registrieren sollen.

Aufgrund dieser Erfahrungen haben *Krause* und *Scharmann* bereits für den Abschnitt LINDA II/1 ein vereinfachtes Beobachtungsschema mit vier Kategorien entwickelt (vgl. Abb. 6 in Kapitel II, 3.6). Dieses Beobachtungsschema ist genügend differenziert zur Erfassung des Ausdrucksgehaltes der verschiedenen Interaktionen. Mit ihm haben wir daher auch die Interaktionsvariablen für die vorliegende Untersuchung erfaßt. Im Unterschied zu den früheren Versuchen wurden die Gruppenprozesse mit Hilfe einer Videoanlage (versteckte Miniaturfernsehkamera mit Weitwinkelobjektiv und Videorecorder) aufgezeichnet. Das Beobachterteam konnte anhand der Video-Aufzeichnungen weitestgehend genaue und übereinstimmend klassifizierte Interaktionsprotokolle erarbeiten. Die Auswertung der gewonnenen Beobachtungsdaten dient, entsprechend dem hypothetischen Komplementärverhältnis zwischen Leistungs- und Sozioemotionalitäts-Aspekten, der Überprüfung des Zusammenhanges zwischen 1. Interaktionsstruktur und Leistung sowie 2. Interaktionsstruktur und Sozioemotionalität.

Interaktionsstruktur und Leistung

Auf der Grundlage eingehender theoretischer Diskussion haben wir die „optimale Interaktionsstruktur" wie folgt festgelegt:

aufgabenorientierte		sozioemotional	
Beiträge (%A$^+$):	Fragen (%F):	positive (%S$^+$) Äußerungen:	negative (%S$^-$) Äußerungen:
ca. 40%	ca. 20%	ca. 30%	ca. 10%

(Vgl. Kapitel IV, 1.3.1).

Mit Hilfe des multivariaten statistischen Verfahrens der sog. Clusteranalyse lassen sich die Interaktionsstrukturen unserer 35 Lerngruppen in 5 Cluster typisieren, die sich im Sinne der Optimumhypothese auch in der Leistung (Lerngewinn und Nachwissen) deutlich unterscheiden. Die folgende Beschreibung ordnet die 5 Interaktionsstruktur-Cluster nach ihrer Annäherung der o. g. „Idealstruktur" (vgl. Kapitel IV, 2.1).

Cluster 4 zeigt bei hoher Leistung zugleich die ausgewogenste Interaktionsstruktur. Die Gruppen dieses Clusters kommen der o. a. „optimalen" Strukturierung am nächsten.

Cluster 3 „umfaßt Gruppen, die relativ viele konstruktive Beiträge lieferten, diese scheinen jedoch in überdurchschnittlichem Maße zunächst auf Kritik und Ablehnung gestoßen zu sein" (Kapitel IV, 2. 1). Sachbezogene Kritik sicherte trotz mäßig freundlichem „Betriebsklima" hohen Lernerfolg.

Cluster 5 umfaßt „hochemotionalisierte" Gruppen mit geringen Leistungen. In diesen Gruppen überwiegen die sozioemotionalen, besonders die negativen Interaktionen gegenüber den aufgabenorientierten.

Cluster 1 umfaßt einseitig aufgabenorientierte Gruppen mit maximaler Leistung zum Nachteil der allgemeinen Zufriedenheit und einer ausgewogenen Gruppenstruktur. Ein Vergleich mit bekannten Klassifikationen legt nahe, daß es sich um Gruppen mit ausgeprägter „Vorgesetztenstruktur" handelt (vgl. *Lewin* 1939; *Stirn* 1961).

Cluster 2 erscheint bei relativ niedriger Leistung als die gefühlsmäßig weitaus am positivsten ausgerichtete Gruppierung. Es fehlt diesen Gruppen jenes bescheidene Maß an Aggressivität, welches die Voraussetzung zur Aktivierung kritischer, aufgabenbewußter Distanz unter den Gruppenmitgliedern ist. Die aufgabenorientierten Strebungen setzen sich in der anspruchslos-entspannten Atmosphäre dieser Gruppen gerade soweit durch, daß es trotz der spielerischen Gesamteinstellung noch zu einer mäßigen Gesamtleistung reicht.

Die Gruppen mit optimaler Interaktionsstruktur im Sinne unserer Hypothese erweisen sich somit den übrigen Gruppen mit weniger ausgewogener Interaktionsstruktur sowohl hinsichtlich hoher Leistung bei gleichzeitig hoher Befriedigung der sozioemotionalen Bedürfnisse als auch hoher Kohäsion als überlegen. Mit Hilfe der sog. multiplen Regressionsanalyse zeigte sich ferner, daß nichtinteraktionale Variablen (z. B. „Merkfähigkeit", Vorwissen u. ä.) im Vergleich zu den Interaktionsvariablen keinen besonders starken gemeinsamen Einfluß auf die Leistungsvariablen („Nachwissen", „Lerngewinn") ausüben. Die

Optimumhypothese erscheint daher als robustere Erklärung der Interaktionsbedingungen erfolgreichen Leistungsverhaltens in Lerngruppen als Erklärungen mit Hilfe nichtinteraktionaler Variablen.

Interaktionsstruktur und Emotionalität

Im Mittelpunkt steht nun das Problem, wie die sozioemotional positiven und negativen Tendenzen anteilsmäßig ausgeprägt sein sollten, um zugleich die Durchsetzung hoher Leistung zu gewährleisten. Die Mitglieder unserer Lerngruppen sollten i. S. unserer Hypothese neben den Erlebnissen des Lernerfolges auch wechselseitige Informationen gegenseitigen Einverständnisses aber auch der Kritik bei der Bewältigung interner Probleme (z. B. Aufgabenverteilung) und struktureller Spannungen (z. B. Rollendivergenzen) erfahren. Besteht daher der postulierte Zusammenhang zwischen Interaktionsstruktur und Emotionalität, dann dürfen beide Kategorien der Sozioemotionalität in den Gruppen mit „optimaler" Struktur nicht fehlen. Die sozioemotionalen Interaktionen sollten dabei insgesamt weniger häufig sein als die aufgabenorientierten $((\%S^+ + \%S^-) < (\%A^+ + \%F))$, die sozioemotional positiven sollten gegenüber den negativen Äußerungen überwiegen $(\%S^+ > \%S^-)$. Ein derartiges Verhältnis würde eine relative Ausgewogenheit („Fließgleichgewicht") der Interaktionsstruktur anzeigen. Bei der Suche nach geeigneten Verfahren zur Prüfung dieser Annahmen finden sich in der Literatur verschiedene Versuche, die Phänomene der Sozioemotionalität und ihre Auswirkungen metrisch zu erfassen. Aufgrund der Vorarbeiten von *Lewin* (1948), *Homans* 1950), *Hofstätter* (1957), *Fischer* (1962) u. a. glaubten wir in der Interaktionsfrequenz (Partizipationsrate, Interaktionsgefälle) einen geeigneten Indikator für die Beteiligung der Mitglieder am Gruppengeschehen gefunden zu haben. Alle Überlegungen und Ergebnisse der genannten Autoren weisen dazu darauf hin, daß sich mit zunehmend gleichmäßiger Verteilung der Partizipationsraten der Gruppenmitglieder zunehmend höhere Zufriedenheit einstellt, wenn sie zugleich eine hohe Leistung (output) erzielen.

Diese Beobachtungen haben zu der Annahme geführt, daß – hohe Aufgabenorientiertheit vorausgesetzt – im allgemeinen in

Gruppen mit großer Unterschiedlichkeit der Partizipationsraten ein unfreundliches, in Gruppen mit geringem Interaktionsgefälle ein freundlich-ausgewogenes „Klima" herrscht.

Zur Prüfung dieser Annahme haben wir folgende Operationalisierungen durchgeführt:
1. Verhältnis der vier Interaktionskategorien zur Interaktionsfrequenz als Beteiligung des Mitglieds mit den meisten und des Mitglieds mit den wenigsten Interaktionen,
2. Verhältnis der vier Interaktionskategorien zur Interaktionsfrequenz als Summe der Abweichungen von der hypothetischen 20%-Gleichbeteiligung aller fünf Gruppenmitglieder,
3. Übereinstimmung oder Nichtübereinstimmung der Ergebnisse aufgrund der Interaktionsfrequenz-Indizes mit den aufgrund der Leistungsindizes gewonnenen Ergebnissen in den fünf Interaktionsstruktur-Clustern.

Unsere Annahme zum *Emotionalitätsaspekt* wäre somit gerechtfertigt, wenn die Überprüfung der o. g. Verhältnisse der Interaktionskategorien zur Partizipation in den einzelnen Gruppen bzw. Clustern übereinstimmend mit den Ergebnissen zum Leistungsaspekt ausfällt.

Mittelwerte und Varianzen der Partizipationsgradienten (s. o. Punkt 1) sowie der Abweichungen von der hypothetischen Gleichbeteiligung (s. o. Punkt 2) unterscheiden sich zwischen den einzelnen Gruppen deutlich. Ein Rangreihenvergleich der „Leistungs"-Ergebnisse mit den „Emotionalitäts"-Ergebnissen in den einzelnen Clustern (s. o. Punkt 3) ergibt folgendes Bild:

Maß Rang	Leistung (hoch: Rang 1)	Partizipations- gradient (gering: Rang 1)	Abweichung von der hypoth. Gleichbeteiligung (gering: Rang 1)
1	Cluster 4	Cluster 3	Cluster 4
2	Cluster 3	Cluster 4	Cluster 3
3	Cluster 5	Cluster 5	Cluster 5
4	Cluster 1	Cluster 1	Cluster 1
5	Cluster 2	Cluster 2	Cluster 2

Obwohl der Zuordnung ganz unterschiedliche Kriterien zugrundeliegen, nämlich Leistungsvariablen („Nachwissen", „Lerngewinn") und Emotionalitäts- bzw. „Klima"-Variablen (s. o.), scheinen jeweils dieselben Gruppen in den fünf Clustern und Rangplätzen auf. Obwohl beim Partizipationsgradienten (größte/kleinste Beteiligung) eine unterschiedliche Reihung der Cluster 3 und 4 aufscheint, bleibt die Polarisation zwischen Clustern mit hoher Leistung und optimalen Interaktionsbedingungen und den Clustern mit hoher oder geringer Leistung, aber ungünstigen sozioemotionalen Bedingungen eindeutig. Offenbar besteht in den Clustern 4 und 3 ein optimales „Gleichgewicht" zwischen funktional-aufgabenorientierten und sozioemotional-empathischen Verhaltensweisen einerseits sowie der Leistung andererseits, während diese Verhältnisse in den Clustern 1, 2 und 5 unausgewogen sind.

Eine Zusammenstellung und Rangordnung der Mittelwerte von „Partizipationsrate" und „Abweichung von der Gleichbeteiligung" nach optimalen und ungünstigen Interaktionsbedingungen ergibt folgendes Bild (Kapitel IV, 3.4):

Cluster Nr.	sozioemotional				Summe soz. em.		Summe aufg. or.		Summe aller Kat.	
	positiv		negativ							
	PR[1]	20%[2]	PR	20%	PR	20%	PR	20%	PR	20%
4	1[3]	1	3	2	2	3	3	1	1	1
3	2	3	1	3	3	2	1	2	2	3
5	4	2	2	1	1	1	5	5	4	2
1	3	5	5	5	5	5	2	3	5	5
2	5	4	4	4	4	4	4	4	3	4

Ein Vergleich der nach der Günstigkeit ihrer Interaktionsbedingungen geordneten Cluster anhand der angegebenen Kennzahlen bestätigt bzw. stützt die Annahme, daß in leistungsorientierten Kleingruppen mit „optimaler" Interaktionsstruktur im Vergleich zu Gruppen mit anderer Struktur die Beteiligung am gleichmäßigsten ist. Da in diesen Gruppen gleichzeitig aufgabenorientierte und sozioemotional positive Tendenzen sowie objektive Leistung (output) stark ausgeprägt sind, dürfte der

---

[1] Partizipationsrate.
[2] Abweichung von der hypothetischen 20%-Gleichbeteiligung.
[3] Rangplatz 1: geringe, ... 5: hohe Ausprägung des Maßes.

Nachweis erbracht sein, daß die Annahmen der Optimumhypothese auch unter dem Gesichtspunkt der Emotionalität gelten.

Ausblick

Trotz der exemplarischen Begrenztheit unseres Berichtes auf die kleine Lerngruppe ergeben sich aus unserer Untersuchung einige weiterführende Erfahrungen und Probleme von allgemeinerer Bedeutung.

Ausgehend von unserem ersten Anliegen stellt sich vor allem die Frage, ob und unter welchen Bedingungen *Effizienzvergleiche*, insbesondere zwischen Gruppen-, Einzel- und Frontalunterrichtsformen, zwecks Verbesserung ihrer didaktischen Wirksamkeit auch weiterhin sinnvoll sind. Die Ergebnisse des Effizienzvergleichs der LINDA II/1- und 2-Experimente stimmen darin überein, daß die ursprüngliche Annahme von der Überlegenheit des programmierten Gruppenunterrichts (PGU) gegenüber dem Einzelunterricht (PEU) nicht bestätigt werden kann. Beide Untersuchungen ergaben nur geringe Unterschiede zwischen diesen Sozialformen hinsichtlich Lerngewinn und Nachwissen, also *Leistungsaspekten*. Die Nichtbestätigung unserer Annahme könnte allerdings auf methodischen Mängeln (z. B. Unterschieden in Problemträchtigkeit und Bekanntheitsgrad der Inhalte) beruhen. Wenn es also gelänge, Schwierigkeitsgrad und Bekanntheitsgrad der verwendeten Lehrprogramme soweit als möglich übereinstimmend zu gestalten, sollte sich eine deutliche Leistungsüberlegenheit (Lerneffizienz) des PGU gegenüber dem PEU herausstellen. Dies kann vor allem erwartet werden, wenn 1. die Zielsetzungen des Unterrichts nicht nur in der Förderung von Lernleistung, sondern vor allem auch in der des Sozialverhaltens und der Persönlichkeitsformung bestehen (vgl. z. B. *Dietrich* 1969) und wenn 2. Struktur und Inhalt des Lehrstoffs unübersichtlich, mehrdeutig und problemträchtig sind, sodaß (nur) sachliche Diskussion in partnerschaftlichem Einverständnis eine erfolgreiche(re) Bewältigung gewährleistet. Wo es um reine Wissensvermittlung geht, können auch andere Unterrichtsformen, wie programmierter Einzel- oder Parallelunterricht bei didaktisch guter Gestaltung zu demselben Lernerfolg führen wie der PGU.

Es wäre aber vom theoretischen wie vom pragmatischen Standpunkt aus falsch, die vergleichende Unterrichtsforschung auf diesem Gebiet nur deshalb einzustellen, weil die zum Teil auch ideologischen (vgl. z. B. *Skinner* 1968) oder kommerziellen Interessen entsprungenen Velleitäten in Bezug auf den programmierten Unterricht nicht zu den erwarteten spektakulären Erfolgen geführt haben. Es käme somit darauf an, in Zukunft möglichst viele geeignete, hinsichtlich ihres inhaltlichen und algorithmischen Schwierigkeitsgrades adäquate Lehrprogramme zu entwickeln, ehe man weitere Effizienzvergleich zwischen den verschiedenen Unterrichtsformen durchführt.

In eine ähnliche Richtung weisen unsere Erfahrungen in *motivationspsychologischer Hinsicht*: Der motivationale Aufforderungscharakter hängt beim programmierten Unterricht von der Sozialform (Einzel- oder Gruppenunterricht) und vor allem auch von der didaktischen Gestaltung des Lehrinhalts ab. Die Einsatzerfahrungen mit den drei Lehrprogrammen der bisherigen LINDA-Versuche zeigen nämlich: Je geringer das Vorwissen, je vieldeutiger die Inhalte und je offener die Problemstellungen sind, desto anregender und diskussionsfördernder ist ein Lehrprogramm. Bloße Faktenvermittlung oder die Einübung elementarer Kenntnisse kann vermutlich in gut vorbereitetem Frontalunterricht mit der gleichen Effizienz betrieben werden (vgl. *Dietrich* 1972); dazu bedarf es, außer etwa bei Selbst- oder Fernstudium, keiner programmierten Instruktion. Die vergleichende Effizienzforschung sollte daher (z. B. mit inhaltsanalytischen Techniken) weitere Lehrprogramme mit unterschiedlichem motivationalem Aufforderungscharakter entwickeln, um die Güte ihrer operationalen Grundlagen auch in dieser Hinsicht abzusichern.

Die Pädagogen sollten zudem nicht übersehen, daß man sich auch auf anderen Wissensgebieten, wie etwa Jurisprudenz oder Medizin, mit wachsendem Vorteil der programmierten Informationstechniken bedient. Wissenschaftliche Studien über den programmierten Unterricht sind zwar zur Zeit nicht „in". Dies enthebt aber Pädagogik und Psychologie nicht von der Verpflichtung, diesen experimentellen Zweig didaktischer und lerntheoretischer Grundlagenforschung weiterzuverfolgen.

Das zweite Anliegen unserer Untersuchungen, die *Überprüfung der Optimumhypothese*, erbrachte zwar befriedigendere Ergebnisse als der Effizienzvergleich, geht aber von einigen Voraussetzungen aus, die weiterer Klärung bedürfen. Die theoretische Grundlage unseres Überprüfungsverfahrens bildete das „Gleichgewichtsmodell", wie es von *Bales, Stogdill* u. a. entwickelt worden ist, im Gegensatz zum „Lizitationsmodell" von *Homans* u. a.. Die Verifizierung der Optimumhypothese unter den aus dem Gleichgewichtsmodell abgeleiteten operationalen Bedingungen rechtfertigt zwar indirekt auch deren theoretische Stringenz. Es bleibt aber mit unseren Untersuchungsverfahren die Frage offen, wie sich unvorhergesehene äußere Störfaktoren auf das innere Gleichgewichts- und Interaktionssystem der Versuchsgruppen auswirken. Für eine bessere Absicherung unserer Hypothese wären daher systematische Untersuchungen der *Prozesse* erforderlich, die zur Erhaltung des „Gleichgewichts" gegen äußere Störfaktoren (z. B. Ausfall von Informationen, Energie oder Material) in Gruppen mit „optimalen" und „nichtoptimalen" Interaktionsbedingungen führen.

Eine weitere Aufgabe zukünftiger Forschung zur Validierung der Optimumhypothese liegt im systematischen Studium des Interaktionsverhaltens auch *anderer Personenkreise* als der bisher einbezogenen Ober- und Hochschüler. Dabei könnte man sich auf die Erfahrungen mit dem „Gruppenfertigungsversuch" stützen. Seine Aufgabenstellung hat nämlich Motivierung und Problemorientiertheit sowie auch Kenntnisse und Erfahrungen von Gruppen ganz unterschiedlicher Herkunft angesprochen (z. B. Facharbeiter, Lehrlinge, Hochschüler, Manager). Die Forschung über optimale Interaktionsstrukturen sollte sich daher in Zukunft nicht nur auf Unterrichts- und Lerngruppen, sondern auch auf praxisorientierte Arbeits- und Fertigungsgruppen beziehen.

Schließlich müßte bei späteren Untersuchungen auch der Problematik des „*Bekanntheitsgrades*" durch dessen systematische Variation Rechnung getragen werden. In Gruppen „Bekannter" können z. B. bereits bestehende Rollenerwartungen und stereotypisierte Einstellungen mehr oder minder bewußt in das Interaktionsgeschehen eingebracht werden. Andererseits können in Gruppen „Unbekannter" zunächst Interaktionsbarrieren bestehen, deren Abbau eine zusätzliche Leistung in funktionaler wie auch in sozioemotionaler Hinsicht erfordert.

Mit diesen Erörterungen methodologischer Schwachstellen unserer Versuchsanordnung und offener theoretischer Fragen hoffen wir fruchtbare Anregungen für zukünftige Arbeiten auf den Gebieten der Unterrichtsforschung und der Sozialpsychologie gegeben zu haben.

Literaturverzeichnis

Amthauer, R.: Intelligenz-Struktur-Test 70. Hogrefe: Göttingen 1970
Anger, H.: Theoriebildung und Modelldenken in der Kleingruppenforschung. In: Kölner Zeitschr. f. Soz. u. Soz. Psychol. XIV, 1, 1962, 4 – 18
Arensberg, C. M. & Mac Gregor, D.: Determination of morale in an industrial company. In: Appl. Anthropology Vol. 1, 2, 1942
Argyris, Ch.: Personality and Organization. Harper: New York 1957
Bales, R. F.: Interaction Process Analysis: A Method for the Study of Small Groups. Addison-Wesley: Cambridge, Mass. 1950
Bales, R. F.: Die Interaktionsanalyse: ein Beobachtungsverfahren zur Untersuchung kleiner Gruppen. In: *König* (1966)
Bales, R. F.: Personality and Interpersonal Behavior. Holt, Rinehart & Winston: New York 1970
Bavelas, A.: Communication patterns in task-oriented groups. In: *Lerner & Lasswell* (1959)
Berkowitz, L. (Hrsg.): Advances in Experimental Social Psychology Vol. 2. Academic Press: New York u. London 1965
Bion, W. R.: Erfahrungen in Gruppen und andere Schriften. Klett: Stuttgart 1974, 2. Auflage
Bornemann, E.: Hauptergebnisse der experimentellen Gruppenpsychologie. In: *Paul* und *Steinmetz* (1953), 109 – 124
Bredenkamp, J.: Der Signifikanztest in der psychologischen Forschung. Akad. Verl. Ges.: Frankfur/M. 1972
Brocher, T.: Gruppendynamik und Erwachsenenbildung. Westermann: Braunschweig 1967
Bruner, J. S. & Goodman, C. C.: Value and needs as organizing factors in perception. In: Journ. of abn. Soc. Psychol. 42, 1947, 33 – 44
Bruner, J. S. & Postman, L.: Perception, cognition and behavior. In: Journ. of Pers. 18, 1949/50, 14 – 31
Bruner, J. S. & Postman, L.: An approach to social perception. In: *Dennis* et al. (1951)
Cattell, R. B. et al.: The dimensions of syntality in small groups. In: Human Relations 6, 1953, 331 – 356
Cattell, R. B.: Handbook of Multivariate Experimental Psychology. Rand McNally: Chicago 1966
Cohn, R.: Von der Psychoanalyse zur themenzentrierten Interaktion. Klett: Stuttgart 1975
Collins, B. E. & Guetzkow, H.: A Social Psychology of Group Processes for Decision-Making. Wiley: New York – London – Sidney 1964

Correll, W.: Pädagogische Verhaltenspsychologie. Reinhardt: München – Basel 1965, 2. Auflage

Correll, W. (Hrsg.): Programmiertes Lernen und Lehrmaschinen. Westermann: Braunschweig 1966

Cooley, W. W. & Lohnes, P. R.: Multivariate Procedures for the Behavioral Sciences. Wiley: New York 1971

Dennis, W. et al.: Current Trends in Psychological Theory. Univ. of Pittsburgh Press: Pittsburgh 1951

Dietrich, G.: Die Bildungswirkungen des Gruppenunterrichts. Ehrenwirth: München 1969

Dietrich, G. (Hrsg.): Unterrichtspsychologie in der Sekundarstufe. Beiträge zur Forschung, Theorie und Praxis. Auer: Donauwörth 1972

Dietrich, G. (Hrsg.): Kooperatives Lernen in der Schule. Auer: Donauwörth 1974

Edwards, A. L.: Versuchsplanung in der psychologischen Forschung, Beltz: Weinheim 1971

Eyferth, K. u. Kreppner, K.: Entstehung, Konstanz und Wandel von Einstellungen. In: *Graumann* (1972), 1342 – 1370

Fahrenberg, G. et al.: Das Freiburger Persönlichkeitsinventar FPI. Hogrefe: Göttingen 1973

Fiedler, F. E.: Leader Attitudes and Group Effectiveness. University of Illinois Press: Urbana, Ill. 1958

Fiedler, F. E.: A Theory of Leadership Effectiveness. McGraw-Hill: New York – Toronto – London 1967

Fischer, H.: Gruppenstruktur und Gruppenleistung. Huber: Stuttgart – Bern 1962

Frank, H. (Hrsg.): Lehrmaschinen in kybernetischer und pädagogischer Sicht, Bd. 3. Klett-Oldenbourg: Stuttgart – München 1965

Frank, H. (Hrsg.): Kybernetische Grundlagen der Pädagogik, Bd. 1 und 2. Kohlhammer-Agis: Baden-Baden 1969

Gaensslen, H. u. Schubö, W.: Einfache und komplexe statistische Analyse. Reinhardt: München 1976

Gaude, P. u. Teschner, W. P.: Objektivierte Leistungsmessung in der Schule. Einsatz informeller Tests im Unterricht. Diesterweg: Frankfurt 1971

Gensch, G.: Konzeption und Weiterentwicklung des Gruppenlehrautomaten. In: *Rollett u. Weltner* (1971), 255 – 259

Gensch, G.: Die Entwicklung des Gruppenlehrautomaten. In: *Lánský u. Scharmann* (1976), 75 – 133

Graumann, C. F.: „Social Perception": Die Motivation der Wahrnehmung in neueren amerikanischen Untersuchungen. In: Zschr. f. exp. u. angew. Psychol. 3, 1955/56, 605 – 661

Graumann, C. F.: Grundlagen einer Phänomenologie und Psychologie der Perspektivität. De Gruyter: Berlin 1960

Graumann, C. F.: Nicht-sinnliche Bedingungen des Wahrnehmens. In: *Metzger* (1966), 1031 – 1096

Graumann, C. F. (Hrsg.): Sozialpsychologie. Hb. d. Psychol. Bd. 7, 2. Halbbd. Hogrefe: Göttingen 1972

Hanhart, D.: Der Gruppenfertigungsversuch. Ein Beitrag zur experimentellen Gruppenforschung. In: Schweizer. Zschr. f. Psychol. u. ihre Anwendungen 1, 1963, 29 – 42

Hare, A. P.: Handbook of Small Group Research. The Free Press-Macmillan: New York – London 1962, 6. Auflage
Heckhausen, H.: Hoffnung und Furcht in der Leistungsmotivation. Hain: Meisenheim 1963
Heintel, P. E. et al.: Gruppe und Bildung. De Gruyter: Berlin 1975
Hellpach, W.: Sozialpsychologie. Barth: Heidelberg, Enke: Stuttgart 1951
Heslin, R. & Dunphy, D.: Three dimensions of member satisfaction in small groups. In: Human Relations 1, 2, 1964, 99 – 112
Hoffmann, L. R.: Group problem solving. In: Berkowitz (1965), 99 – 132
Hofstätter, P. R.: Sozialpsychologie. De Gruyter: Berlin 1956
Hofstätter, P. R.: Gruppendynamik. Kritik der Massenpsychologie. Rowohlt: Reinbek b. Hamburg 1957
Holzkamp, C. et al.: Effektivität unterschiedlicher Präsentationsformen eines Lehrprogramms. In: Zschr. f. Berufsbildungsforschung 1, 1972, 21 – 27
Homans, G. C.: The Human Group. Harcourt, Brace & World: New York 1950
Homans, G. C.: Theorie der sozialen Gruppe. Westdeutscher Verlag: Köln – Opladen 1965, 2. Auflage
Irle, M. (Hrsg.): Texte aus der experimentellen Sozialpsychologie. Luchterhand: Berlin – Neuwied 1969
Jarvis, G. T.: MUSIC-STATPAK – Reference-Manual. McGill Univ.: ohne Ort 1974
Kiessler, K. u. Scholl, W.: Partizipation und Macht in aufgabenorientierten Gruppen. Haag & Horchen: Frankfurt/M. 1976
Klauer, K. J. et al.: Lehrzielorientierte Teste – Beiträge zur Theorie, Konstruktion und Anwendung. Düsseldorf 1972
Koch, S. (Hrsg.): Psychology – A Study of a Science. Vol. 5, McGraw-Hill: New York 1963
König, R. (Hrsg.): Beobachtung und Experiment in der Sozialforschung. Kiepenheuer & Wietsch: Köln – Berlin 1966
Krause, M. U.: Studien zur Operationalisierbarkeit der Optimum-Beziehungen zwischen Interaktionsstruktur und Leistung bei experimentellen Fertigungsgruppen. Unveröff. Diss.: Salzburg 1970
Krause, M. U.: Zur empirischen Überprüfung eines kybernetischen Modells des Programmierten Interaktionsverhaltens. In: Rollett u. Weltner (1973), S. 416 – 419
Krause, M. U.: Der Lernerfolg bei den LINDA-Versuchen. In: Lánský u. Scharmann (1976), 169 – 205
Krause, M. U. u. Sageder, J.: Effizienzvergleich computergesteuerten Parallelunterrichts mit programmiertem Einzelunterricht in Buchform. FEoLL: Paderborn 1975
Krause, M. U. u. Sageder, J.: Versuchsanordnung und Methoden. In: Lánský u. Scharmann (1976), 37 – 74
Krech, D. et al.: Individual in Society. McGraw-Hill: New York 1962
Lánský, M.: Kybernetisches Modell des Gruppenlernen. In: Rollett u. Weltner (1971), 246 – 251
Lánský, M.: Kybernetisches Modell. In: Lánský u. Scharmann (1976), 236 – 272
Lánský, M. u. Scharmann, Th.: Programmierter Gruppenunterricht. Schroedel-Schöningh: Hannover – Paderborn 1976

Lerner, A. W. & Lasswell, H. D. (Hrsg.): The Policy Sciences. Stanford Univ. Press: Stanford 1951
Lewin, K. et al.: Patterns of aggressive behavior in experimentally created „social" climates". In: The Journal of Soc. Psychol. 10, 1939, 271 – 299
Lewin, K.: Resolving Social Conflicts. Harper: New York 1948
Lewin, K.: Die Lösung sozialer Konflikte. Christian: Bad Nauheim 1968
Lewin, K.: Feldtheorie in den Sozialwissenschaften. Huber: Bern – Stuttgart 1963
Lienert, G. A.: Testaufbau und Testanalyse. Beltz: Weinheim 1969, 3. Auflage
Lorenz, E.: Zur Psychologie der industriellen Gruppenarbeit. In: Zschr. f. angewandte Psychol. 45, 1933, 1 – 45
Lorenz, K.: Das sogenannte Böse. Borotha-Schöler: Wien 1966
Lorenz, K.: Vergleichende Verhaltensforschung. Springer: Wien u. a. 1978
Lorenzer, A.: Ansätze einer materialistischen Sozialisationstheorie. Suhrkamp: Frankfurt/M. 1973
Lüschen, G. (Hrsg.): Kleingruppenforschung und Gruppe im Sport. Westdeutscher Verlag: Köln – Opladen 1966
Maxeiner, V.: Vergleich zweier Darbietungsformen (Buch und Lehrautomatenfilm) eines verzweigten mathematischen Kurzprogrammes im Hinblick auf Leistung und Erleben der Lernenden. In: Praxis und Perspektiven des Programmierten Unterrichts, Bd. II. Schnelle: Quickborn 1967
Mayer, A. u. Herwig, B. (Hrsg.): Betriebspsychologie. Hb. d. Psychol. Bd. 9. Hogrefe: Göttingen 1961
Mayerhöfer, R.: BAKKALAUREUS – System zur Bewältigung des didaktischen Informationsumsatzes von Schule, Hochschule, Wirtschaft und Industrie im nächsten Jahrzehnt. Vieweg: Braunschweig 1969
Mc Grath, J. E. & Altmann, I.: Small Group Research. Holt, Rinehart & Winston: New York 1966
Metzger, W. (Hrsg.): Allgemeine Psychologie. Hb. d. Psychol. Bd. 1, 1. Halbbd. Hogrefe: Göttingen 1966
Müller, H. A.: Die Verwendung der Interaktionskategorien von Bales beim Gruppenfertigungsversuch. In: Psychol. Rundschau 12, 1961, 251 – 263
Müller, H. A.: Die Dynamik des Arbeitsverhaltens und ihre Wirkung auf die Gruppenleistung. In: Psychologie u. Praxis 6, 1, 1962, 21 – 28
Nie, N. H. et al.: Statistical Package for the Social Sciences. Mc Graw-Hill: New York 1975, 2. erw. Auflage
Opp, K. D.: Methodologie der Sozialwissenschaften. Rowohlt: Hamburg 1970
Pagés, M.: Das affektive Leben der Gruppen. Klett: Stuttgart 1974
Parsons, T. et al.: Working Papers in the Theory of Action. The Free Press-Macmillan: New York – London 1953
Paul, H. u. Steinmetz, P. H. (Hrsg.): Die Gruppe im Betrieb. Ardey: Dortmund 1953
Postman, L.: Towards a general theory of cognition. In: *Rohrer & Sherif* (1951), 242 – 272
Postman, L.: Perception and Learning. In: *Koch* (1963), 30 – 113

Rauner, F. u. Trotier, J.: Computergesteuerter Unterricht – Das ALCU-Projekt, ein Schulversuch in Berlin-Wedding. Berliner Union-Kohlhammer: Stuttgart 1971
Rollett, B. u. Weltner, K. (Hrsg.): Perspektiven des Programmierten Unterrichts. Österr. Bundesverlag: Wien 1970
Rollett, B. u. Weltner, K. (Hrsg.): Fortschritte und Ergebnisse der Unterrichtstechnologie. Ehrenwirth: München 1971
Rollett, B. u. Weltner, K. (Hrsg.): Fortschritte und Ergebnisse der Bildungstechnologie 2. Ehrenwirth: München 1973
Rollett, B. u. Bartram, M. (Hrsg.): Einführung in die hierarchische Clusteranalyse. Klett: Stuttgart 1976
Rohrer, M. u. Sherif, M. (Hrsg.): Social Psychology at the Cross-Roads. Academic Press: New York, 1951
Roth, E.: Einstellung als Determination individuellen Verhaltens. Hogrefe: Göttingen 1967
Sageder, J.: Optimierung eines Modells für das Lernen in Kleingruppen. Paderborner Forschungsberichte, *FEoLL*: Paderborn 1975
Sageder, J. u. Tauber, M. J.: Lehralgorithmus und Lehrprogrammerstellung. In: *Lánský u. Scharmann* (1976), 134 – 168
Sbandi, P.: Gruppenpsychologie. Pfeiffer: München 1973
Sbandi, P. u. Vogl, A.: Lebenselement Gruppe. Kommunikation und Gruppe in psychologischer Gesundheit und Krankheit. Pfeiffer: München 1978
Scharmann, Th.: Untersuchungen über das intellektuelle Verhalten in der Gruppe. In: *Wellek* (1953), 148 ff.
Scharmann, Th.: Die Gruppe im Betrieb. In: *Paul u. Steinmetz* (1953), 53 – 76
Scharmann, Th.: Zur Systematik des „Gruppenbegriffes" in der neueren deutschen Soziologie und Psychologie. In: Psychol. Rundschau 1, 1959, 16 – 48
Scharmann, Th.: Zur Methodik der experimentellen Gruppenforschung. In: *Thomae* (1961), 259 – 262
Scharmann, Th.: Experimentelle Interaktionsanalyse kleiner Gruppen. In: Kölner Zschr. f. Soz. z. Soz. Psychol. 1, 1962, 139 – 154
Scharmann, Th.: Betriebsorganisation und Gruppenpflege. In: *Scharmann, Th.:* Persönlichkeit und Gesellschaft. Hogrefe: Göttingen 1966, 105 – 117
Scharmann, Th.: Der Gruppenfertigungsversuch. In: *Lüschen* (1966), 66 – 83
Scharmann, Th.: Das Motivationsproblem beim Programmierten Gruppenunterricht. In: *Rollett u. Weltner* (1971), 239 – 245
Scharmann, Th.: Leistungsorientierte Gruppen. In: *Graumann* (1972), 1790 – 1864
Scharmann, Th.: Fragestellung und Hypothesen. In: *Lánský u. Scharmann* (1976), 8 – 36
Schenk, J. et al.: Zur Struktur des Freiburger Persönlichkeits-Inventars, In: Zschr. f. exp. u. angew. Psychol. 24, 1977, 492 – 509
Schneider, H. D.: Kleingruppenforschung. Teubner: Stuttgart 1975
Sixtl, F.: Meßmethoden der Psychologie. Beltz: Weinheim 1967
Sjølund, A.: Gruppenpsychologie für Erzieher, Lehrer und Gruppenleiter. Quelle & Meyer: Heidelberg 1974
Skinner, B. F.: The Technology of Teaching. Meredith Corp.: New York 1968

Skinner, B. F.:	Wissenschaft und menschliches Verhalten. Kindler: München 1973
Steiner, I. D.:	Group Process and Productivity. Academic Press: New York 1972
Steinhausen, D. u. Langer, K.:	Clusteranalyse. Einführung in Methoden und Verfahren der automatischen Klassifizierung. De Gruyter: Berlin – New York 1977
Stirn, H.:	Die informelle Arbeitsgruppe. Ardey: Dortmund 1952
Stirn, H.:	Die Arbeitsgruppe. In: *Mayer u. Herwig* (1961), 487 – 510
Stogdill, R. M.:	Individual Behavior and Group Achievement. Oxford Univ. Press: New York 1959
Strittmatter, P. (Hrsg.):	Lernzielorientierte Leistungsmessung. Beltz: Weinheim 1973
Tauber, M. J.:	Ein Bericht über experimentelle Grundlagen des Programmierten Gruppenunterrichts. In: *Rollett u. Weltner* (1971), 252 – 254
Thibaut, J. W. u. Kelley, H. H.:	The Social Psychology of Groups. Wiley: New York – London – Sidney 1967
Thomae, H. (Hrsg.):	Bericht über den 22. Kongreß der Deutschen Gesellschaft f. Psychol. 1959. Hogrefe: Göttingen 1961
Thomae, H. (Hrsg.):	Motivation. Hb. der Psychol. Bd. 2. Hogrefe: Göttingen 1965
Thomae, H.:	Psychologie in der modernen Gesellschaft. Hoffmann & Campe: Hamburg 1977
Tinbergen, N.:	Tiere untereinander. Parey: Hamburg 1967
Traxel, W.:	Einführung in die Methoden der Psychologie. Huber: Bern – Stuttgart 1964
Veldman, D. J.:	FORTRAN Programming for die Behavioral Sciences. Holt, Rinehart & Winston: New York 1967
Walther, H.:	Gruppenunterricht mit Lehrprogrammen. In: *Dietrich* (1972), 211 – 260
Walther, H.:	Validierung von Unterrichtsprogrammen. In: *Dietrich* (1972), 297 – 316
Waldhäusl, R.:	Der Basaltext zu „Soziale Wahrnehmung" – Ein methodologischer Beitrag zum Programmierten Unterricht. Unveröff. Diplomarbeit: Linz 1975
Wellek, A. (Hrsg.):	Bericht über den 17. und 18. Kongreß der Deutschen Gesellsch. f. Psychologie 1948/51. Hogrefe: Göttingen 1953
Weltner, K.:	Bildungstechnologie in der Bundesrepublik im öffentlichen Bereich. In: *Rollett u. Weltner* (1973), 17 – 25
Winer, B. J.:	Statistical Principles in Experimental Design. McGraw-Hill: New York – San Francisco – Toronto – London 1962

ANHANG

1. und 2. Fragebogen für Einzel- und Gruppenversuche

Vor- und Nachwissenstests zu den Lehrprogrammen „Ebbinghaus" und „Soziale Wahrnehmung

1. Fragebogen GV und EV *(nur Fragen 1 – 16!)*

ANLEITUNG
Bitte beantworten Sie die folgenden Fragen möglichst rasch, im Zweifelsfalle rein gefühlsmäßig! Es interessiert uns Ihre persönliche Meinung!

ALTER (in Jahren): ☐   GESCHLECHT: männl. ☐ weibl. ☐

1. In der Folge werden Sie mit Programmiertem Unterricht (PU) unterrichtet. Haben sie schon eigene Erfahrungen mit Programmiertem Unterricht gesammtel, bzw. haben Sie schon davon gehört?

    – Mier ist der PU unbekannt ☐
    – Ich habe schon von PU gehört ☐
    – Ich wurde bereits mit PU unterrichtet ☐
    – Ich wurde öfters mit PU unterrichtet ☐

2. Beim Unterricht mit einem Lehrprogramm lernt man

    – mehr ☐
    – genauso viel ☐
    – weniger ☐

    als im Unterricht mit einem Lehrer allein.

3. Der Unterricht mit einem Lehrprogramm macht

    – mehr Spaß ☐
    – genauso viel Spaß ☐
    – weniger Spaß ☐

    als mit einem Lehrer allein.

4. Der Programmierte Unterricht

	stimmt vollkommen	stimmt ziemlich	stimmt eher nicht	stimmt gar nicht
– ist interessant	☐	☐	☐	☐
– ist anregend	☐	☐	☐	☐
– ist abwechslungsreich	☐	☐	☐	☐
– ist spannend	☐	☐	☐	☐
– ist die Unterrichtsform der Zukunft	☐	☐	☐	☐

5. Der Programmierte Unterricht

	stimmt vollkommen	stimmt ziemlich	stimmt eher nicht	stimmt gar nicht
– ist uninteressant	☐	☐	☐	☐
– ist ermüdend	☐	☐	☐	☐
– ist eintönig	☐	☐	☐	☐
– ist anstrengend	☐	☐	☐	☐
– ist langweilig	☐	☐	☐	☐
– ist eine pädagogische Spielerei	☐	☐	☐	☐

6. Durch Diskussion über den Lehrstoff lernt man
   - mehr ☐
   - genauso viel ☐
   - weniger ☐

als wenn man allein lernt.

7. Wenn man im Unterricht diskutiert, macht das
   - mehr Spaß ☐
   - genauso viel Spaß ☐
   - weniger Spaß ☐

als wenn man nicht diskutiert.

8. Wenn Sie sich auf eine Prüfung vorbereiten, arbeiten Sie dann lieber allein oder lieber mit anderen?
   - grundsätzlich allein ☐
   - lieber allein ☐
   - ist mir gleichgültig ☐
   - lieber mit anderen ☐
   - grundsätzlich mit anderen ☐

Die nun folgenden Fragen beziehen sich auf Situationen, die sicher auch an Ihrer Schule vorgekommen sind oder auftreten können. Zu jeder Situation werden Probleme und Meinungen beschrieben, zu denen Sie bitte Stellung nehmen sollen. Bitte kreuzen Sie jeweils nur eine Aussage an, die am besten auf Sie persönlich zutrifft!

9. Bei der Vorbereitung auf eine Prüfung stellen Sie fest, daß Sie die Mitarbeit von Klassenkameraden brauchen.
   - Ich arbeite nur mit sympathischen Leuten zusammen ☐
   - Ich möchte möglichst mit sympathischen Klassenkameraden zusmmenarbeiten, auch wenn sie nicht so viel können ☐
   - Ich arbeite lieber mit fähigen Klassenkameraden zusammen, auch wenn wir nicht so gut auskommen ☐
   - Ich bitte fähige Klassenkameraden umm ihre Mitarbeit, auch wenn ich sie nicht riechen kann ☐

10. Eine Schulfeier soll vorbereitet werden. Es müssen Einladungen verschickt, Getränke eingkauft und das Klassenzimmer dekoriert werden. Sie sollen sich einen Mitarbeiter für diese Vorbereitungen aussuchen.
    - Ich kann nur mit einem sympathischen Partner zusammenarbeiten ☐
    - Die Sympathie ist das Vorrangige, das fachliche Können sollte aber berücksichtigt werden ☐
    - Der fachliche Gesichtspunkt ist für mich vorrangig, mein Partner sollte aber auch sympathisch sein ☐
    - Mein Mitschüler sollte vor allem etwas können, alles andere ist für mich uninteressant ☐

11. Für die Wahl des Klassensprechers bewirbt sich ein Mitschüler, der Ihnen persönlich unsympathisch ist, aber für das Amt des Klassensprechers sehr geeignet wäre.
    - Ich würde ihn auf jeden Fall wählen ☐
    - Ich würde ihn wählen, wenn er auch weniger geeignet wäre ☐
    - Ich würde ihn wählen, wenn er etwas sympathischer wäre ☐
    - Ich würde ihn auf keinen Fall wählen ☐

12. Als Klassensprecher soll man die Interessen der Klasse vertreten; dabei kann es zu Meinungsverschiedenheiten und Konflikten mit Lehrern kommen. Wie beurteilen Sie die Bedeutung von guten Beziehungen zu Lehrern?
    - Halte ich für überhaupt nicht wichtig ☐
    - Halte ich für eher unwichtig ☐
    - Halte ich für eher wichtig ☐
    - Halte ich für sehr wichtig ☐

13. Für die Wahl des Klassensprechers bewirbt sich ein Mitschüler, der Ihnen persönlich sehr sympathisch ist, aber für das Amt des Klassensprechers eher ungeeignet wäre.
    - Ich würde ihn auf jeden Fall wählen ☐
    - Ich würde ihn wählen, wenn er auch weniger symathisch wäre ☐
    - Ich würde ihn wählen, wenn er etwas besser geeignet wäre ☐
    - Ich würde ihn auf keinen Fall wählen ☐

14. Sie sollen zusammen mit einem Mitschüler die Herausgabe einer Schülerzeitung vorbereiten. Nach welchen Gesichtspunkten wählen Sie den Mitschüler aus?

- Ich würde auf jeden Fall meinen besten Freund nehmen ☐
- Ich würde mir einen Mitschüler suchen, der mir persönlich liegt, auch wenn er von der Sache nicht sehr viel versteht ☐
- Ich würde mir einen Mitschüler suchen, der einige Erfahrung mitbringt. Ganz unsympathisch sollte er auch nicht sein ☐
- Ich würde mir auf jeden Fall den Schüler aussuchen, der am meisten Erfahrung hat ☐

15. Wenn ein Lehrer unterrichtet, der mir sympathisch ist, aber fachlich nicht besonders viel kann, dann
    - arbeite ich im Unterricht konzentriert mit ☐
    - beteilige ich mich eher am Unterricht ☐
    - beteilige ich mich eher nicht am Unterricht ☐
    - arbeite ich im Unterricht nicht mit ☐

16. Wenn ein Lehrer unterrichtet, der mir unsympathisch ist, aber fachlich besonders viel kann, dann
    - arbeite ich im Unterricht konzentriert mit ☐
    - beteilige ich mich eher am Unterricht ☐
    - beteilige ich mich eher nicht am Unterricht ☐
    - arbeite ich im Unterricht nicht mit ☐

17. Setzen Sie bitte unten die Nummern der Ihnen bekannten bzw. nicht bekannten Gruppenmitglieder ein:

    BEKANNT: NICHT BEKANNT: EIGENE NR.:

2. Fragebogen GV und EV *(nur Fragen 1 – 8!)*

> **ANLEITUNG**
> Bitte beantworten Sie die folgenden Fragen möglichst rasch, im Zweifelsfalle rein gefühlsmäßig! Es interessiert uns Ihre persönliche Meinung!

ALTER (in Jahren): ☐   GESCHLECHT: männl. ☐ weibl. ☐

1. Stufen Sie bitte den Programmierten Unterricht im Hinblick auf seine Lernwirksamkeit für Sie persönlich ein!

   sehr wirksam   sehr unwirksam
   ├──┼──┼──┼──┼──┤
   +3 +2 +1 0 −1 −2 −3

2. Beim Unterricht mit einem Lehrprogramm lernt man
    - mehr ☐
    - genauso viel ☐
    - weniger ☐

   als im Unterricht mit einem Lehrer allein.

3. Der Unterricht mit einem Lehrprogramm macht
   - mehr Spaß ☐
   - genauso viel Spaß ☐
   - weniger Spaß ☐

als der Unterricht mit einem Lehrer allein.

4. Der Programmierte Unterricht

	stimmt voll- kommen	stimmt ziem- lich	stimmt eher nicht	stimmt gar nicht
– ist interessant	☐	☐	☐	☐
– ist anregend	☐	☐	☐	☐
– ist abwechslungsreich	☐	☐	☐	☐
– ist spannend	☐	☐	☐	☐
– ist die Unterrichtsform der Zukunft	☐	☐	☐	☐

5. Der Programmierte Unterricht

	stimmt voll- kommen	stimmt ziem- lich	stimmt eher nicht	stimmt gar nicht
– ist uninteressant	☐	☐	☐	☐
– ist ermüdend	☐	☐	☐	☐
– ist eintönig	☐	☐	☐	☐
– ist anstrengend	☐	☐	☐	☐
– ist langweilig	☐	☐	☐	☐
– ist eine pädagogische Spielerei	☐	☐	☐	☐

6. Durch Diskussion über den Lehrstoff lernt man
   - mehr ☐
   - genauso viel ☐
   - weniger ☐

als wenn man allein lernt.

7. Wenn man im Unterricht diskutiert, macht das
   - mehr Spaß ☐
   - genauso viel Spaß ☐
   - weniger Spaß ☐

als wenn man nicht diskutiert.

8. Wenn Sie sich auf eine Prüfung vorbereiten, arbeiten Sie dann lieber allein oder lieber mit anderen?
   - grundsätzlich allein ☐
   - lieber allein ☐
   - ist mir gleichgültig ☐
   - lieber mit anderen ☐
   - grundsätzlich mit anderen ☐

9. Wahrscheinlich gibt es gewisse Unterschiede in der Sympathie, die Sie persönlich den übrigen Gruppenmitgliedern entgegenbringen. Schätzen Sie nun bitte ungefähr prozentuell ein, wie intensiv Ihnen die übrigen Mitglieder sympathisch oder unsympathisch sind, wobei 0% für „sehr unsympathisch" und 100% für „sehr sympathisch" steht. Ihre eigene Platznummer kennzeichnen Sie bitte mit einem Kreuz!

Person mit Platznummer	1	2	3	4	5
ist mir ...	%	%	%	%	%

sympathisch

10. Wer hat während der Diskussion wohl die meisten Ideen zur Lösung der aufgetretenen Probleme beigesteuert?
    Bilden Sie bitte eine Reihenfolge, in der Sie selbst enthalten sind! Setzen Sie in die Kästchen die entsprechende Platznummer!

    die meisten   die wenigsten
    Ideen   Ideen

11. Wer hat Ihrer Meinung nach wohl am meisten bzw. wenigsten dazu beigetragen, bei Meinungsverschiedenheiten zu vermitteln?
    Bilden Sie bitte eine Reihenfolge, in der Sie selbst enthalten sind! Setzen Sie in die Kästchen die entsprechenden Platznummern!

    am meisten   am wenigsten
    vermittelt   vermittelt

12. Sie haben einige der Anwesenden durch den Versuch etwas (besser) kennengelernt. Angenommen, Sie hätten die Möglichkeit, mit einer der anwesenden Personen Ihre Freizeit zu verbringen: Mit wem würden Sie dies am ehesten tun?

                                    Person auf
                                    Platz Nr.
    am liebsten mit   ☐
    am zweitliebsten mit   ☐
    am drittliebsten mit   ☐

Vor- und Nachwissenstest zum LP „Ebbinghaus"

(Aufgaben sind nur dem Wortlaut nach wiedergegeben!)
1. Kennen Sie den Begründer der experimentellen Gedächtnisforschung? Nennen Sie gegebenenfalls seinen Namen!
2. Nennen Sie zwei Beispiele psychischer Funktionen!
3. Sie benötigen zum Auswendiglernen eines Gedichts beispielsweise eine Stunde. Brauchen Sie dann für ein doppelt so langes Gedicht weniger als 2 Stunden?   2 Stunden?   mehr als 2 Stunden?
4. Geben Sie an, zu welcher großen Gruppe psychischer Phänomene das Gedächtnis zu zählen ist!

5. Ein Text wird einmal vorgelesen. Sie sollen diesen Text sofort auf dem Gedächtnis wiedergegeben. Was wird gemessen, um die Leistungsfähigkeit Ihres Gedächtnisses festzustellen?
6. Bezeichnen Sie die Tatsache der Bindung zwischen Gedächtnisinhalten mit einem Fachausdruck!
7. Wenn man die Anzahl der Darbietungen eines Lernstoffes vergrößert, entspricht dies einer Vergrößerung der
  Behaltenszeit?   Silbenreihe?   Lernzeit?   Vergessenszeit?   Lernstofflänge?
8. Geben Sie an, welche Untersuchungsmethode der Gedächtnisforschung zur sogenannten „Vergessenskurve" geführt hat!
  Introspektion?   Experiment?   Beobachtung?   Ersparnismethode?
  Vergessensmethode?   Behaltensmethode?
9. Wie wirkt sich eine Vergrößerung der Zeitabstände zwischen Lernvorgängen auf die Ersparnis an Wiederholungen aus?
  Kreuzen Sie bitte die Ihrer Ansicht nach zutreffende Antwort an! Die Ersparnis an Wiederholungen
  wird kleiner?   bleibt gleich?   wird größer?
10. Ein Gedicht wird gelernt, bis man es vollständig beherrscht. Nach einem gewissen Zeitraum lernt man das Gedicht erneut, bis man es wieder vollständig beherrscht. Geben Sie an, was in diesem Fall gemessen wird!
11. Die Methode der Gedächtnisforschung, bei der ein Zeitintervall zwischen Wiederholungen berücksichtigt wird, heißt ...
12. Sie haben einen Text auswendig gelernt. Nach einem Jahr müssen Sie diesen Text zum Beispiel 20 mal lesen, um ihn wieder fehlerfrei aufsagen zu können. Nach zwei Jahren sollen Sie diesen Text erneut beherrschen. Müssen Sie dann den Text weniger als 40 mal lesen?   40 mal lesen?   mehr als 40 mal lesen?
13. Nennen Sie zwei Beispiele psychischer Kräfte!
14. Die Methode der Gedächtnisforschung, bei der das erstmalig fehlerfreie Reproduzieren von Bedeutung ist, heißt ...
15. Vervollständigen Sie bitte folgenden Satz:
  Als Elemente für das sogenannte „natürliche Gedächtnis" verwendet man in der Gedächtnisforschung sogenannte ...
16. Angenommen, Sie lernen ein Gedicht, bis Sie es erstmals auswendig können. Geben Sie an, was gezählt wird, um die Leistungsfähigkeit Ihres Gedächtnisses zu messen!
17. Der Begründer der experimentellen Gedächtnisforschung hat herausgefunden, daß man nach einmaliger Darbietung ungefähr ... Silben fehlerfrei wiedergeben kann.
18. Zählen Sie die drei Hauptfunktionen des Gedächtnisses auf!
19. Die Methode der Gedächtnisforschung, bei der ein Lernstoff nur einmal dargeboten wird, heißt ...
20. Charakterisieren Sie kurz den Begriff „sinnfreie Silben"!
21. Wenn man den Umfang eines Lernstoffes vergrößert, entspricht dies einer Vergrößerung der
  Behaltenszeit?   Lernzeit?   Vergessenszeit?   Silbenreihe?   Silbenlänge?
22. Die Methode der Gedächtnisforschung, mit der die Leistungsfähigkeit des Kurzzeitgedächtnisses festgestellt werden kann, heißt ...
23. Wenn man den Umfang eines Lernstoffes vergrößert, bewirkt dies eine relativ starke Vergrößerung der Lernzeit?   geringe Vergrößerung der Lernzeit?
  schwache Verringerung der Lernzeit?   starke Verringerung der Lernzeit?

Vor- und Nachwissenstest zum LP „Soziale Wahrnehmung"

(Aufgaben sind nur dem Wortlaut nach wiedergegeben!)
1. Kennen Sie zwei bedeutende Theoretiker der sozialen Wahrnehmung? Nennen Sie gegebenenfalls ihre Namen!
2. Nennen Sie zwei Beispiele psychischer Funktionen!
3. Angenommen, Sie haben Schwierigkeiten, Neger voneinander zu unterscheiden; aufgrund der schwarzen Hautfarbe und anderer typischer Merkmale kommen Ihnen alle Neger irgendwie gleich vor. Eine solche Erscheinung drückt folgende Tendenz der sozialen Wahrnehmung aus:
Assimilierung? Akkomodation? Fixierung? Assoziation? Kommunikation?
Begründen Sie kurz Ihre Wahl: ...
4. Zu welcher großen Gruppe psychischer Phänomene ist die Wahrnehmung zu zählen?
5. Wenn Sie einen „Straßenkreuzer" gegenüber einem Kleinwagen bevorzugen (oder umgekehrt), so zeigt sich hierin folgende Tendenz der sozialen Wahrnehmung: ...
6. Vervollständigen Sie bitte folgenden Satz:
Die Vertreter der sozialen Wahrnehmung haben darauf hingewiesen, daß unsere Wahrnehmung auch durch ... beeinflußt wird.
7. Nennen Sie ein Beispiel (in Stichworten), aus dem man das Vorkommen sozialer Lernprozesse bei der Wahrnehmung sehen kann! ...
8. Soziale Einflüsse auf unsere Wahrnehmung zeigen sich schwerpunktmäßig in vier Tendenzen: (1) ... (2) ... (3) ... (4) ...
9. Wenn Sie ein undeutliches, vielleicht im ersten Augenblick sinnlos erscheinendes Bild wie das folgende vor sich haben,

ergibt sich die Notwendigkeit ...
Welchen Maßstab legen Sie (unbewußt) an, damit Sie der Abbildung eine sinnvolle Bedeutung entnehmen können? ...
10. Geben Sie bitte an, aus welchen Komponenten psychologisch gesehen Wahrnehmung entsteht! ...
11. Unsere Erwartungseinstellungen können beeinflußt werden durch starke ...
12. Beim Turn- oder Eislaufsport erwartet man von einem „Star" von vornherein bessere Leistungen als von einem Außenseiter. Geben Sie bitte an, welche Tendenz der sozialen Wahrnehmung sich dabei zeigt: ...
13. Wählen Sie aus den unten angegebenen Möglichkeit den Fachausdruch aus, der die Verarbeitung von Vorstellungen bei der Wahrnehmung bezeichnet: Wiederholen? Assoziation? Erfahrungsvorgänge? Behalten? Reproduzieren?
14. Geben Sie an, wie man in der Psychologie die Aufnahme, Weiterleitung und erlebnismäßige Verarbeitung von Reizen bezeichnet! ...
15. Ein Experiment hat folgende Ergebnisse gezeigt: Je höher die angebliche Position ist, mit der man einen Mann vorstellt, desto größer wird dieser Mann von den Versuchspersonen eingeschätzt.
Geben Sie bitte an, welche Tendenz der sozialen Wahrnehmung in dieser Erscheinung hauptsächlich zum Ausdruck kommt! ...

16. Sie interessieren sich stark für Fußball. Wenn Sie eine Zeitung in die Hand nehmen, suchen Sie sofort nach dem Sportteil. Geben Sie an, welche Tendenz der sozialen Wahrnehmung sich darin ausdrückt! ...
17. Ergänzen Sie bitte folgendes Schema:
Aus dem Zusammenwirken von
(1) ... und (2) ... entsteht soziale Wahrnehmung.

LINZER HOCHSCHULSCHRIFTEN
Springer-Verlag Wien · New York

Band 1

Ludwig Fröhler
Das Wirtschaftsrecht als Instrument der Wirtschaftspolitik
XIV, 217 Seiten. 1969.
DM 50,–; S 346,–
ISBN 3-211-80912-0

Band 2

Rudolf Strasser
Die Beendigung der Gesellschaft nach bürgerlichem Recht
Ein Beitrag zu den allgemeinen Lehren des Dauerschuldverhältnisses und der Gesellschaft.
VIII, 59 Seiten. 1969.
DM 18,–; S 125,–
ISBN 3-211-80913-9

Band 3

Wilhelm Bühler
Die Kreditposition der Banken
4 Abb., X, 127 Seiten. 1970.
DM 37,–; S 225,–
ISBN 3-211-80951-1

Band 4

Walter F. Neubauer
Sozialpsychologie junger Angestellter
Eine sozialpsychologische Untersuchung der Lebensplanung und Lebensgestaltung junger Angestellter in Oberösterreich.
4 Abb., XV, 209 Seiten. 1972.
DM 61,–; S 422,–
ISBN 3-211-81040-4

Band 5

Ewald Nowotny; Kurt W. Rothschild; Gerhardt Schwödiauer
Bestimmungsgründe der Lohnbewegung
33 Abb., XI, 280 Seiten. 1972.
DM 99,–; S 683,–
ISBN 3-211-81067-6

Band 6

Karl Spielbüchler
Der Dritte im Schuldverhältnis

Über den Zusammenhang von Schuld- und Sachenrecht.

X, 304 Seiten. 1973.
DM 53,–; S 380,–
ISBN 3-211-81207-5

Band 7

Hans Dolinar
Ruhen des Verfahrens und Rechtsschutzbedürfnis

XIV, 236 Seiten, 1974.
DM 56,–; S 390,–
ISBN 3-211-81285-7

Band 8

Karlheinz Kleps
Wohnbauförderung und Wohnungsverbesserung in Österreich

XIX, 527 Seiten. 1975.
DM 69,–; S 476,–
ISBN 3-211-81322-5

Band 9

Peter Apathy
Animus novandi

Das Willensmoment beim römischen Schulderneuerungsvertrag.

286 Seiten. 1975.
DM 95,–; S 655,–
ISBN 3-211-81335-7

Band 10

Gerhard Reber
Wie rational verhält sich der Mensch im Betrieb?

Ein Plädoyer für eine verhaltenswissenschaftliche Betriebswirtschaftslehre.

85 Seiten. 1975.
DM 18,–; S 125,–
ISBN 3-211-81353-5

Die Reihe ist abgeschlossen.

LINZER UNIVERSITÄTSSCHRIFTEN
FESTSCHRIFTEN · MONOGRAPHIEN · STUDIENTEXTE

Springer-Verlag Wien · New York

FESTSCHRIFTEN

Band 1

Rechtsgeschichte und Rechtsdogmatik

Festschrift Hermann Eichler, zum 70. Geburtstag am 10. Oktober 1977, dargebracht von Freunden, Kollegen und Schülern.

Herausgegeben von Ursula Floßmann

1 Porträt. XVI, 658 Seiten. 1977
DM 139,–; S 960,–
ISBN 3-211-81457-4

Band 2

Agrarpolitik, Landentwicklung und Umweltschutz
Fachübergreifende Entwicklungsstrategien für den ländlichen Raum

Festschrift Hans Bach zum 70. Geburtstag, dargebracht von Freunden, Kollegen und Schülern

Herausgegeben von Adolf H. Malinsky

1 Porträt, 7 Abbildungen, 270 Seiten. 1982
DM 96,–; S 676,–
ISBN 3-211-81709-3

Band 3

Die Optimumhypothese
Neue Aspekte der Angewandten Sozialpsychologie

Festschrift Theodor Scharmann zum 75. Geburtstag am 12. Juli 1982, dargebracht von Freunden, Kollegen und Schülern

Herausgegeben von Josef Sageder

erscheint im Oktober 1982

MONOGRAPHIEN

Band 1

Rudolf Wohlgenannt
Der Philosophiebegriff

Seine Entwicklung von den Anfängen bis zur Gegenwart

IX, 378 Seiten. 1977
DM 56,–; S 390,–
ISBN 3-211-81432-9

Band 2

Ursula Floßmann
Landrechte als Verfassung

X, 250 Seiten. 1976
DM 98,–; S 676,–
ISBN 3-211-81403-5

Band 3

Bruno Binder
Die Rechtsstellung der Oberösterreichischen Landes-Hypothekenbank

VII, 163 Seiten. 1977
DM 39,–; S 269,–
ISBN 3-211-81446-9

Band 4

Beiträge zum Medienrecht

Herausgegeben von Hans Popper und Erich Wolny

VII, 148 Seiten. 1978
DM 37,–; S 255,–
ISBN 3-211-81471-X

Band 5

Harald Stiegler
Integrierte Planungsrechnung

Modell für Planung und Kontrolle von Erfolg, Wirtschaftlichkeit und Liquidität in marktorientierten Unternehmungen

7 Abbildungen. X, 166 Seiten. 1977
DM 39,–; S 269,–
ISBN 3-211-81464-7

Band 6
Helmuth Pree
Die evolutive Interpretation der Rechtsnorm im kanonischen Recht
XII, 270 Seiten. 1980
DM 98,–; S 676,–
ISBN 3-211-81625-9

Band 7
Reinhard Moos
Zur Reform des Strafprozeßrechts und des Sanktionenrechts für Bagatelldelikte
X, 246 Seiten. 1981
DM 95,–; S 665,–
ISBN 3-211-81656-9

Band 8
Manfred Pils
Kontextsicherung in computergestützten Personalinformationssystemen
3 Abbildungen, VII, 346 Seiten. 1982
DM 63,–; S 440,–
ISBN 3-211-81688-7

STUDIENTEXTE

Band 1
Richard Holzhammer
Einführung in die Rechtswissenschaft für Studienanfänger
Zweite, verbesserte Auflage
XI, 112 Seiten. 1979
DM 21,–; S 150,–
ISBN 3-211-81411-6

BEITRÄGE ZUM ZIVILPROZESSRECHT

Herausgegeben von Walter Buchegger und Richard Holzhammer
Band 1
mit Beiträgen von *Walter Buchegger, Alfred Burgstaller, Heinz Keinert, Ewald Kininger* und *Walter Rinner*
VII, 230 Seiten. 1982
DM 48,–; S 336,–
ISBN 3-211-81728-X